Projectmanagement op basis van PRINCE2® Editie 2009
2de geheel herziene druk

Andere uitgaven bij Van Haren Publishing

Van Haren Publishing (VHP) is gespecialiseerd in uitgaven over Best Practices, methoden en standaarden op het gebied van de volgende domeinen:
- IT en IT-management;
- Enterprise-architectuur;
- Projectmanagement, en
- Businessmanagement.

Deze uitgaven zijn beschikbaar in meerdere talen en maken deel uit van toonaangevende series, zoals *Best Practice, The Open Group series, Project management* en *PM series*.

Op de website van Van Haren Publishing is in de **Knowledge Base** een groot aanbod te vinden van whitepapers, templates, gratis e-books, docentenmateriaal etc. Ga naar www.vanharen.net.

Van Haren Publishing is tevens de uitgever voor toonaangevende instellingen en bedrijven, onder andere: Agile Consortium, ASL BiSL Foundation, CA, Centre Henri Tudor, Gaming Works, IACCM, IAOP, IPMA-NL, ITSqc, NAF, KNVI, PMI-NL, PON, The Open Group, The SOX Institute.

Onderwerpen per domein zijn:

IT en IT-management	Architecture (Enterprise en IT)	Projectmanagement
ABC of ICT™	ArchiMate®	A4-Projectmanagement
ASL®	GEA®	DSDM/Atern
CATS CM®	Novius Architectuur Methode	ICB / NCB
CMMI®	TOGAF®	ISO 21500
COBIT®		MINCE®
e-CF	**Business Management**	M_o_R®
ISO 17799	*BABOK® Guide*	MSP®
ISO 20000	BiSL® en BiSL® Next	P3O®
ISO 27001/27002	BRMBOK™	*PMBOK® Guide*
ISPL	BTF	PRINCE2®
T4IT	EFQM	
IT-CMF™	eSCM	
IT Service CMM	IACCM	
ITIL®	ISA-95	
MOF	ISO 9000/9001	
MSF	OPBOK	
SABSA	SAP	
	SixSigma	
	SOX	
	SqEME®	

Voor een compleet overzicht van alle uitgaven, ga naar onze website: www.vanharen.net

Projectmanagement op basis van PRINCE2® Editie 2009

2ᵈᵉ geheel herziene druk

Bert Hedeman
Gabor Vis van Heemst
Hans Fredriksz

Colofon

Titel:	Projectmanagement op basis van PRINCE2® Editie 2009 - 2de geheel herziene druk
Serie:	Best Practice
Auteurs:	Bert Hedeman (Hedeman Consulting)
	Gabor Vis van Heemst (Intrprimus)
	Hans Fredriksz (HAAXbv)
Reviewers 1ste druk:	Tanja van den Akker (Forsa Advies)
	Arthur Coppens (Getronics)
	Francisca Kouwen (Getronics)
	Mark Kouwenhoven (nThen)
	Arie den Ouden (Ambidexter)
	Henny Portman (ING)
Tekstredactie:	Harry Ousen
Uitgever:	Van Haren Publishing, Zaltbommel, www.vanharen.net
ISBN Hard copy:	978 94 018 0004 4
ISBN eBook:	978 94 018 0516 2
ISBN ePub:	978 94 018 0517 9
Druk:	Eerste druk, eerste oplage, november 2009
	Tweede geheel herziene druk, eerste oplage, april 2014
	Tweede geheel herziene druk, tweede oplage, september 2014
	Tweede geheel herziene druk, derde oplage, april 2015
	Tweede geheel herziene druk, vierde oplage, april 2016
	Tweede geheel herziene druk, vijfde oplage, februari 2017
Lay-out en DTP:	CO2 Premedia, Amersfoort – NL
Copyright:	© Van Haren Publishing, 2009, 2014

Copyright © 2009. All rights reserved. Material is reproduced under licence from AXELOS: Figures 1.1, 2.1, 5.1, 5.2, 6.1, 7.1, 7.2, 7.3, 8.2, 8.3, 9.1 en II.2, and Table 6.2.

PRINCE2®, MSP™, M_o_R® and MoP® are registered trade marks of AXELOS Limited.
The PRINCE2 Swirl logo™ is a trade mark of AXELOS Limited.

For any further enquiries about Van Haren Publishing, please send an e-mail to: info@vanharen.net
Although this publication has been composed with most care, neither Author nor Editor nor Publisher can accept any liability for damage caused by possible errors and/or incompleteness in this publication.

No part of this publication may be reproduced in any form by print, photo print, microfilm or any other means without written permission by the Publisher.

Voorwoord

Mensen maken en breken projecten. Zo is het altijd geweest en zo zal het altijd zijn. En in het algemeen doen ze daar niet eens bijzondere dingen voor, maar zijn ze vooral gewoon zichzelf. Dat leidt er echter toe dat slechts een derde van alle projecten als succesvol wordt beschouwd. Onderzoek wijst uit dat dat al een hele tijd zo is en de toekomst zal leren of dat verandert. Ik ben optimistisch van aard en denk dat het beter wordt. Niet dat de mensen zullen veranderen, maar ik denk wel dat we steeds betere handvatten krijgen om mee te werken en dat we steeds beter zullen begrijpen waar het echt om gaat.
PRINCE2 helpt daarbij. PRINCE2 is een methode op basis van best practice voor projectmanagement die de belangrijkste thema's van projecten beschrijft, evenals de processen die gedurende een project worden doorlopen. Kenmerkend voor PRINCE2 is de aandacht voor de zakelijke rechtvaardiging van projecten en de uitgebreide en expliciete beschrijving van de verschillende rollen in de projectorganisatie. PRINCE2 is geschikt voor allerlei type projecten, van infrastructuur- tot ICT- en organisatieprojecten. En voor allerlei soorten aanpakken van een watervalaanpak tot een Agile-aanpak. PRINCE2 geeft handreikingen voor hoe je de methode op maat kunt toepassen op een individueel project. Want let wel, PRINCE2 kun je opvatten als een kookboek waaruit je voor elke maaltijd de juiste ingrediënten moet kiezen om een passende maaltijd op tafel te zetten.

In dit boek wordt PRINCE2 in eenvoudige taal beschreven. Ten opzichte van de vorige druk is er meer aandacht voor de kern van de methode en dat maakt het boek makkelijker leesbaar. Nieuw in deze druk is dat met een verticale streep in de kantlijn is aangegeven wat geen examenstof is voor PRINCE2 Foundation. Onderwerpen die ook geen examenstof zijn voor het PRINCE2 Practitioner-examen worden in de betreffende paragraaftitel vermeld als EXTRA. Ook is in deze druk een groot aantal nieuwe voorbeelden opgenomen om de theorie te vertalen naar de praktijk. Deze aanpassingen maken het boek en de methode PRINCE2 meer toegankelijk en geschikt voor zowel de (ervaren) projectmanager als voor degenen die vanuit een andere rol te maken krijgen met projecten. Dit boek is en blijft natuurlijk een studieboek en ik durf te stellen dat het de tweede keer leuker lezen is dan de eerste keer. Dat klinkt een beetje raar, maar doe het en je zult ervaren dat het echt waar is. Veel zinnen in dit boek hebben een betekenis die je pas echt doorgrondt als je het hele boek hebt gelezen. Het boek bevat meer diepgang dan in eerste instantie lijkt.

Op basis van dit boek kan de lezer zich goed voorbereiden op de examens voor PRINCE2 Foundation en PRINCE2 Practitioner. Alle examenstof van de methode is in dit boek opgenomen. Ik wens iedereen veel plezier en succes bij het lezen van dit boek en bij het gebruiken van de methode PRINCE2 en bedank de auteurs voor deze leesbare bijdrage aan het vakgebied.

Bob Hotho
Voorzitter Best Practice User Group Nederland

Inhoud

1 INLEIDING IN PROJECTMANAGEMENT 1

1.1 Waarom projectmanagement? 1
1.2 Wat is een project? 2
1.3 Wat is projectmanagement? 3
1.4 Wat is de taak van de Projectmanager? 3
1.5 Welke aspecten worden er beheerst? 4
1.6 Wat is een succesvol project? (EXTRA) 4
1.7 Waarom mislukken projecten? (EXTRA) 6
1.8 Waarom PRINCE2? 7

2 INLEIDING PRINCE2 9

2.1 Wat is PRINCE2? 9
2.2 De structuur van PRINCE2 9
2.3 Wat zit NIET in PRINCE2? 10
2.4 Voordelen PRINCE2 10
2.5 Schrijfwijze PRINCE2-Begrippen 11
2.6 Over dit boek 11
2.7 Voorbereiding op PRINCE2-Examens 12

3 PRINCIPES 15

Deel I PRINCE2-thema's   19

I INTRODUCTIE THEMA'S PRINCE2 21

4 BUSINESS CASE 23

4.1 Inleiding 23
4.2 Begrippenkader 24
4.3 Soorten Business Cases 25
4.4 PRINCE2-aanpak Business Case 26
4.5 Rollen en verantwoordelijkheden 30

5 ORGANISATIE 31
- 5.1 Inleiding 31
- 5.2 Begrippenkader 32
- 5.3 Projectmanagementstructuur 33
- 5.4 Projectmanagementteam (PMT) 33
- 5.5 Omvang van de Stuurgroep 38
- 5.6 Betrekken belanghebbenden 39
- 5.7 Communicatiemanagementstrategie 40

6 KWALITEIT 41
- 6.1 Inleiding 41
- 6.2 Begrippenkader 41
- 6.3 Kwaliteitsmanagement 42
- 6.4 PRINCE2-aanpak van kwaliteit 43
- 6.5 Kwaliteitsplanning 43
- 6.6 Kwaliteitsbeheersing 46
- 6.7 Kwaliteitsreview 47
- 6.8 Rollen en verantwoordelijkheden 51

7 PLANNEN 53
- 7.1 Inleiding 53
- 7.2 Wat is een plan en plannen? 53
- 7.3 Voordelen van het opstellen van een plan 54
- 7.4 Elementen van een plan 54
- 7.5 Planaanpak 55
- 7.6 Planniveaus 55
- 7.7 De PRINCE2-aanpak van plannen 58
- 7.8 Rollen en verantwoordelijkheden 69

8 RISICO 71
- 8.1 Inleiding 71
- 8.2 Begrippenkader 71
- 8.3 Risicomanagement 72
- 8.4 Risicomanagementstrategie 73
- 8.5 Risicoregister 74
- 8.6 Risicomanagementprocedures 74
- 8.7 Risico-eigenaar en risico-actiehouder 80
- 8.8 Risicobudget 80
- 8.9 Rollen en verantwoordelijkheden 81

9 WIJZIGING 83
- 9.1 Inleiding 83
- 9.2 Begrippenkader 84
- 9.3 Aanpak wijzigingen 85
- 9.4 Configuratiemanagementprocedures 87

9.5 Issue- en wijzigingsbeheerprocedures ... 88
9.6 Wijzigingsautoriteit en wijzigingsbudget. ... 90
9.7 Rollen en verantwoordelijkheden ... 91

10 VOORTGANG ... 93

10.1 Inleiding ... 93
10.2 Begrippenkader ... 93
10.3 Managen 'by exception' ... 94
10.4 Beheersing voortgang ... 95
10.5 Rollen en verantwoordelijkheden ... 102

Deel II PRINCE2-Processen ... 103

II INTRODUCTIE PROCESSEN ... 105

II.1 Waarom een procesgerichte benadering? ... 105
II.2 Vier managementniveaus ... 105
II.3 De managementprocessen ... 106
II.4 PRINCE2-processen in een tijdskader ... 107
II.5 De structuur van de procesbeschrijvingen ... 108

11 OPSTARTEN VAN EEN PROJECT (OP) ... 109

11.1 Basisprincipes ... 109
11.2 Context ... 110
11.3 Procesbeschrijving ... 111
11.4 Overzicht activiteiten ... 114

12 STUREN VAN EEN PROJECT (SP) ... 117

12.1 Basisprincipes ... 117
12.2 Context ... 118
12.3 Procesbeschrijving ... 118
12.4 Overzicht activiteiten ... 123

13 INITIËREN VAN EEN PROJECT (IP) ... 125

13.1 Basisprincipes ... 125
13.2 Context ... 126
13.3 Procesbeschrijving ... 127
13.4 Overzicht activiteiten ... 131

14 BEHEERSEN VAN EEN FASE (BF) ... 133

14.1 Basisprincipes ... 133
14.2 Context ... 134
14.3 Procesbeschrijving ... 135
14.4 Overzicht activiteiten ... 139

15 MANAGEN PRODUCTOPLEVERING (MP) 141

15.1 Basisprincipes. 141
15.2 Context 142
15.3 Procesbeschrijving 142
15.4 Overzicht activiteiten 144

16 MANAGEN VAN EEN FASEOVERGANG (MF) 147

16.1 Basisprincipes. 147
16.2 Context 148
16.3 Procesbeschrijving 148
16.4 Overzicht activiteiten 152

17 AFSLUITEN VAN EEN PROJECT (AP) 155

17.1 Basisprincipes. 155
17.2 Context 156
17.3 Procesbeschrijving 156
17.4 Overzicht activiteiten 160

Deel III   PRINCE2 in context   163

III OP MAAT MAKEN. 165

18 OMGEVING PROJECT (EXTRA) 167

18.1 Project versus programma 167
18.2 Multi-projectmanagement 168
18.3 Managen van een projectenportfolio 169

19 OP MAAT MAKEN VAN EEN PROJECT 171

19.1 Inleiding 171
19.2 Projecten binnen programma's 174
19.3 Schaal van het project 175
19.4 Levenscyclusmodellen 180
19.5 Verschillende soorten projecten 180

Bijlage A Opzet managementproducten 185
Bijlage B Rollen en verantwoordelijkheden 210
Bijlage C Voorbeeld Productgerichte planning 219
Bijlage D Projectthermometer 222
Bijlage E Begrippenlijst 231
Bijlage F Vertaallijst 243
Bijlage G Literatuur 255

Index 257

1 Inleiding in projectmanagement

■ 1.1 WAAROM PROJECTMANAGEMENT?

Het managen van projecten is zo oud als de weg naar Rome. Vanaf de oudheid zijn verhalen bekend van werkzaamheden die wij nu zouden aanduiden als projecten. Denk maar aan de grootse bouwwerken van de piramidebouwers in Egypte en aan de Maya's in Zuid- en Midden-Amerika.

Het begrip 'project' ontstond echter pas in de jaren zestig van de vorige eeuw en was voornamelijk van toepassing op grote infrastructurele werken. Projectmanagement was indertijd vaak niet meer dan het plannen van werkzaamheden. In de jaren zeventig werd de aandacht verlegd naar het beheersen van de uitvoering. In de jaren tachtig kwam er ook aandacht voor de persoonlijke vaardigheden van de Projectmanager. In de jaren negentig is de aandacht verschoven naar de procesgerichte aanpak van projectmanagement.

De laatste decennia is er steeds meer aandacht voor de omgeving waarin projecten uitgevoerd worden. Steeds meer zijn projecten onderdeel van portfolio's of programma's binnen organisaties. Was projectmanagement vroeger een taak die je naast je eigen werkzaamheden erbij deed, tegenwoordig is projectmanagement een vak apart. Echter, ondanks het toegenomen professionalisme mislukken projecten nog steeds vaak. Sommige mislukte projecten halen de krantenkoppen, maar van de meeste wordt niets meer vernomen. Er is geen eenduidige reden te benoemen waarom projecten mislukken, maar het ontbreken van een effectieve projectmanagementmethode is wel een van de belangrijke oorzaken.

Een goede projectmanagementmethode mag niet statisch zijn. De omgeving en de markt veranderen en Opdrachtgevers en gebruikers krijgen een nieuwe functie. Ofwel, projecten moeten worden gemanaged in een veranderende omgeving. Nog te vaak wordt ervan uitgegaan dat een project kan worden gemanaged in een 'bevroren' omgeving. Dat is wel gemakkelijk, maar niet meer van deze tijd.

Een effectieve projectmanagementmethode ondersteunt de Projectmanager met het inrichten en managen van een project in een voortdurend veranderende omgeving, met de betrokkenheid van alle belanghebbende partijen. PRINCE2 is zo'n methode en gebruikt de grondbeginselen, hier 'principes' genoemd, van goed projectmanagement.

■ 1.2 WAT IS EEN PROJECT?

Het is belangrijk om het verschil te onderkennen tussen een project en de reguliere activiteiten van een organisatie. Onduidelijkheid over wat een project eigenlijk is, leidt tot veel fricties en frustraties.

PRINCE2 geeft de volgende definitie van een project:

> Een tijdelijke organisatie die is opgezet met als doel één of meer zakelijke producten op te leveren volgens een overeengekomen Business Case.

Een tijdelijke organisatie houdt in dat medewerkers tijdelijk werken binnen een andere setting dan in hun lijnfunctie, en dus ook met andere verantwoordelijkheden en bevoegdheden. Zakelijke producten zijn producten die een toegevoegde waarde hebben voor de klant. Een Business Case is de rechtvaardiging voor het opzetten en uitvoeren van een project. In een Business Case worden de verwachte kosten, baten en risico's van een project tegen elkaar afgewogen.

Waarom zijn projecten belangrijk?
Een van de belangrijkste redenen om met projecten te werken, is dat de gewenste resultaten in de bestaande lijnorganisatie(s) simpelweg niet of slechts moeizaam gerealiseerd kunnen worden. De bestaande (bedrijfs)structuren en processen zijn vooral gericht op efficiency en veel minder geschikt om snel en adequaat om te gaan met wijzigingen en veranderingen.

Het werken met en in projecten is verder een goede mogelijkheid om draagvlak en betrokkenheid bij de belanghebbenden voor het gebruik van het projectresultaat al in de ontwikkelingsfase te borgen, door de verschillende belanghebbenden al bij de inrichting en de uitvoering van het project te betrekken. Hiermee zijn projecten een onmisbare manier geworden om veranderingen door te voeren in organisaties.

Wat maakt projecten zo 'anders'?
Geredeneerd vanuit de definitie van een project zijn er specifieke karakteristieken waarin een project verschilt van de reguliere werkzaamheden in de lijnorganisatie (business as usual). Te weten:
- **Verandering** – Het opleveren van het projectresultaat zorgt altijd voor een verandering van de status-quo en dat laatste roept vrijwel altijd weerstanden op. Daar moet tijdens het project al rekening mee gehouden worden.

- **Tijdelijk** – Dit is een onderscheidend kenmerk van projecten. Zolang er geen sprake is van een gedefinieerd start- en eindpunt, is er geen project. Het project eindigt zodra de vooraf afgesproken producten en/of diensten overgedragen zijn aan de klant.
- **Multidisciplinair** – Kenmerkend voor een projectorganisatie is, dat die bestaat uit personen met verschillende competenties en functies (in de lijnorganisatie), die nodig zijn om het projectresultaat te realiseren. Het maakt daarbij niet uit of de teamleden uit dezelfde of verschillende (lijn)organisaties komen.
- **Uniek** – Ieder project is anders, omdat iedere verandering anders is. Het op te leveren resultaat is anders of er zijn andere doelstellingen. Of er zijn andere personen bij het project betrokken of de context is anders. Geen project is gelijk.
- **Onzekerheid** – Al deze omstandigheden zorgen voor onzekerheden. Onzekerheden zijn nooit uit te sluiten. Ze kunnen bedreigingen vormen, maar ook kansen opleveren. Onzekerheden maken dat projecten vaak veel risicovoller zijn dan de reguliere werkzaamheden. Het managen van risico's is dan ook een onmisbaar onderdeel van projectmanagement.

■ 1.3 WAT IS PROJECTMANAGEMENT?

Projectmanagement is het plannen, delegeren, bewaken en beheersen van alle aspecten van een project en het motiveren van alle betrokken partijen om de doelstellingen van het project te realiseren binnen de overeengekomen targets van tijd, kosten, kwaliteit, scope, baten en risico's (zie figuur 1.1).

Figuur 1.1 De beheerscyclus van projectmanagement (Source: Managing Successful Projects with PRINCE2, produced by AXELOS Limited)

Het doel van projectmanagement is om alle specialistenwerkzaamheden zodanig te beheersen, dat de gewenste projectresultaten op tijd, binnen budget en volgens specificatie worden opgeleverd.

Dit kan alleen maar als er sprake is van een gezamenlijke inspanning. Projectmanagement is daarmee een plicht van alle betrokken partijen; zowel van de Projectmanager als van de verschillende leden van de Stuurgroep en van de Teammanager(s).

■ 1.4 WAT IS DE TAAK VAN DE PROJECTMANAGER?

De Projectmanager is, binnen het gegeven mandaat door de Stuurgroep, verantwoordelijk voor de dagelijkse leiding van het project. De Projectmanager is dus verantwoorde-

lijk voor het plannen, delegeren, bewaken en beheersen van de werkzaamheden binnen het project. Daarnaast bestaat het werk van de Projectmanager uit:
- Het betrekken van de belanghebbenden voor het leveren van input, het beoordelen van de op te leveren producten en het creëren van draagvlak.
- Het (laten) plannen van de baten die met de op te leveren producten behaald moeten worden.
- Het motiveren van projectteamleden en overige betrokkenen bij het project.

■ 1.5   WELKE ASPECTEN WORDEN ER BEHEERST?

Er zijn zes aspecten die tijdens ieder project door de Projectmanager beheerst moeten worden, te weten:
- **Tijd** – Dit beslaat de totale levenscyclus van het project, inclusief het overdragen van het projectresultaat.
- **Kosten** – Hier gaat het om de kosten die gemaakt moeten worden voor het realiseren van het projectresultaat, inclusief de kosten voor het projectmanagement.
- **Kwaliteit** – Binnen budget blijven en op tijd opleveren alleen is niet voldoende. Het projectresultaat moet ook voldoen aan de gestelde eisen en wensen én geschikt zijn voor het doel waarvoor het is bedoeld.
- **Scope** – Wat moet worden opgeleverd en wat niet? Welke werkzaamheden moeten wel worden uitgevoerd en welke niet? Maar al te vaak worden hier door de betrokkenen aannames gemaakt die niet juist zijn, met alle negatieve gevolgen van dien.
- **Risico's** – Ieder project heeft een mate van onzekerheid en bevat dus risico's. Op zichzelf is dit geen probleem, zolang dit goed gemanaged wordt. Het managen van de bedreigingen, maar zeker ook het managen van de kansen die zich voordoen tijdens het project is dus een absolute must.
- **Baten** – Waarom doen we dit? Wat willen we ermee bereiken? Welke voordelen kunnen we halen met het projectresultaat? Staan de kosten en de risico's nog in juiste verhouding tot de verwachte baten?

■ 1.6   WAT IS EEN SUCCESVOL PROJECT? (EXTRA)

De laatste jaren vinden regelmatig discussies plaats over de resultaten die worden geboekt met behulp van projecten. Nog niet zo lang geleden werden enorme investeringen gedaan in ICT-projecten die 'gouden bergen' beloofden. Veel van deze projecten konden de beloften niet waarmaken. Ook in andere sectoren is dit het geval. Regelmatig worden er onderzoeken gepubliceerd waaruit blijkt dat veel projecten niet of te laat worden opgeleverd en/of te duur zijn.

Hoe is dit toch mogelijk? Er is zo veel ervaring met het uitvoeren van projecten. Waar gaan projecten mis? En als afgeleide daarvan: welke factoren zijn belangrijk om een project succesvol af te ronden?

Allereerst moet worden vastgesteld wat projectsucces is. Daarover zijn de meningen verdeeld. In de Nederlandse Competence Baseline (NCB) versie 3 wordt projectsucces gedefinieerd als 'het bereiken van de projectdoelstellingen binnen de overeengekomen beperkingen'. Teun van Aken (2009) definieert projectsucces als volgt: 'Als alle betrokken partijen tevreden zijn met het projectresultaat.'

> Een project is succesvol als alle belanghebbenden tevreden zijn met het bereikte resultaat.

De definitie van Teun van Aken gaat duidelijk verder dan de definitie van de NCB. Als bijvoorbeeld de gebruikers ontevreden zijn over het projectresultaat, zullen zij het projectresultaat niet of niet maximaal gebruiken en worden de voorziene baten niet of slechts gedeeltelijk gerealiseerd. Je kunt dan niet spreken over een succesvol project. Om die reden houden wij liever de definitie van Van Aken aan voor projectsucces.

Er zijn vele belanghebbenden. Dat maakt de toepassing van de definitie van Teun van Aken soms wat lastig. De belangrijkste partijen zijn echter:
- Opdrachtgever.
- Gebruikers.
- Leveranciers.
- Projectteam.

> De verbouwing van het Rijksmuseum in Amsterdam duurde vijf jaar langer dan gepland. De bouwsom steeg van € 157 mln. naar € 375 mln. Ondanks dat wordt er gesproken over een zeer succesvol project en terecht. Alle partijen zijn zeer gelukkig met het opgeleverde resultaat.

De Opdrachtgever is degene die met het resultaat van het project bepaalde baten wil realiseren en degene die voor het project betaalt. De gebruikers zijn degenen die te maken krijgen met het projectresultaat. Dat kunnen eindgebruikers zijn, maar ook personen die verantwoordelijk zijn voor het beheer en onderhoud en andere belanghebbenden. De leveranciers zijn degenen die verantwoordelijk zijn voor het realiseren van het projectresultaat. De projectmedewerkers zijn zij, die het uiteindelijke projectresultaat ook daadwerkelijk realiseren.

Meerdere partijen zijn dus bepalend voor het succes van een project. Het is belangrijk om gedurende het gehele project contact met hen te onderhouden en na te gaan wat zij belangrijk vinden. Dat zal voor elk van hen anders kunnen zijn en kan verschillen per project. Het niet realiseren van deze succescriteria kan een reden zijn voor het verdwijnen van draagvlak en zelfs voor het stoppen van het project als geheel.

Mogelijke succescriteria voor de verschillende belanghebbenden zijn:
- Opdrachtgever: met het projectresultaat de gestelde organisatiedoelen realiseren (fit-for-purpose).
- Gebruikers: het projectresultaat is geschikt voor gebruik (fit-for-use).

- Leverancier: een positief rendement op de bestedingen.
- Projectteam: het werk is plezierig en uitdagend en wordt gewaardeerd door anderen.

De praktijk wijst uit dat de gebruikers de belangrijkste factor zijn bij het bepalen van het succes van het project.

■ 1.7 WAAROM MISLUKKEN PROJECTEN? (EXTRA)

Veelgehoorde redenen waarom projecten mislukken zijn:
- Ontbreken van een duidelijke Business Case.
- Ontbreken eigenaarschap Opdrachtgever.
- Gebrek aan draagvlak bij de top van de organisatie.
- Geen eenduidig of in voldoende mate gedefinieerd projectresultaat.
- Ontbreken van acceptatiecriteria en kwaliteitscriteria.
- Onduidelijke taken, verantwoordelijkheden en bevoegdheden.
- Ontbreken van structuur en regelmatige voortgangsbewaking.
- Wijzigen van de specificaties en ontbreken van een werkend wijzigingsbeheer.
- Gebrek aan betrokkenheid van de gebruikers vanaf de start van het project.

Een duidelijke Business Case vormt de basis van een project. Hierin zijn namelijk de redenen opgenomen waarom de Opdrachtgever het project wil laten uitvoeren en wat de meerwaarde is van het projectresultaat voor de organisatie. Als niet duidelijk is wat die meerwaarde is voor de organisatie, dan zal tijdens de uitvoering van het project het draagvlak bij de Opdrachtgever en het bedrijfsmanagement afnemen of zelfs geheel verdwijnen. Belangrijke beslissingen worden uitgesteld of worden niet meer genomen. De financiering van het project gaat haperen. Andere projecten en initiatieven worden opeens belangrijker.

Zonder goede Business Case en zonder draagvlak bij Opdrachtgever en lijnmanagement ontstaat er weerstand bij de gebruikers, zodra zij concreet in de gaten krijgen wat het project voor hen gaat betekenen. En met de afname van het draagvlak bij de Opdrachtgever en het management en de toename van de weerstand bij de gebruikers zullen de projectmedewerkers het gevoel krijgen dat hun activiteiten niet belangrijk en niet gewenst zijn. Zij zoeken andere werkzaamheden of, wat nog erger is, raken gedemotiveerd. Een dramatische kettingreactie.

Een resultaat dat onvoldoende duidelijk is gedefinieerd, vormt een ander risico. Hoe kun je iets naar tevredenheid opleveren als je niet weet wat die ander wil? Hierbij moeten zowel de kwaliteitsverwachtingen als de acceptatiecriteria worden vastgesteld. Hoe beter dit alles is beschreven, des te beter kan het werk dat moet worden uitgevoerd, worden ingeschat en beheerst en des te beter kunnen de verwachtingen van de gebruikers over het projectresultaat worden gemanaged.

Het niet goed managen van de scope en het niet goed managen van de wijzigingen spelen ook een belangrijke rol bij het mislukken van projecten. Iedere wijziging ten goede van het ene kan negatieve consequenties hebben voor het andere. Niet goed beheerste wijzigingen roepen daarom frustraties op bij de belanghebbende partijen en hebben vaak ook grote onvoorziene consequenties voor het project. Het goed managen van de scope en het managen van de wijzigingen is daarom een vereiste.

Het lijkt soms een aantrekkelijke optie om de gebruikers niet bij het project te betrekken: geen gezeur, goed kunnen opschieten en snelle beslissingen zijn aantrekkelijke vooruitzichten. Het niet vanaf het begin van het project betrekken van gebruikers leidt echter tot onvolledige specificaties, geen tussentijdse controle of je nog op de goede weg bent en grote weerstanden zodra de gebruikers in de gaten krijgen wat het project voor hen gaat betekenen. Dat laatste onder het motto: 'het zal wel niet goed zijn omdat we het niet zelf hebben bedacht'. Dit alles kan ertoe leiden dat het uiteindelijke resultaat niet wordt geaccepteerd, of wel wordt geaccepteerd maar vervolgens niet wordt gebruikt, of in het ergste geval, dat het project na veel frustratie en schade voor alle betrokkenen voortijdig wordt gestopt en de 'schuldigen' worden gebrandmerkt.

Het is dus beter om vooraf inzicht te hebben in de Business Case, het resultaat goed te definiëren, het proces te managen, wijzigingen te beheersen en om de gebruikers bij het project te betrekken. Als daardoor tussentijds duidelijk wordt dat het project niet meer levensvatbaar is, dan kan het project vroegtijdig worden aangepast of gestopt, zonder onnodig kapitaalverlies en zonder onnodige schade voor betrokken partijen.

■ 1.8 WAAROM PRINCE2?

De in paragraaf 1.7 besproken oorzaken voor het mislukken van projecten gaven aanleiding tot het ontwikkelen van de projectmanagementmethode PRINCE2. De methode richt zich op het managen van projecten in een veranderende omgeving met de Business Case als een leidend element, gericht op betrokkenheid van alle belanghebbende partijen en het beheersen van het proces. PRINCE2 legt meer nadruk op het beheersen van het proces dan op het vasthouden aan de oorspronkelijke uitgangspunten. Projectorganisatie en risicomanagement zijn daarbij belangrijke aandachtsgebieden. In de projectorganisatie wordt de samenhang en de interactie tussen het project en de omgeving vastgelegd. Met risicomanagement worden de onzekerheden in en rondom het project beheerst. Risicomanagement maakt in de methode PRINCE2 dan ook een integraal onderdeel uit van alle uit te voeren processen.

2 Inleiding PRINCE2

■ 2.1 WAT IS PRINCE2?

PRINCE2 is een gestructureerde projectmanagementmethode die gebaseerd is op best practices. PRINCE2 is procesgericht opgezet, dat wil zeggen dat de methode ervan uitgaat dat een project niet zozeer lineair, maar procesgewijs wordt uitgevoerd. De methode richt zich verder specifiek op het managementaspect van projecten. In 1996 is PRINCE2 door het toenmalige CCTA (Central Computer and Telecommunication Agency) geïntroduceerd, waarna de methode diverse keren werd aangepast, voor het laatst in juni 2009.

PRINCE2 staat voor 'Projects In Controlled Enviroments'. PRINCE2 is de de facto standaard bij de Britse overheid. Tegenwoordig is PRINCE2 eigendom van AXELOS, dat het als handelsmerk heeft geregistreerd. Ook de exploitatie van de methode en het afnemen van de examens wordt beheerd door AXELOS.

Internationaal wordt PRINCE2 steeds meer gebruikt als dé methode om projecten mee te managen. AXELOS heeft het copyright van het merk PRINCE2 en van de methode PRINCE2, maar de methode is vrij voor eigen gebruik. De methode is generiek en hiermee onafhankelijk van het type project. Het scheidt duidelijk de inhoudelijk aspecten van de managementaspecten binnen projecten. Hierdoor is de methode makkelijk in te voeren als standaard binnen organisaties.

■ 2.2 DE STRUCTUUR VAN PRINCE2

De methode PRINCE2 bestaat uit vier geïntegreerde elementen:
- **Principes** – De grondslagen waaraan een willekeurig project moet voldoen, wil het een PRINCE2-project zijn.
- **Thema's** – De minimale managementaspecten die beheerst moeten worden gedurende het gehele project. Ieder thema beschrijft de specifieke toepassing en de noodzaak ervan.

- **Processen** – De uit te voeren processen vanaf het opstarten tot en met het afsluiten van het project. Ieder proces beschrijft de noodzakelijke activiteiten, op te leveren managementproducten en bijbehorende verantwoordelijkheden.
- **Op maat maken van de methode** – PRINCE2 kan pas succesvol zijn als het 'verstandig' wordt toegepast. Het aanpassen van de methode aan het type project en de projectomgeving is daarom cruciaal.

2.3 WAT ZIT NIET IN PRINCE2?

De PRINCE2-methode beschrijft niet ieder aspect van het vakgebied projectmanagement. Dit wil niet zeggen dat deze aspecten niet belangrijk zijn. Integendeel, deze aspecten zijn onmisbaar voor de projecten, maar bewust uit de methode gehouden om de methode generiek te houden. Niet in PRINCE2 zijn opgenomen:
- **Specialistenwerk** – Specifieke inhoudelijke activiteiten voor een branche of type project worden niet beschreven. Maar het is uiteraard wel mogelijk om de methode voor een branche of bepaald type project op maat te maken.
- **Technieken** – Afhankelijk van het type project en branche kunnen veel verschillende technieken worden toegepast. Deze technieken worden echter al uitgebreid beschreven door gespecialiseerde bedrijven. PRINCE2 beschrijft wel technieken die direct de toepassing van de methode ondersteunen, zoals de techniek productgerichte aanpak.
- **Leiderschapskwaliteiten** – Geen enkel project kan worden gerealiseerd zonder leiderschaps-, motivatie- en communicatieve vaardigheden. Dit aspect is echter zo uitgebreid en goed beschreven in andere modellen en in de literatuur dat hiernaar verwezen wordt als aanvulling op de methode. Al omvat PRINCE2 geen sociale vaardigheden, het ondersteunt door een goede structuur wel het sociale gedrag dat nodig is om projecten effectief te kunnen managen.

2.4 VOORDELEN PRINCE2

PRINCE2 is dankzij de continue aanpassing doorontwikkeld naar een volwassen methode met vele voordelen. De belangrijkste voordelen zijn:
- **Best practice** – De methode is ontwikkeld in de praktijk van alledag en hierdoor zeer herkenbaar en bruikbaar. De herkenbaarheid wordt nog eens versterkt door de uniforme terminologie en aanpak. Verder worden er geen specifieke eisen gesteld aan het type project om PRINCE2 op toe te kunnen passen. De methode is generiek.
- **Duidelijk gedefinieerde organisatiestructuur** – In PRINCE2 worden de taken, verantwoordelijkheden en bevoegdheden van alle rollen binnen een project duidelijk beschreven. Tevens wordt specifiek aangegeven hoe belanghebbenden te betrekken bij de besluitvorming in het project op basis van het principe managen 'by exception'.
- **Focus op bestaansrecht en producten** – Er is een continue focus op de levensvatbaarheid van het project. Is dit project nog de moeite waard? Zijn de voordelen nog steeds gewenst en haalbaar? Zijn kosten en baten nog in balans? En in het verlengde hiervan:

wat moet worden opgeleverd en aan welke eisen moeten die producten voldoen?
- **Beheersing en controle** – Gedurende het gehele project wordt het project beheerst. De plannen sluiten aan op de behoefte van de verschillende managementniveaus binnen het project. De kwaliteit van zowel het product als het proces wordt voortdurend beoordeeld en waar nodig aangepast. Eventuele wijzigingen, problemen en ook risico's worden beoordeeld en opgevolgd.
- **Leren en ontwikkelen** – Binnen projecten is het belangrijk te blijven leren en ontwikkelen en zo te verbeteren. Van iedere ervaring kan worden geleerd. PRINCE2 stimuleert het hergebruik van producten (bijvoorbeeld documenten) om projecten steeds beter te kunnen managen.

2.5 SCHRIJFWIJZE PRINCE2-BEGRIPPEN

PRINCE2 onderkent specifieke managementproducten en -rollen. Dit zijn de producten en rollen die zijn beschreven in de Bijlagen A en B. Deze Begrippen worden ter herkenning steeds met een hoofdletter geschreven. Alle andere managementproducten en -rollen worden niet onderkend als specifieke PRINCE2-begrippen en worden daarom niet met hoofdletters geschreven:
- Met hoofdletter: bijvoorbeeld Opdrachtgever en Business Case.
- Zonder hoofdletter: bijvoorbeeld productdecompositiestructuur.

De werkwoorden en zelfstandige naamwoorden van de PRINCE2-processen worden ook met hoofdletter geschreven. Activiteiten binnen een proces worden echter weer niet met een hoofdletter geschreven:
- Proces: Opstarten van een Project.
- Activiteit: initiatiefase plannen.

2.6 OVER DIT BOEK

Dit boek is gebaseerd op de manual 'Managing Successful Projects with PRINCE2™' van AXELOS, dat in 2009 geheel herzien is. Het hier voorliggende boek is echter aanzienlijk beknopter dan de manual. Daarnaast wordt in dit boek de theorie extra aangevuld met praktische tips en voorbeelden.

Dit boek geeft inzicht in hoe PRINCE2 gebruikt kan worden voor het managen van projecten. Het is zeer bruikbaar voor een ieder die kennis wil maken met de methode PRINCE2 en/of werkzaam is in (PRINCE2) projecten. Daarnaast kan het boek ook goed gebruikt worden als naslagwerk voor de ervaren projectmanager. Tot slot kan het boek goed worden gebruikt als voorbereiding op de PRINCE2 examens:
- **Hoofdstuk 1 Inleiding in projectmanagement** – Door middel van dit hoofdstuk krijgt de lezer inzicht in wat een project wel of niet is, waarom projecten 'anders' zijn en wat het managen van projecten inhoudt.

- **Hoofdstuk 2 Inleiding PRINCE2** – Dit hoofdstuk gaat specifiek in op wat de methode PRINCE2 omvat, de structuur van de methode, wat niet in de methode is opgenomen en de voordelen van deze methode.
- **Hoofdstuk 3 Principes** – Dit hoofdstuk gaat in op de principes waarop de methode is gebaseerd en waaraan een project moet voldoen, wil het een PRINCE2-project zijn.
- **Deel I Introductie thema's PRINCE2** – Dit deel gaat in afzonderlijke hoofdstukken in op de thema's die minimaal gedurende de gehele levenscyclus van ieder project moeten worden meegenomen. Per thema worden het doel, de begrippen, de aanpak en de verantwoordelijkheden van het betreffende thema beschreven.
- **Deel II Processen** – Dit deel gaat in afzonderlijke hoofdstukken in op de verschillende processen die binnen de projectlevenscyclus zijn te onderkennen. Per proces worden de onderliggende activiteiten, de benodigde managementproducten en de bijbehorende verantwoordelijkheden beschreven.
- **Deel III** – Dit deel beschrijft de context waarbinnen projecten worden uitgevoerd en hoe de methode PRINCE2 is toe te snijden op de specifieke kenmerken en de gegeven context van een project. In dit deel wordt verder ingegaan op de samenhang tussen project-, programma-, portfolio- en multi-projectmanagement, de opzet en kenmerken van programma's en het managen van veranderingen.
- **Bijlagen** – Hierin worden de verschillende managementproducten en de verantwoordelijkheden en benodigde competenties van de verschillende rollen beschreven die binnen de methode PRINCE2 worden onderkend. Tevens wordt een voorbeeld gegeven van de techniek productgerichte aanpak en zijn een projectthermometer, een begrippenlijst en een vertaallijst opgenomen.

■ 2.7 VOORBEREIDING OP PRINCE2-EXAMENS

In Bijlage F is een vertaallijst opgenomen van Engels naar Nederlands en van Nederlands naar Engels van specifieke PRINCE2-woorden en van veelvoorkomende woorden binnen het vakgebied projectmanagement. Deze vertaallijst wijkt op details af van de vertaallijst zoals deze door de APMG is opgesteld en gebruikt wordt in de examens. De APMG heeft ervoor gekozen een aantal Engelse woorden niet naar het Nederlands te vertalen. In het voorliggende boek is wel gebruikgemaakt van een Nederlandse vertaling. Deze woorden zijn:

Engels	Nederlands
benefit	bate
checkpoint	voorgangsbeoordeling
Checkpoint Report	Voortgangsrapport
dis-benefit	negatieve bate
event driven	gebeurtenisgedreven
record	bestand
stakeholder	belanghebbende
time driven	tijdgedreven

Bij de methode PRINCE2 kunnen een PRINCE2 Foundation en een PRINCE2 Practitioner examen worden afgelegd. De inhoud van dit boek sluit aan op de specificaties van AXELOS voor het PRINCE2 Foundation examen en het PRINCE2 Practitioner examen (PRINCE2 Syllabus 2013, © AXELOS Limited 2010).

Het PRINCE2 Foundation examen is erop gericht te meten of een kandidaat kan functioneren als een volwaardig lid van een projectmanagementteam in een project, waarbij gebruik wordt gemaakt van de methode PRINCE2. Het PRINCE2 Practitioner examen is erop gericht te meten of een kandidaat een niet-complex project kan managen op basis van PRINCE2 in een omgeving die de methode PRINCE2 ondersteunt. Het boek *Projectmanagement op basis van PRINCE2* is een goede basis voor beide examens.

Om het de lezer die zich wil voorbereiden op een van beide examens makkelijk te maken zijn die onderwerpen die géén examenstof zijn voor het PRINCE2 Foundation examen voorzien van een verticale streep in de kantlijn. Onderwerpen die ook geen examenstof zijn voor het PRINCE2 Practitioner examen worden in de betreffende titel vermeld als EXTRA.

3 Principes

PRINCE2 is gebaseerd op principes waar een project aan moet voldoen en niet op een voorgeschreven set van specifieke regels en voorschriften.

Deze principes hebben zich bewezen op basis van jarenlange ervaring en zijn universeel toepasbaar voor elk project. Deze principes zijn ook motiverend voor de gebruikers van de methode, omdat het deze gebruikers de mogelijkheid biedt het project zelf toe te snijden op de specifieke kenmerken en context van het project. Het toepassen van deze principes zelf is voor een PRINCE2-project echter niet optioneel. Als er niet vanuit deze principes gedacht en gehandeld wordt, kan men niet spreken van een PRINCE2-project!

De zeven principes zijn:
1. Voortdurende zakelijke rechtvaardiging.
2. Leren van ervaring.
3. Gedefinieerde rollen en verantwoordelijkheden.
4. Managen per fase.
5. Managen 'by exception'.
6. Productgerichte aanpak.
7. Op maat maken voor de projectomgeving.

Principe 1: Tijdens een PRINCE2-project wordt de zakelijke rechtvaardiging voortdurend getoetst.
Voor ieder PRINCE2-project moet er een zakelijke reden zijn om het project uit te voeren. Deze reden is de zakelijke rechtvaardiging van het project en onmisbaar als basis voor de besluitvorming over het project. Hoewel de zakelijke rechtvaardiging gedurende het project kan veranderen, moet deze wel steeds valide blijven en moet deze dus voortdurend worden getoetst. Deze rechtvaardiging wordt vastgelegd in de Business Case, formeel goedgekeurd en is daarna onderhevig aan formeel wijzigingsbeheer.

Zelfs zogenaamde 'verplichte' projecten vereisen een rechtvaardiging. Er kan namelijk altijd uit meerdere opties worden gekozen om aan eenzelfde verplichting te kunnen voldoen (goud, zilver en brons). Mocht de rechtvaardiging om wat voor reden wegvallen, dan is het stopzetten van het project de enige juiste optie om verspilling van middelen en mensen te voorkomen.

Principe 2: PRINCE2-projectteamleden leren van ervaringen. Leerpunten worden niet alleen gezocht, maar ook vastgelegd en toegepast tijdens projecten.
Projectmanagement is een vak dat vooral geleerd moet worden door het toe te passen. Het is dus belangrijk om leerpunten zo vroeg mogelijk te ontdekken en toe te passen. Tijdens de voorbereiding van een project kan men leren van eerdere ervaringen uit voorgaande vergelijkbare projecten. Als er intern geen ervaring met vergelijkbare projecten is opgedaan, dan kunnen externe ervaringen worden opgezocht. Tijdens de uitvoering van een project kan men leren van eigen ervaringen. De uitdaging is om deze leerpunten zo snel mogelijk toe te passen, zodat nog tijdens het project van deze leerpunten geprofiteerd kan worden.

Leren gaat in deze verder dan het individuele leren van de projectmedewerkers: het gaat over het teamleren. Teamleren is het proces waarbij een team als geheel competenties ontwikkelt die nodig zijn om samen het werk uit te voeren. Zonder deze gemeenschappelijke competenties kunnen teams zeer incompetent functioneren, terwijl de individuele leden van het team op zichzelf wel competent zijn. Teamleren begint met een dialoog, waarbij de leden van een team leren te overleggen, zonder dat ieder daarbij vertrekt vanuit zijn eigen vooroordelen.

Principe 3: Een PRINCE2-project heeft duidelijk gedefinieerde rollen en verantwoordelijkheden, die zodanig zijn georganiseerd dat de belangen van de Business, Gebruiker en Leverancier zijn vertegenwoordigd.
Er is een bekend gezegde: 'Het schip is zo sterk als zijn bemanning'. Dit geldt ook voor projecten. Een project vereist de 'juiste' bemanning en niet de 'beschikbare' bemanning. Voor het op te leveren resultaat is de juiste tijdelijke organisatie nodig met bijbehorende taken, verantwoordelijkheden en bevoegdheden.

PRINCE2 onderscheidt drie belangen in de projectorganisatie. Het bedrijfsbelang: wat heb ik nodig om mijn bedrijfsdoelen te realiseren en krijg ik waar voor mijn geld? Het gebruikersbelang: waar moet het projectresultaat aan voldoen om het goed te kunnen gebruiken? Het leveranciersbelang: wat heb ik nodig om het projectresultaat te kunnen realiseren?

Principe 4: Een PRINCE2-project is verdeeld in fasen. Hierdoor kan per fase het project gepland, bewaakt en beheerst worden.
Dankzij het toepassen van fasen blijft een project beheersbaar. Faseren maakt het mogelijk om het project 'stap voor stap' ofwel 'fase na fase' te sturen. Iedere faseovergang is een formeel moment om de al beoordeelde (tussen)producten goed te keuren, de volgende fase gedetailleerd te plannen, het Projectplan en de Business Case te actualiseren en verantwoording af te leggen over de afgelopen fase.

PRINCE2 gebruikt een Projectplan om het gehele project te overzien en Faseplannen om de uitvoering van de werkzaamheden tijdens de afzonderlijke fasen te bewaken. In ieder project is er minimaal één initiatiefase en één uitvoeringsfase.

Principe 5: PRINCE2 hanteert het principe van managen 'by exception'.
Hiermee biedt PRINCE2 het hoger management de mogelijkheid controle te houden over het project zonder daar continu zeeën van tijd in te hoeven steken. Het is een efficiënte wijze van aansturing, die ervoor zorgt dat beslissingen op het juiste niveau worden genomen. PRINCE2 kent binnen het project drie managementniveaus voor het respectievelijk sturen van het project, het managen van een fase en het opleveren van de producten.

Voor ieder niveau worden specifieke afspraken gemaakt over de vrijheid van handelen (toleranties) ten aanzien van de verschillende beheersaspecten. Dit zijn de aspecten tijd, geld, kwaliteit, scope, baten en risico's. Het principe gaat uit van een eigen verantwoordelijkheid binnen de vooraf afgesproken toleranties. Indien voorzien wordt dat toleranties worden overschreden, moet worden geëscaleerd naar het bovenliggende managementniveau. Tussentijds wordt het management alleen met rapportages op hoofdpunten op de hoogte gehouden en bij Faseovergangen. Dit betekent overigens niet dat regulier gepland overleg niet plaats kan vinden.

Principe 6: Een PRINCE2-project is gericht op het opleveren van producten, inclusief het voldoen aan de overeengekomen kwaliteitscriteria.
Volgens PRINCE2 is resultaatgericht werken een essentieel uitgangspunt van projecten. Iedere activiteit moet 'iets' opleveren. Wat is er klaar als het werk af is? Dit principe zorgt voor een focus op het op te leveren resultaat zowel voor het project als voor de afzonderlijke delen. Je moet eerst weten wat je moet opleveren (en wat niet) en aan welke eisen het moet voldoen, voordat je de werkzaamheden kunt plannen om dit te kunnen realiseren. Dit voorkomt ook discussies achteraf over wat had moet worden gerealiseerd en waar die producten aan hadden moeten voldoen.

Een belangrijk hulpmiddel hierbij is de techniek 'productgerichte planning' en het gebruik van Productbeschrijvingen. Met behulp hiervan wordt inzichtelijk gemaakt wat het project op moet gaat leveren en aan welke eisen de individuele producten moeten voldoen en hoe en door wie deze producten getoetst zullen gaan worden.

Principe 7: PRINCE2 wordt op maat gemaakt voor ieder project.
Het bijzondere van PRINCE2 is dat de methode toepasbaar is ongeacht de kenmerken van het project en ongeacht de context waarbinnen het project wordt uitgevoerd. Een direct gevolg hiervan is dat de methode wel 'verstandig' moet worden toegepast. Dit wil zeggen: niet het slaafs opvolgen van voorgeschreven activiteiten en producten, maar ook niet het negeren van iedere suggestie of aanbeveling vanuit de methode. Het doel is het zo toesnijden van de methode op de situatie dat deze 'past' bij het specifieke project in

zijn omgeving. Dit vereist een actieve houding van zowel de Stuurgroep als de Projectmanager.

De grondhouding bij het op maat maken van de methode moet zijn:
- Het is noodzakelijk om informatie te ontvangen, niet per se te documenten.
- Het is noodzakelijk beslissingen te nemen, niet per se te vergaderen.

De wijze waarop de methode is toegesneden op de specifieke omstandigheden van het project moet worden vastgelegd in de Projectinitiatiedocumentatie. Zo kan iedereen nagaan hoe de basisprocessen en procedures van PRINCE2 zijn aangepast voor dit project.

DEEL I PRINCE2-THEMA'S

Introductie thema's PRINCE2

De PRINCE2-thema's beschrijven die aspecten van projectmanagement die continu en integraal moeten worden meegenomen gedurende de gehele levensloop van ieder project (zie figuur I.1).

Business Case	➤	Waarom?
Organisatie	➤	Wie?
Kwaliteit	➤	Wat?
Plannen	➤	Hoe, hoeveel, wannneer?
Risico	➤	Wat indien?
Wijziging	➤	Wat is de impact?
Voortgang	➤	Waar staan we nu?
	➤	Wat is de prognose?

Figuur I.1 Thema's PRINCE2 (Based on PRINCE2 material of AXELOS Limited)

Business Case – Dit thema behandelt met name het 'waarom' van het project en zet de baten die het oplevert af tegen de kosten en risico's. Het geeft antwoord op de vraag: is dit project de investering van geld, mensen en middelen waard en hoe zeker is het dat de voordelen worden behaald?

Organisatie – Een project is een geheel van activiteiten in een tijdelijke organisatie. Dit thema beschrijft de rollen en verantwoordelijkheden die noodzakelijk zijn om het project te sturen en te managen. Het geeft antwoord op de vraag: Wie heeft welke rol en welke taken, verantwoordelijkheden en bevoegdheden horen daarbij?

Kwaliteit – Het thema Kwaliteit is er enerzijds op gericht om te komen tot de juiste specificaties van het gewenste projectresultaat en anderzijds hoe het management kan zekerstellen dat hieraan voldaan gaat worden. Waar moet het projectresultaat aan voldoen en en hoe zorgen we ervoor dat de producten hier ook aan voldoen?

Plannen – PRINCE2-projecten worden uitgevoerd op basis van goedgekeurde plannen. Dit thema beschrijft de stappen om tot een gefundeerd plan te komen. Het geeft antwoord op de vraag: Wat moet er gemaakt worden, wanneer, op welke wijze en door wie?

Risico's – Projecten zijn van nature onzeker en dit thema geeft handvatten hoe hiermee om te gaan inclusief de voorbereidingen en communicatie daaromheen. Het thema Risico beschrijft hoe je risiscomanagement het best kunt inrichten in een project.

Wijziging – Dit thema gaat over het beheersen van wijzigingen in het project. Tevens wordt hierin het onderdeel configuratiemanagement beschreven. Het geeft antwoord op de vragen: Wie kunnen er allemaal wijzigingen indienen? Wie analyseert deze wijzigingen en wie neemt hierover een besluit? Hoe houden wij overzicht over het totaal van de wijzigingen?

Voortgang – Dit thema gaat over het bewaken en rapporteren van de voortgang. Tevens gaat het over het delegeren van werk met behulp van toleranties. Het geeft antwoord op de vragen: Hoe staat het met het project? Wat verwachten we verderop in het project? Hoe houden we iedereen op de hoogte?

Andere thema's zoals veiligheid, gezondheid en milieu, maar ook nieuwe aandachtsgebieden zoals Maatschappelijk Verantwoord Ondernemen worden niet expliciet geadresseerd, maar kunnen binnen de bovenbeschreven thema's wel worden meegenomen.

4 Business Case

Het doel van het thema Business Case is om mechanismen aan te reiken om te kunnen beoordelen of het project wenselijk, levensvatbaar en haalbaar is (en blijft), ter ondersteuning van het besluit het project op te starten of voort te zetten.

■ 4.1 INLEIDING

Het document Business Case geeft de zakelijke rechtvaardiging voor een project. Het geeft antwoord op de vraag: 'Waarom is dit project gewenst?' Het is voor de opdrachtgever essentieel om te weten hoe de kosten van het project zich verhouden tot de verwachte baten en hoe groot daarbij de risico's zijn. Wegen de kosten en de risico's niet op tegen de te verwachten baten, dan is er geen valide Business Case en is er ook geen reden om het project te starten of voort te zetten.

De Opdrachtgever is eigenaar van de Business Case namens de klant. De Opdrachtgever kan echter het ontwikkelen en onderhouden van de Business Case delegeren aan de Projectmanager. Verder kan de Opdrachtgever aan Projectborging vragen om te assisteren bij het ontwikkelen en onderhouden van de Business Case.

De Business Case moet worden opgesteld aan het begin van het project en moet gedurende de looptijd van het project regelmatig worden geactualiseerd; ten minste op het eind van iedere managementfase. Parallel aan het ontwikkelen en onderhouden van een Business Case moet in een project ook het Batenreviewplan worden ontwikkeld en onderhouden.

Door handvatten te bieden voor het eenduidig ontwikkelen, onderhouden, beoordelen en verifiëren van de Business Case en het Batenreviewplan, draagt het thema Business Case direct bij aan het principe van de voortdurende zakelijke rechtvaardiging en ondersteunt het thema Business Case het principe van managen 'by exception'.

4.2 BEGRIPPENKADER

Wat is een Business Case?
De Business Case verstrekt de informatie die nodig is om te kunnen vaststellen of een project gewenst, levensvatbaar en realiseerbaar is/blijft en daarmee of het interessant is/blijft om in het project te investeren. Het is de basis voor de initiële financiering van het project, maar moet gedurende het project voortdurend worden geactualiseerd om zeker te stellen dat het verder investeren in het project nog steeds zinvol is.

In de Business Case staat waarom de organisatie het project wil uitvoeren en wat de verwachte toegevoegde waarde is van het project voor de organisatie. Het is daarbij van belang dat dit op een eenduidige manier geschiedt, zodat verschillende projecten met elkaar kunnen worden vergeleken en door het bedrijfs- of programmamanagement kan worden beoordeeld welke projecten wel en welke projecten geen doorgang kunnen vinden.

Als in een project een externe leverancier is betrokken, dan zijn er twee verschillende Business Cases: één van de klant en één van de leverancier. De beschreven Business Case in het project is die van de Opdrachtgever/klant.

Wat is een Batenreviewplan?
In het Batenreviewplan wordt vastgelegd hoe en wanneer een meting kan worden uitgevoerd van de realisatie van de baten, zoals die worden verwacht door de Seniorgebruiker. In het Batenreviewplan wordt aangegeven hoe, wanneer en door wie de te realiseren baten zullen worden gemeten en wanneer en door wie de verschillende batenreviews zullen worden uitgevoerd.

Gelijk als bij de Business Case is de Opdrachtgever eigenaar van het Batenreviewplan en moet hij het Batenreviewplan goedkeuren. De Opdrachtgever kan ook hier de Projectmanager vragen het Batenreviewplan op te stellen en te onderhouden. De Seniorgebruiker dient echter aan te geven hoe, wanneer en door wie de baten kunnen worden gemeten.

Output, uitkomst en baten
In het kader van dit thema worden binnen PRINCE2 de volgende definities gehanteerd:
- **Output** – De specialistenproducten die door het project worden opgeleverd.
- **Eindresultaat (uitkomst)** – De verandering als resultaat van het gebruik van de output.
- **Bate / benefit** – Een meetbare verandering als gevolg van de uitkomst die als positief wordt ervaren door één of meer belanghebbenden.
- **Negatieve bate** – Een meetbare verandering als gevolg van de uitkomst die als negatief wordt ervaren door één of meer belanghebbenden.

De output van projecten stelt de organisatie in staat veranderingen door te voeren die baten opleveren waarmee de organisatie haar strategische doelen kan realiseren. Het doorvoeren van veranderingen kan echter ook neveneffecten met zich meebrengen, die op hun beurt weer positieve, maar ook negatieve baten kunnen opleveren (zie figuur 4.1).

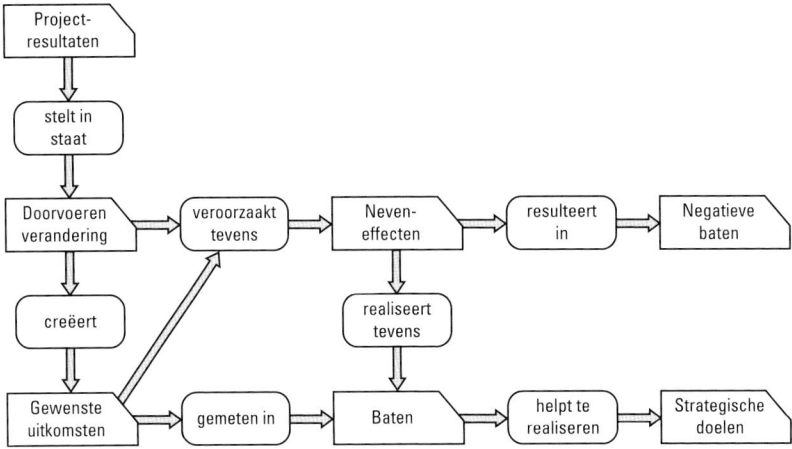

Figuur 4.1 Batenrealisatie en het doorvoeren van veranderingen (Based on PRINCE2 material of AXELOS Limited)

■ 4.3 SOORTEN BUSINESS CASES

Het type of soort project bepaalt op welke wijze zal moeten worden beoordeeld of het gewenst is in een project te investeren. We onderscheiden vaak:
- Verplichte projecten.
- Filantropische projecten.
- Investeringsprojecten.
- Multi-organisatieprojecten.

Er is sprake van een verplicht project, als wettelijke regelingen moeten worden uitgevoerd. In een filantropisch project spelen met name niet-financiële baten een belangrijke rol. In een investeringsproject wordt vooral gekeken naar de 'Return on Investment' op het geïnvesteerd vermogen. Er is sprake van een multi-organisatieproject als het project door meerdere organisaties onder een gemeenschappelijk risico wordt uitgevoerd. In alle situaties zal echter moeten worden afgewogen of het verstandig is om in het project te investeren of om voor een ander project of voor een andere aanpak te kiezen. Daarbovenop is het van belang om gepast om te gaan met de inzet van mensen die in het project gaan werken. Zelfs bij verplichte projecten zal moeten worden besloten: gaan we voor goud of is zilver of brons ook voldoende? Levert die gouden oplossing wel zo veel extra toegevoegde waarde op, dat dit daadwerkelijk de beste keuze is? Vooraf maar ook achteraf moet kunnen worden verantwoord waarom zo veel geld aan een project is/wordt besteed. Ofwel, ongeacht het soort project zal voor ieder project een Business

Case moeten worden opgesteld, al zullen baten niet altijd uit te drukken zijn in harde valuta.

■ 4.4 PRINCE2-AANPAK BUSINESS CASE

De Business Case moet worden ontwikkeld aan het begin van het project en worden onderhouden gedurende de gehele levenscyclus van het project. Tijdens het Opstarten van het Project moeten de hoofdlijnen van de Business Case worden geverifieerd. Tijdens het proces Initiëren van een Project wordt de Business Case uitgewerkt. Gedurende het gehele project zullen alle issues en risico's moeten worden beoordeeld, mede aan de hand van de Business Case, en moet de Business Case zonodig daarop worden aangepast. Tijdens Managen van een Faseovergang en bij Afsluiten van een Project moet de Business Case worden geactualiseerd. Tijdens het proces Sturen van een Project zal de opdrachtgever de Business Case moeten beoordelen, daarbij ondersteunt door de andere leden van de Stuurgroep (zie figuur 4.2).

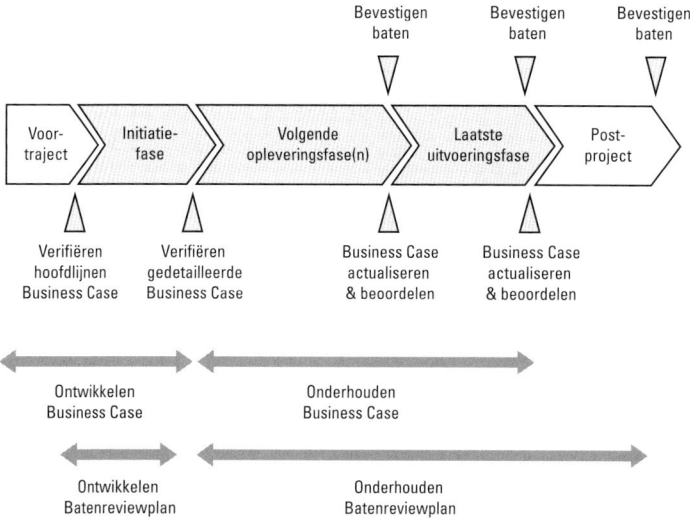

Figuur 4.2 Het ontwikkelpad van de Business Case (Based on PRINCE2 material of AXELOS Limited)

Parallel aan het ontwikkelen en onderhouden van de Business Case zal ook een Batenreviewplan moeten worden ontwikkeld, onderhouden en beoordeeld. In projecten kunnen projectresultaten namelijk gefaseerd worden opgeleverd. In de daaropvolgende perioden kunnen dan ook al baten worden gerealiseerd. Dat is dan ook de reden waarom het Batenreviewplan al tijdens de initiatiefase van het project moet worden ontwikkeld en tijdens het project moet worden geactualiseerd. De realisatie van deze baten vallen echter buiten het project. Een eventuele batenreview tijdens het project kan echter wel weer tot het project behoren, een en ander natuurlijk afhankelijk van de afspraken met de Opdrachtgever.

Ontwikkelen van de Business Case
De initiele Business Case wordt vaak al ontwikkeld in het kader van een haalbaarheidsstudie. In een dergelijke studie worden verschillende alternatieven uitgewerkt en met elkaar vergeleken. Dit zijn in principe verschillende Business Cases op hoofdlijnen. De resultaten van een dergelijke haalbaarheidsstudie worden voorgelegd aan het bedrijfs- of programmamanagement. Op basis daarvan wordt uiteindelijk het projectmandaat verstrekt en kan het proces Opstarten van een Project worden gestart.

Tijdens het proces Opstarten van een Project wordt de Business Case op hoofdlijnen geactualiseerd/opgesteld en opgenomen in het Projectvoorstel als basis voor het autoriseren van de initiatiefase. Tijdens de Initiatiefase wordt de Business Case verder uitgewerkt om de Stuurgroep een gefundeerde beslissing te kunnen laten nemen om het project wel of niet uit te voeren.

Onderhouden van de Business Case
Binnen het project is de Projectmanager verantwoordelijk voor het onderhouden van de Business Case, al hoeft hij de werkzaamheden niet zelf uit te voeren. Bij het beoordelen van een issue of risico zal de Projectmanager moeten nagaan wat de impact van het betreffende issue of risico is op de Business Case en zo nodig de Business Case moeten actualiseren. Verder moet de Projectmanager de Business Case actualiseren op het eind van iedere managementfase en als een Afwijkingsplan moet worden opgesteld.

De Projectborging moet er namens de Opdrachtgever op toezien dat dit gebeurt en zal moeten bewaken dat de impact van de verschillende issues en risico's in de Business Case worden opgenomen.

Beoordelen van de Business Case
De Business Case wordt binnen het project beoordeeld door de Stuurgroep onder leiding van de Opdrachtgever. De Stuurgroep beoordeelt de Business Case op hoofdpunten om de initiatie van het project te kunnen autoriseren. Aan het eind van de initiatiefase wordt de uitgewerkte Business Case beoordeeld om de uitvoering van het project vrij te kunnen geven.

> Het management van de afdeling was enthousiast over de nieuwe telefooncentrale. De nieuwe centrale mocht dan wel € 50.000,- kosten, maar de Projectmanager had uitgerekend, dat het werken met de nieuwe centrale iedere medewerker tenminste vijf minuten per dag zou besparen en dat is gelijk aan twee manjaar voor de gehele organisatie. Het eind van het verhaal is echter, dat na de installatie van de centrale dit natuurlijk niet betekende dat er twee man ander werk konden gaan uitvoeren. Er was slechts een theoretische winst behaald. Behalve dat het gemakkelijker werken is met een nieuwe centrale, was er geen zakelijke rechtvaardiging voor de investering.

Bij iedere go/no go-beslissing moet de Stuurgroep de Business Case beoordelen, om na te gaan of het project nog levensvatbaar is en het nog gerechtvaardigd is het project voort te zetten. Na een escalatie moet de Business Case worden beoordeeld om de uitvoering van het Afwijkingsplan te autoriseren. Ten slotte zal de Stuurgroep de Business Case moeten vaststellen aan het einde van het project als basis voor de later uit te voeren batenreviews.

Het bedrijfs- of programmamanagement zal na afloop van het project in een of meer batenreviews moeten nagaan of de verwachte baten ook daadwerkelijk zijn/worden gerealiseerd en of de initiele investering achteraf de moeite waard is geweest. Dit laatste is van belang als leerpunt voor toekomstige beslissingen.

Bevestigen van de toegevoegde waarde
Om baten te kunnen beoordelen, is het noodzakelijk dat:
- Baten worden geïdentificeerd en gekwantificeerd.
- Meetwaarden worden overeengekomen, waarmee de baten kunnen worden vastgesteld.
- Een nulmeting wordt uitgevoerd. Deze moet plaatsvinden aan het begin van het project voordat het project wordt geautoriseerd, maar moet worden herhaald iedere keer als de Business Case wordt geactualiseerd, als referentiepunt voor de verwachte waarde.
- Een besluit wordt genomen over hoe, door wie en wanneer de baten zullen worden gemeten.

De omvang van de te realiseren baten wordt vastgelegd in de Business Case. Hoe en wanneer de verwachte baten zullen worden gemeten en beoordeeld, wordt vastgelegd in het Batenreviewplan De Opdrachtgever is verantwoordelijk voor het houden van de batenreviews. Deze verantwoordelijkheid kan echter ook zijn neergelegd bij het bedrijfs- of programmamanagement. De Seniorgebruiker is degene die moet aantonen dat de geprognotiseerde baten worden gerealiseerd.

Opstellen en onderhouden van het Batenreviewplan
Het Batenreviewplan omschrijft (zie Bijlage A.2):
- De scope: welke baten moeten gemeten worden.
- Wie verantwoordelijk is voor het meten van de verwachte baten.
- Hoe en wanneer de verwachte baten zullen worden gemeten.
- De nulmeting op basis waarvan de verbeteringen moeten worden gemeten.
- Hoe de prestaties van het projectresultaat zelf worden beoordeeld.

Het Batenreviewplan wordt door de Projectmanager opgesteld in de initiatiefase in overleg met de Seniorgebruiker en wordt beoordeeld en goedgekeurd door de Opdrachtgever bij de autorisatie van het project. Bij iedere go/no go-beslissing tijdens het project én op het eind van het project zal het Batenreviewplan moeten worden geactualiseerd. De Opdrachtgever zal zijn goedkeuring van het Batenreviewplan moeten laten bevestigen door het bedrijfs- en programmamanagement.

De baten die al tijdens het project worden gerealiseerd, moeten worden gerapporteerd door de Projectmanager aan de Opdrachtgever in het Fase-eindrapport.

> Een investeringsanalyse kan worden uitgevoerd op basis van verschillende technieken:
> - Return on Investment (ROI) = Totaal nettorendement / Totaal aan investeringen x 100%.
> - Terugverdienperiode = het aantal jaren of maanden na oplevering dat de investeringskosten worden terugverdiend.
> - Netto Contante Waarde (NCW) = het totaal van de netto-opbrengsten minus investeringen, waarbij inkomsten en uitgaven in de toekomst worden verdisconteerd met een verdisconteringpercentage om ze vergelijkbaar te maken met de waarde van het geld nu.
> - Interne rentabiliteit = het verdisconteringpercentage waarbij de NCW van een project = 0. Hoe hoger de interne rentabiliteit van een project, hoe winstgevender het project is.
> - Break-even point = de minimale omzet die moet worden gerealiseerd om de initiële investering terug te verdienen.
>
> De meest gebruikelijke techniek is de Netto Contante Waarde in combinatie met de interne rentabiliteit. Op basis van deze laatste waarde kunnen investeringen eenvoudig op basis van hun winstgevendheid met elkaar worden vergeleken.

■ 4.5 ROLLEN EN VERANTWOORDELIJKHEDEN

Voor een beschrijving van de rollen en verantwoordelijkheden voor het thema Business Case, zie tabel 4.1.

Tabel 4.1 Rollen en verantwoordelijkheden voor het thema Business Case

Bedrijfs-/Programmamanagement	Projectmanager (PM)
• Levert mandaat en stelt de standaard vast voor de ontwikkeling van de Business Case (BC) • Houdt Seniorgebruiker verantwoordelijk voor oplevering van de baten • IS eindverantwoordelijk voor het Batenreviewplan (post-project) **Opdrachtgever** • Is eigenaar van de BC tijdens het project • Keurt Batenreviewplan goed • Verzekert aansluiting project op bedrijfsstrategie • Stelt fondsen zeker voor realisatie van het project **Seniorgebruiker** • Specificeert de baten zoals die in de BC worden opgenomen • Stelt zeker dat de gewenste uitkomst is gespecificeerd • Stelt zeker dat het project producten oplevert die voldoen aan de verwachting • Stelt zeker dat verwachte baten worden gerealiseerd • Zorgt voor een opgave van gerealiseerde en nog te realiseren baten tijdens de batenreviews **Seniorleverancier** • Keurt de BC van de leverancier goed (indien van toepassing) • Bevestigt dat benodigde producten binnen de geplande tijd en kosten kunnen worden gerealiseerd	• Stelt de BC op namens de Opdrachtgever • Voert impactanalyses uit op issues en risico's die invloed kunnen hebben op de levensvatbaarheid van het project • Beoordeelt en actualiseert de BC aan het eind van elke managementfase • Beoordeelt en rapporteert over projectresultaten bij de projectafsluiting **Projectborging** • Assisteert bij de ontwikkeling van de BC • Verzekert constante beoordeling van de levensvatbaarheid van de BC • Bewaakt veranderingen in het Projectplan t.a.v de impact op de BC • Verifieert en bewaakt BC m.b.t. issues en voortgang • Bewaakt dat de toegevoegde waarde van oplossingen continue wordt beoordeeld • Bewaakt projectfinanciën voor de klant • Stelt zeker dat het project aansluit op bedrijfs- en programmastrategie • Verifieert en bewaakt dat het Batenreviewplan in lijn ligt met het bedrijfs- en programmamanagement **Projectsupport** • Houdt de BC onder configuratie • Adviseert PM over wijzigingen die gevolgen kunnen hebben voor de BC

5 Organisatie

Het doel van het thema Organisatie is om de structuur van rollen en verantwoordelijkheden in een project te definiëren en in te richten.

5.1 INLEIDING

PRINCE2 gaat uit van een klant-leverancierrelatie. De klant is een persoon of groep die de opdracht geeft tot de uitvoering van het project en die het projectresultaat gaat gebruiken. De leverancier maakt de eigenlijke resultaten van het project en stelt hiervoor de mensen en middelen beschikbaar. De klant en de leverancier kunnen beiden deel uitmaken van dezelfde organisatie, maar kunnen ook van verschillende organisaties zijn.

PRINCE2 maakt verder een splitsing tussen het management van het project en degenen die het inhoudelijke werk uitvoeren. PRINCE2 richt zich in de methode vooral op het management van het project. PRINCE2 veronderstelt verder dat de Projectmanager deel uitmaakt van de klantorganisatie. Dat hoeft overigens niet. Eenzelfde rolverdeling kan ook als de Projectmanager deel uitmaakt van de leveranciersorganisatie. In dat laatste geval zal de klant echter minder vaak de verantwoordelijkheid voor het samenstellen van de Business Case van de klant opdragen aan de Projectmanager. De Projectmanager blijft echter ook in dat geval verantwoordelijk voor het bewaken van de Business Case tijdens het project namens de Opdrachtgever

Kenmerkend voor een project is dat het bestaat uit een tijdelijke organisatie. Meerdere disciplines uit een organisatie zijn vaak nodig voor het realiseren van het projectresultaat. Meerdere personen en partijen uit de klantorganisatie of uit de omgeving hebben belang bij de uitkomst van het project. Om een project succesvol te kunnen managen, is dus een brede verankering nodig in de betrokken lijnorganisaties, alsmede een duidelijke, effectieve structuur van rollen en verantwoordelijkheden en een goede communicatie tussen de projectorganisatie en de belanghebbenden.

5.2 BEGRIPPENKADER

Een project is een tijdelijke organisatie om van te voren overeengekomen producten of diensten te realiseren. Daarom kan een projectorganisatie niet worden gekoppeld aan vaste functies in een bedrijf, maar is er in een projectorganisatie altijd sprake van rollen die in verschillende projecten door verschillende personen kunnen worden ingevuld. Soms is het ook mogelijk dat meerdere personen samen een specifieke projectrol invullen. Soms kan een persoon meerdere projectrollen combineren.

Binnen een project kunnen altijd drie projectbelangen worden onderscheiden (zie figuur 5.1). Alle drie de belangen moeten in de aansturing van het project betrokken worden om een project succesvol te kunnen laten zijn.

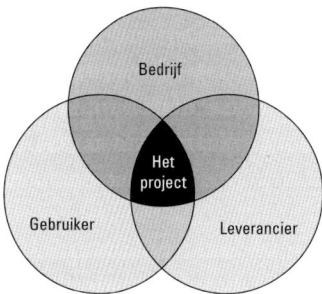

Figuur 5.1 De drie projectpartijen (Source: Managing Successful Projects with PRINCE2, produced by AXELOS Limited)

- **Bedrijfs- en programmamanagement** – De toegevoegde waarde die kan worden gerealiseerd met de producten die worden opgeleverd, zijn voor het bedrijfs- of programmamanagement de reden om het project op te starten en daarin te investeren. De belangen van deze partijen moeten in het project worden vertegenwoordigd. De Opdrachtgever in het project vertegenwoordigt de belangen van het bedrijfs- en programmamanagement in het project.
- **Gebruikers** – Allen die te maken krijgen met het projectresultaat. Dat zijn de personen en partijen die het projectresultaat gaan gebruiken en die de baten daarvan voor de organisatie moeten realiseren en de personen en partijen die verantwoordelijk zijn voor het beheer en onderhoud.
- **Leveranciers** – Eenieder die (mede)verantwoordelijk is voor het realiseren van de op te leveren producten. Dat zijn de personen en partijen die verantwoordelijk zijn voor het ontwerpen, ontwikkelen, faciliteren, produceren en implementeren van het projectresultaat. Leveranciers kunnen zowel interne afdelingen zijn als externe partijen.

Op de afdeling Sales van Xanta wordt een nieuwe printer geïnstalleerd. De printer komt op de gang te staan naast de kamer van *Rita*. Zij heeft astma. De printer zal worden gebruikt door de *afdelingssecretaresses*. De *accountmanagers* op de afdeling hebben deze nieuwe printer nodig om hun offertes professioneel te kunnen presenteren. De *klanten van Xanta* vonden dat de documentatie die zij van Xanta ontvingen niet prettig in gebruik. De inkt gaf ook na lange tijd nog

> af en je kreeg er vieze handen van. De nieuwe printer zal worden onderhouden door de eigen *facilitaire dienst*. Al deze partijen moeten als gebruikers worden gezien. De vertegenwoordiger van deze gebruikers is betrokken geweest bij de aankoop en plaatsing van de nieuwe printer. Door goed overleg met alle gebruikers is de nieuwe printer uiteindelijk naar tevredenheid van alle partijen in gebruik genomen.

■ 5.3 PROJECTMANAGEMENTSTRUCTUUR

De projectmanagementstructuur bestaat uit vier managementniveaus. Het bedrijfs- of programmamanagement, de Stuurgroep, de Projectmanager en de Teammanagers (zie figuur 5.2).

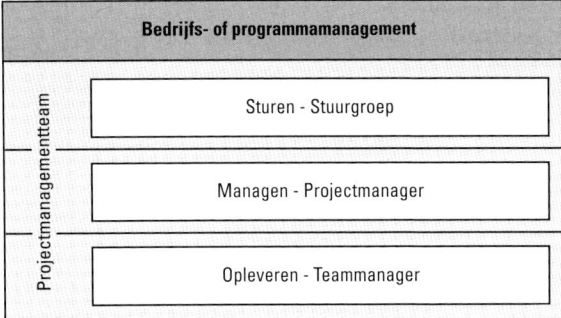

Figuur 5.2 Projectmanagementstructuur (Source: Managing Successful Projects with PRINCE2, produced by AXELOS Limited)

Het bedrijfs- of programmamanagement is verantwoordelijk voor het vaststellen van de bedrijfsstrategieën, het projectmandaat, de afstemming met andere projecten en het realiseren van de baten. Deze managementlaag zal ook na beëindiging van het project blijven bestaan. Het bedrijfs- of programmamanagement benoemt de Opdrachtgever en moet ook de benoeming van de Projectmanager en de andere leden van het projectmanagementteam goedkeuren.

De Stuurgroep is verantwoordelijk voor de aansturing van het project. De Stuurgroep wordt door het bedrijfs- of programmamanagement aangesproken op het succes van het project en heeft de eindverantwoordelijkheid voor het project binnen het mandaat van het bedrijfs- of programmamanagement. De Projectmanager is verantwoordelijk voor de dagelijkse leiding van het project binnen de kaders die zijn gegeven door de Stuurgroep. De Teammanager is verantwoordelijk voor de aansturing van de inhoudelijke specialisten en de realisatie van de producten.

■ 5.4 PROJECTMANAGEMENTTEAM (PMT)

Het projectmanagementteam van het project bestaat uit de Stuurgroep, de Projectmanager en de Teammanagers, inclusief de eventuele Projectborging, Wijzigingsautoriteit en Projectsupport. De projectorganisatie bestaat uit het projectmanagementteam plus alle teamleden.

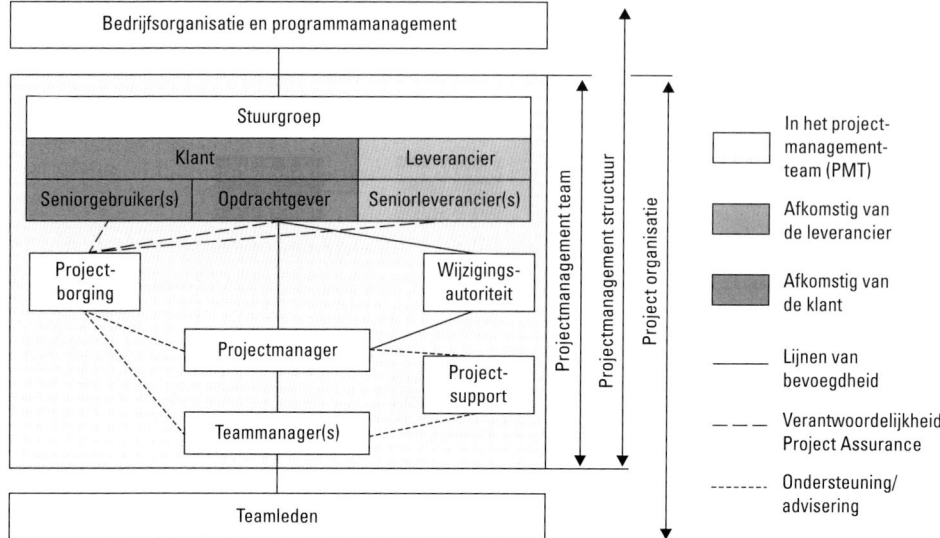

Figuur 5.3 Projectmanagementteamstructuur (Based on PRINCE2 material of AXELOS Limited)

Het is belangrijk dat de rollen in een organisatiestructuur helder en eenduidig worden beschreven en dat ze elkaar niet overlappen. Elke rol in een project heeft zijn eigen taken, bevoegdheden en verantwoordelijkheden. Overlap van rollen betekent onduidelijkheid en inefficiëntie. Zeker in een project kan een onduidelijke structuur veel verwarring en tijdverlies veroorzaken. In figuur 5.3 zijn de projectmanagementstructuur, het projectmanagementteam en de projectorganisatie weergegeven.

De Stuurgroep – Bestaat uit de rollen Opdrachtgever, Seniorgebruiker en Seniorleverancier en is het hoogste beslisorgaan van het project. Het managementniveau van de leden van de Stuurgroep is sterk afhankelijk van het soort, het type en de grootte van het project. Het is echter van belang dat elk van de leden echt manaat heeft om te beslissen voor de groep die zij vertegenwoordigt. Het mag niet zo zijn dat de Stuurgroep besluiten neemt die telkens weer bevestigd moeten worden door een hoger managementniveau. De Stuurgroep moet dus voldoende mandaat krijgen om eigenhandig beslissingen te kunnen nemen en te kunnen doorvoeren.

De leden van de Stuurgroep worden door het bedrijfs- of programmamanagement benoemd. De Stuurgroep wordt afgerekend op het succes van het project en is verantwoordelijk voor het project binnen de grenzen die gesteld zijn door het bedrijfs- of programmamanagement. Zij moet eenduidig sturing en leidinggeven aan het project, de benodigde capaciteit beschikbaar stellen en zorgen voor eenduidige besluitvorming. De Stuurgroep moet de Projectmanager zichtbaar ondersteunen en moet borgen dat het project binnen de afgesproken toleranties blijft en de producten oplevert volgens de afgesproken specificaties. De Stuurgroep moet zorgen voor een effectieve communicatie, zowel binnen het project als naar externe belanghebbenden.

Belangrijk is dat de Stuurgroep voldoende autoriteit en vertrouwen heeft binnen het bedrijfs- of programmamanagement om strategische beslissingen te mogen nemen. Een goede Stuurgroep is in staat en bereid het dagelijks management van het project te delegeren aan de Projectmanager, maar blijft voldoende beschikbaar om de Projectmanager aan te sturen en de noodzakelijke beslissingen te nemen.

In bijzondere gevallen kan de rol van Opdrachtgever en Seniorgebruiker of de rol van Opdrachtgever en Seniorleverancier worden gecombineerd. Het is vanuit het principe van de klant-leverancierrelatie niet mogelijk om de rol van Seniorgebruiker en Seniorleverancier te combineren. Als dit in de aard van de werkzaamheden wel mogelijk is, wordt gesproken over een klus binnen de lijnorganisatie en niet over een project.

De Opdrachtgever – Is eindverantwoordelijk voor het project. De Opdrachtgever neemt vanuit deze verantwoordelijkheid binnen de Stuurgroep de uiteindelijke beslissingen binnen het project. De Opdrachtgever is voorzitter van de Stuurgroep en eigenaar van de Business Case. Hierin wordt hij ondersteund door de Seniorgebruiker en de Seniorleverancier. De Opdrachtgever moet ervoor zorgen dat het project 'value voor money' levert en dat de afgesproken doelstellingen met het projectresultaat kunnen worden gerealiseerd. De Opdrachtgever moet daarbij een evenwicht zien te bewaren tussen de belangen van de klant, de gebruikers en de leveranciers.

Verder is de Opdrachtgever eindverantwoordelijk voor het opzetten van een goede projectorganisatie en de planvorming. Dit betekent dat de Opdrachtgever sterk betrokken moet zijn in de opstart- en initiatiefase van het project. Gedurende het project wordt de Opdrachtgever betrokken bij mogelijke vraagstukken en problemen op strategisch niveau. Hij is verantwoordelijk voor het nemen van de bijbehorende besluiten en de communicatie of escalatie hiervan naar het bedrijfs- of programmamanagement. Het is de Opdrachtgever die het project formeel afsluit en de Projectmanager decharge verleent. De Opdrachtgever zit de batenreviews voor en zal de uitkomsten communiceren met de belanghebbenden. Binnen een Stuurgroep is er altijd slechts één Opdrachtgever.

De **Seniorgebruiker** vertegenwoordigt de belangen van de gebruikers. De Seniorgebruiker is ervoor verantwoordelijk dat de specificaties volledig en eenduidig worden opgesteld en dat het product geschikt is voor gebruik. De Seniorgebruiker is vanuit de gebruikers ervoor verantwoordelijk dat, waar en wanneer nodig, de producten worden getest en zal ook voor deze tests moeten aangeven wie vanuit de gebruikers hierbij betrokken moeten worden.

De Seniorgebruiker is verder verantwoordelijk voor de communicatie met (het management van) de gebruikers en voor de inzet van mensen en middelen vanuit de gebruikers, mocht hun inzet nodig zijn in het project (bijvoorbeeld voor het opzetten van de specificaties en voor het testen). In geval van conflicterende belangen vanuit de gebruikers zal de Seniorgebruiker de uiteindelijke beslissing moeten nemen. Verder is hij verantwoordelijk voor het goedkeuren van de wijzigingsvoorstellen vanuit de gebruikersoptiek. Meestal wordt de Seniorgebruiker binnen de Stuurgroep aangewezen als Wijzigingsautoriteit.

> Om elektronisch factureren mogelijk te maken moet de factuuradministratie worden aangepast. Hiervoor wordt een project ingericht. De CFO is voorzitter van de Stuurgroep. Het hoofd van de factuurafdeling heeft de rol van Seniorgebruiker in de stuurgroep. Hoofd ICT heeft de rol van Seniorleverancier in de stuurgroep.

De Seniorgebruiker is tevens verantwoordelijk voor het identificeren en definiëren van de baten en moet erop toezien dat na het project de geprognosticeerde baten ook daadwerkelijk worden gerealiseerd. De rol van Seniorgebruiker kan door meerdere personen binnen een Stuurgroep worden ingevuld.

De **Seniorleverancier** vertegenwoordigt de belangen van degenen die de eigenlijke projectresultaten ontwerpen, verwerven, realiseren en implementeren. De Seniorleverancier is ervoor verantwoordelijk dat de producten worden gerealiseerd binnen de criteria die zijn overeengekomen. De Seniorleverancier is bij het specificeren van de producten verantwoordelijk voor de controle op de technische haalbaarheid. Daarnaast levert de Seniorleverancier een bijdrage aan het maken van de planning en de inschatting van de kosten en is hij verantwoordelijk voor het vrijmaken van voldoende mensen en middelen om het projectresultaat te realiseren. De rol van Seniorleverancier kan door meerdere personen binnen een Stuurgroep worden ingevuld.

> Het is niet altijd makkelijk voor een Projectmanager om goede afspraken te maken met de lijnmanagers over de inzet van de benodigde mensen en middelen in het project. In dergelijke situaties zal de autoriteit van de Stuurgroep moeten worden ingezet om de benodigde capaciteit vrij te maken en de knelpunten op te lossen.

Het is mogelijk dat, als er nog geen externe leverancier geselecteerd is, het hoofd van de Inkoop als Seniorleverancier in de Stuurgroep wordt opgenomen. Na het verstrekken van de opdracht(en) wordt dan meestal het hoofd Inkoop in de rol van Seniorleverancier in de Stuurgroep vervangen door een senior vertegenwoordiging van de organisatie die het werk gegund is. Het kan dan een goede keuze zijn om het hoofd Inkoop voor het vervolg van het project de rol van Projectborging te laten invullen.

De **Projectborging** is een verantwoordelijkheid van de afzonderlijke leden van de Stuurgroep om erop toe te zien, dat het project ook volgens de afspraken wordt uitgevoerd en dat hun belangen worden veiliggesteld. Deze controlerende taak kan echter veel tijd kosten en vraagt vaak specifieke kwaliteiten en wordt daarom vaak neergelegd bij één of meerdere personen buiten de Stuurgroep. De leden van de Stuurgroep blijven echter wel eindverantwoordelijk voor deze controle. Daarnaast moet de Projectborging zekerstellen dat de Stuurgroep ook de juiste informatie ontvangt.

De leden van de Projectborging rapporteren aan de individuele leden van de Stuurgroep. De rol van Projectborging voor de Opdrachtgever wordt vaak ingevuld door de 'financial controller' van de klant. De rol van Projectborging voor de Seniorgebruiker wordt vaak ingevuld door de kwaliteitsmanager van de klant. De rol van Projectborging voor de Seniorleverancier wordt vaak ingevuld door een controller en de kwaliteitsmanager van de leverancier. De rol van Projectborging kan niet worden gecombineerd met de rol van Projectmanager.

> Voor de bouw van de nieuwe schouwburg is de wethouder Cultuur voorzitter van de Stuurgroep (bestuurlijke opdrachtgever). De directeur Bouwzaken heeft de rol van de Seniorleverancier (ambtelijke opdrachtgever). De voorzitter van de stichting Schouwburg heeft de rol van Seniorgebruiker. Om zeker te zijn dat alle aangereikte informatie juist is, laat de wethouder alle financiële getallen doorrekenen door de afdeling Financiën. De directeur Financiën treedt hierbij op als de Projectborging voor de Opdrachtgever.

De **Wijzigingsautoriteit** is eveneens een afgeleide verantwoordelijkheid van de Stuurgroep. De Wijzigingsautoriteit is de persoon of groep aan wie de Stuurgroep de verantwoordelijkheid heeft gedelegeerd om wijzigingsverzoeken en afwijkingen van specificaties te beoordelen, goed of af te keuren en af te handelen. Dreigen de wijzigingen en afwijkingen van specificaties de overeengekomen toleranties te overschrijden, dan moet de Projectmanager dit via een Afwijkingsrapport escaleren naar de Stuurgroep.

Vaak is een Seniorgebruiker de Wijzigingsautoriteit, maar ook de Projectmanager kan voor kleine en ondergeschikte wijzigingen als Wijzigingsautoriteit worden geautoriseerd. Ook kan deze rol worden toegewezen aan personen of groepen uit het bedrijfs- of programmamanagement, zoals een 'Change Advisory Board'. Een Wijzigingsautoriteit krijgt meestal een eigen wijzigingsbudget, waaruit de overeengekomen acties moeten worden gefinancierd.

De **Projectmanager** is verantwoordelijk voor de dagelijkse leiding van het project binnen de toleranties zoals deze met de Stuurgroep zijn overeengekomen. De Projectmanager plant het werk, draagt de werkzaamheden op, houdt de voortgang in de gaten, rapporteert hierover aan de Stuurgroep en neemt zo nodig corrigerende maatregelen. Als de overeengekomen toleranties dreigen te worden overschreden, moet de Projectmanager dit via een Afwijkingsrapport aan de Stuurgroep escaleren.

> Mensen zijn de belangrijkste factor voor het succes van het project. De Projectmanager moet dan ook veel meer doen dan alleen het inrichten van het werk en het bewaken en beheersen van de voortgang. Hij zal het team moeten motiveren en moeten zorgen dat het team effectief samenwerkt om de geplande resultaten te realiseren. Belangrijk is dan ook dat bij de teamsamenstelling niet alleen wordt gekeken naar de inhoudelijke competenties van de teamleden, maar ook naar de sociale competenties van de teamleden en het type personen in het team.

Het is de primaire verantwoordelijkheid van de Projectmanager om ervoor te zorgen dat het project de afgesproken producten oplevert, conform de afspraken over kwaliteit, tijd en budget. Hierbij mag niet uit het oog worden verloren dat het opleveren van de resultaten niet een doel op zich is, maar dat er een gewenste eindsituatie is die met de opgeleverde resultaten moet worden gerealiseerd. De Projectmanager mag dan wel niet verantwoordelijk zijn voor het realiseren van die gewenste eindsituatie, maar moet wel bewaken dat de betreffende Business Case nog wel realistisch is en moet zo nodig de Business Case (laten) actualiseren. De rol van Projectmanager kan niet worden gedeeld.

De **Teammanager** is verantwoordelijk voor het realiseren van de producten. Deze rol is optioneel. De Projectmanager kan besluiten om de uitvoering van de werkzaamheden zelf aan te sturen. Teammanagers zijn verantwoordelijk voor het proces Managen Productoplevering en daarmee voor het realiseren van de producten volgens een overeengekomen Werkpakket. In dit Werkpakket staan de afspraken over welke producten volgens welke specificaties wanneer en binnen welk budget moet worden opgeleverd. Dit Werkpakket wordt overeengekomen met de Projectmanager op basis van het goedgekeurde Faseplan en wordt geaccepteerd door de Teammanager.

> Bij de samenstelling van de teams moet rekening gehouden worden met de beschikbaarheid van de mensen en middelen. De inzet van veel parttime medewerkers maakt het plannen en uitvoeren van de werkzaamheden lastig. Ook de teamvorming wordt lastiger, wat een duidelijk nadeel is, als een gemeenschappelijk resultaat moet worden neergezet. Tevens zal een versnipperde inzet de kosten doen toenemen en de doorlooptijd negatief beïnvloeden.

Projectsupport is de verantwoordelijkheid van de Projectmanager. Deze rol kan echter ook worden gedelegeerd aan een aparte entiteit. Dit kan een projectmedewerker zijn of een aparte eenheid binnen het projectteam. Deze rol omvat onder meer de administratieve ondersteuning binnen het project en het advies en begeleiding in het gebruik van projectmanagementprocedures, templates en applicaties.

Binnen het bedrijfs- of programmamanagement is soms een (permanent) Projectbureau ingericht die een deel van de taken van de Projectsupport invult. Vanuit een dergelijk bureau worden vaak de te gebruiken procedures en standaarden voorgeschreven. Ook wordt door een dergelijk Projectbureau vaak de projecten gecoördineerd en kritische capaciteiten toegewezen.

Voor een verdere beschrijving van de taken en verantwoordelijkheden van de verschillende rollen in het projectmanagementteam, zie Bijlage B.

■ 5.5 OMVANG VAN DE STUURGROEP

De Stuurgroep moet alle belanghebbende partijen in het project vertegenwoordigen. Dat kan ertoe leiden dat meerdere personen de rol van Seniorgebruiker en Seniorleverancier moeten gaan invullen. Het is echter een misverstand dat iedereen waarvan draagvlak nodig is, ook lid moet zijn van de Stuurgroep. Dit leidt alleen maar tot overvolle Stuurgroepen met onduidelijke verantwoordelijkheden en weinig slagkracht. Als er meerdere gebruikers- en/of leverancierspartijen zijn, dan wordt aangeraden dat deze partijen zich afzonderlijk organiseren in een eigen overleg en dat alleen de vertegenwoordigers van dergelijke groepen lid zijn van de Stuurgroep. De Stuurgroep is geen overlegorgaan maar een besluitvormingsplatform. Leden uit de afzonderlijke groepen kunnen zo mogelijk de rol van Projectborging op zich nemen (zie figuur 5.4).

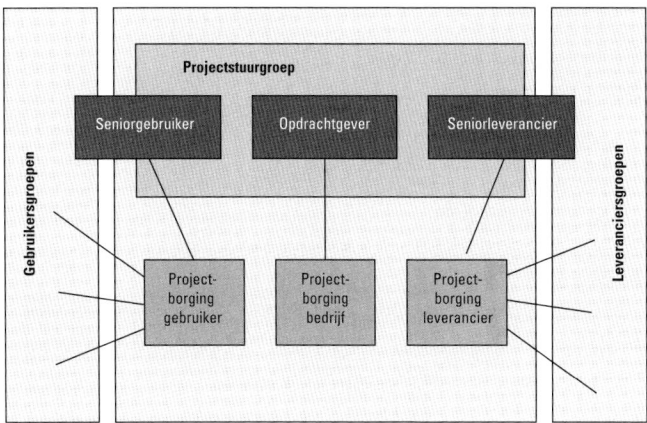

Figuur 5.4 Rapportagestructuur bij afzonderlijke gebruikers- en leveranciersgroepen (Based on PRINCE2 material of AXELOS Limited)

■ 5.6 BETREKKEN BELANGHEBBENDEN

Het betrekken van belanghebbenden (Engels: stakeholders) is vaak een kritische succesfactor bij het inrichten en managen van projecten. De Projectmanager heeft hierin een eigen verantwoordelijkheid binnen de eindverantwoordelijkheid van de Stuurgroep in het algemeen en die van de Opdrachtgever in het bijzonder. Dit gaat veel verder dan alleen het informeren van de verschillende partijen.

Bij het betrekken van partijen moet daarbij niet alleen gekeken worden naar de direct betrokken partijen, maar naar alle interne en externe belanghebbenden. Het zijn alle interne en externe partijen die een (positief of negatief) belang hebben bij de realisatie of bij de uitkomst van het project (zie figuur 5.5).

Bij het analyseren van belanghebbenden moet een verschil worden gemaakt tussen impact van het project op de belanghebbenden en andersom. Belanghebbenden kunnen alleen worden geïnformeerd of simpel worden geconsulteerd, maar kunnen ook worden betrokken bij het opstellen van de specificaties, de uitvoering, de beoordelingen of bij de besluitvorming. Dit maakt een enorm verschil in hun invloed op het project en de mate waarin bij die partijen draagvlak kan worden gecreëerd. De keuzes hierin moeten zorgvuldig worden overwogen.

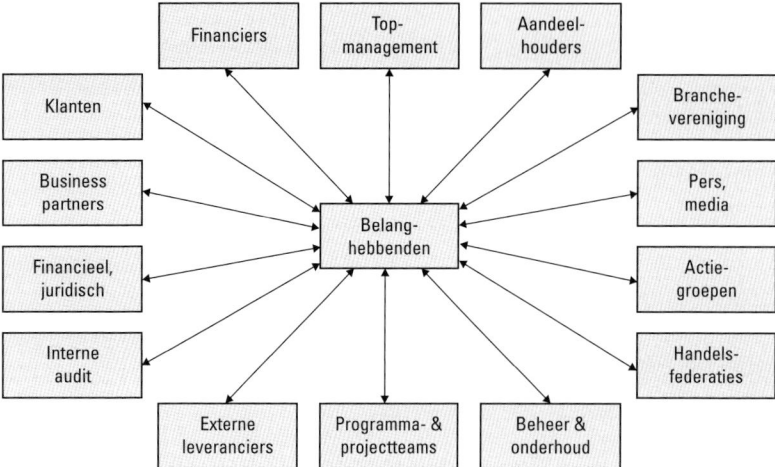

Figuur 5.5 Belanghebbenden

Het is noodzakelijk om al in de opstartfase een goede analyse van de belanghebbenden te maken. Deze analyse moet de basis zijn voor het opstellen van het projectmanagementteam. In de initiatiefase zal deze analyse verder moeten worden uitgewerkt en zal de basis moeten zijn voor het opstellen van de Communicatiemanagementstrategie. De communicatieactiviteiten moeten vervolgens in samenhang met de beheersaspecten worden meegenomen in het Projectplan.

Tijdens de faseovergangen moet de gekozen Communicatiemanagementstrategie worden geëvalueerd en zo nodig worden aangepast. De communicatieactiviteiten moeten voor de volgende fase worden uitgewerkt en in het Faseplan voor de volgende fase worden vastgelegd. Op het eind van het project moeten de Communicatiemanagementstrategie en de communicatieactiviteiten van het gehele project worden geëvalueerd.

■ 5.7 COMMUNICATIEMANAGEMENTSTRATEGIE

Het doel van de Communicatiemanagementstrategie is om een structuur aan te bieden die effectieve communicatie met belanghebbenden mogelijk maakt. De Communicatiemanagementstrategie geeft een beschrijving van de manier waarop en hoe vaak belanghebbenden worden geïnformeerd. Tevens omvat de strategie de resultaten van de stakeholderanalyse en de informatie die de verschillende belanghebbenden nodig hebben. Ten slotte worden in de strategie de communicatieprocedures vastgelegd met de benodigde bestanden en technieken die zullen worden gebruikt.

Communicatie is in deze niet alleen maar informeren, maar is tweerichtingsverkeer. Welke informatie hebben de belanghebbenden nodig? Maar ook welke informatie kunnen/moeten zij aan het project aanleveren en hoe gaat het project hier mee om? Ten slotte moet worden vastgelegd hoe de effectiviteit van de communicatiestrategie zelf zal worden gemeten.

6 Kwaliteit

Het doel van het thema Kwaliteit is om werkwijzen en hulpmiddelen aan te reiken waarmee het project producten kan realiseren en beoordelen die 'fit-for-purpose' zijn.

6.1 INLEIDING

Het thema Kwaliteit beschrijft de PRINCE2-aanpak om zeker te stellen dat de op te leveren producten voldoen aan de verwachtingen en geschikt zijn om de gewenste baten te realiseren. Het thema Kwaliteit beschrijft de werkwijze en verantwoordelijkheden voor het maken en goedkeuren van zowel de specialistenproducten als de managementproducten.

Binnen PRINCE2 is kwaliteit productgericht: wat moet het project opleveren, aan welke criteria moeten deze producten voldoen en hoe wordt gemeten dat de producten aan deze criteria voldoen? Door de productoriëntatie levert het thema Kwaliteit een directe bijdrage aan het principe Productgerichte aanpak.

Tot slot beschrijft het thema Kwaliteit de kwaliteitscirkel van continue verbetering binnen het project door het vastleggen, toepassen en doorgeven van leerpunten. Het thema Kwaliteit draagt daarmee direct bij aan het principe van Leren van ervaring.

6.2 BEGRIPPENKADER

Kwaliteit – Het geheel van intrinsieke of toegekende eigenschappen van een product, persoon, proces, dienst of systeem dat bijdraagt aan het vermogen om aantoonbaar te voldoen aan verwachtingen die kenbaar gemaakt, vanzelfsprekend of dwingend voorgeschreven zijn. Deze omschrijving is gebaseerd op de ISO 8402 standaard voor kwaliteitsmanagement.

Scope – PRINCE2 omschrijft de scope als het totaal van de op te leveren producten en de eisen waaraan deze moeten voldoen. De scope wordt beschreven door de productdecompositie en de bijbehorende Productbeschrijvingen van een plan. Om in de praktijk een scope goed te kunnen definiëren, zal echter ook nog moeten worden vastgesteld welke werkzaamheden nodig zijn om de verschillende producten op te leveren en zal moeten worden aangegeven wat specifiek NIET tot de scope behoort.

■ 6.3 KWALITEITSMANAGEMENT

Kwaliteitsmanagement – Het geheel van samenhangende activiteiten om een organisatie te sturen en te beheersen ten aanzien van kwaliteit.

Kwaliteits(management)systeem – Het geheel van kwaliteitsstandaarden, -procedures en –verantwoordelijkheden voor een locatie of een organisatie.

PRINCE2 definieert de locatie of organisatie als de bedrijfs- of programmaorganisatie waarbinnen het project wordt uitgevoerd. Volgens PRINCE2 is het kwaliteitsmanagementsysteem dan ook gekoppeld aan die bedrijfs- of programmaorganisatie en niet aan een project. Een project heeft een Kwaliteitsmanagementstrategie. Dit is een verbijzondering van het kwaliteitsmanagementsysteem van de locatie of organisatie.
De Kwaliteitsmanagementstrategie van een project kan worden afgeleid van zowel het kwaliteitsmanagementsysteem van de klant als die van de leverancier.

Kwaliteitsplanning – Het geheel van voorbereidingen om te komen tot de gewenste kwaliteit. Dit omvat zowel het definiëren van de benodigde producten en bijbehorende kwaliteitscriteria als de beoordelingsmethoden en verantwoordelijkheden plus hoe kwaliteit in het project zeker wordt gesteld en geborgd.

Kwaliteitsbeheersing – Het geheel van samenhangende activiteiten dat gericht is op het controleren van zowel het proces als product, inclusief het identificeren van de benodigde corrigerende maatregelen.

Kwaliteitsborging – Het aspect van kwaliteitsmanagement dat gericht is op het geven van vertrouwen dat aan de kwaliteitseisen zal worden voldaan.

Binnen PRINCE2 wordt kwaliteitsborging gedefinieerd als het geheel van samenhangende activiteiten om aan te tonen dat de standaarden en beleidslijnen van het bedrijfs- of programmamanagement zijn ingevoerd en worden nageleefd en effectief zijn. Op basis van deze definitie valt kwaliteitsborging binnen PRINCE2 geheel buiten de scope van het project.

De verantwoordelijkheid voor de borging van de kwaliteit in een project wordt binnen PRINCE2 gezien als een onderdeel van de bredere verantwoordelijkheid van Projectborging (zie tabel 6.1).

Tabel 6.1 Relatie tussen Projectborging en Kwaliteitsborging volgens PRINCE2

Projectborging	Kwaliteitsborging
Zekerstellen aan de belanghebbenden dat het project op een juiste wijze wordt uitgevoerd conform de overeengekomen plannen en standaards	Zekerstellen dat het project op een juiste wijze wordt uitgevoerd conform de relevante bedrijfs- of programmastandaarden en -beleidsuitgangspunten
Onafhankelijk van de Projectmanager en het projectteam	Onafhankelijk van de Projectmanager en het projectteam
Verantwoordelijkheid van de Stuurgroep	Verantwoordelijkheid van het bedrijfs- of programmamanagement
Kwaliteitsborging vanuit het bedrijfs- of programmamanagement kan worden ingezet als onderdeel van de Projectborging	Projectborging kan zekerstellen dat het project opereert conform de relevante bedrijfs- of programmastandaarden en beleidsuitgangspunten

■ 6.4 PRINCE2-AANPAK VAN KWALITEIT

De specifieke benadering van PRINCE2 van kwaliteit resulteert in het volgende kwaliteitspad (zie figuur 6.1):

- Kwaliteitsplanning – Omvat de ontwikkeling van de Projectproductbeschrijving, de Kwaliteitsmanagementstrategie, de afzonderlijke Productbeschrijvingen en het inrichten van het Kwaliteitsregister.
- Kwaliteitsbeheersing – Omvat het uitvoeren van de kwaliteitsactiviteiten, het vastleggen en onderhouden van de kwaliteits- en goedkeuringsbestanden, het actualiseren van het Kwaliteitsregister en het verkrijgen van acceptatie van het projectresultaat.

■ 6.5 KWALITEITSPLANNING

Kwaliteitsverwachtingen van de klant – De verwachte kwaliteit van het op te leveren resultaat als geheel. Kwaliteitsverwachtingen worden vaak beschreven in algemene termen, zoals 'veilig', 'gemakkelijk in gebruik' en 'duurzaam'. Het is wenselijk de kwaliteitsverwachtingen te prioriteren.

Om de kwaliteitsverwachtingen in perspectief te plaatsen is het vaak nodig in de kwaliteitsverwachtingen van de klant ook de standaarden en processen op te nemen die moeten worden gehanteerd om de kwaliteitsverwachtingen te realiseren plus in welke mate het kwaliteitssysteem van de klant- of de leverancier moet worden gebruikt.

Acceptatiecriteria – Een (geprioriteerde) lijst met meetbare kwaliteitscriteria waar de eigenschappen van het op te leveren resultaat aan moet voldoen om geaccepteerd te worden door de belangrijkste belanghebbenden. Als aan alle acceptatiecriteria wordt voldaan, kan het projectresultaat worden opgeleverd en het project worden afgesloten.

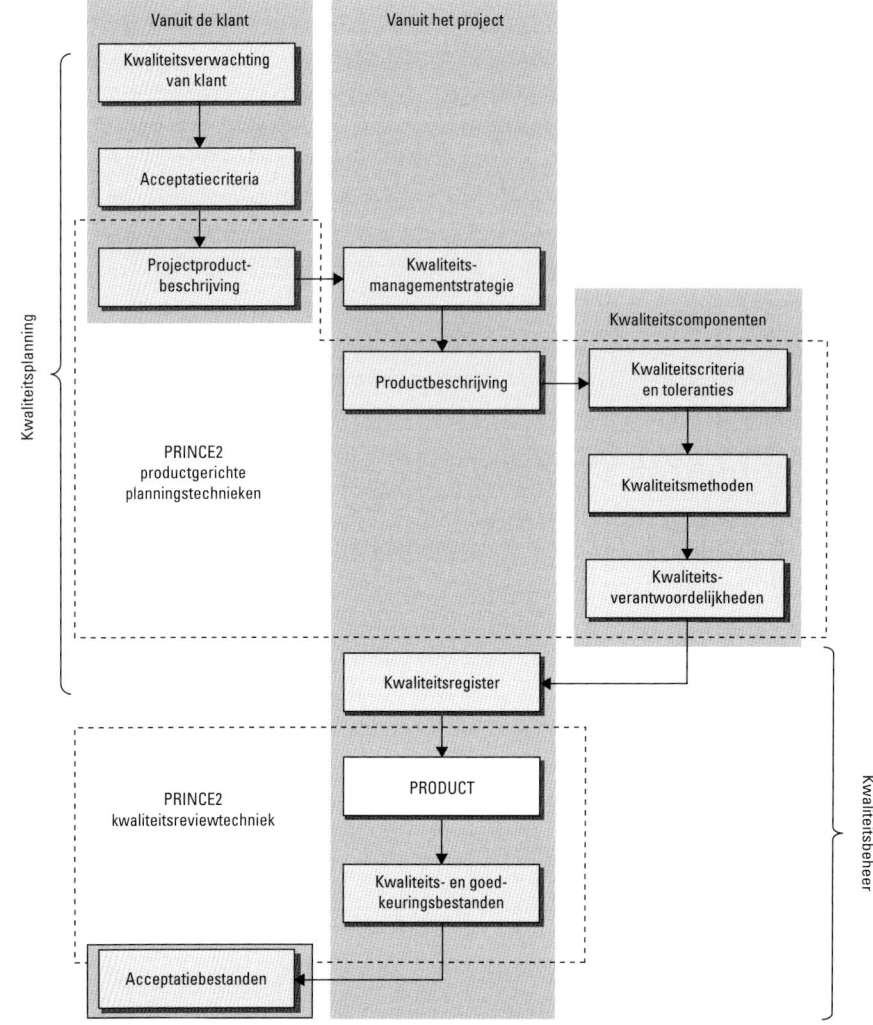

Figuur 6.1 Kwaliteitspad (Source: Managing Successful Projects with PRINCE2, produced by AXELOS Limited)

> Een bekende wijze om kwaliteitscriteria te prioriteren is de MoSCoW–methode:
> - **M**ust have – essentieel voor het succes van het project.
> - **S**hould have – is zeer gewenst, maar een vergelijkbare eigenschap is ook goed genoeg.
> - **C**ould have – deze eis mag alleen worden meegenomen als er tijd genoeg is.
> - **W**on't have for now – deze eis wordt niet meegenomen, maar is misschien interessant voor later.

De kwaliteitsverwachtingen en acceptatiecriteria van het op te leveren resultaat moeten worden overeengekomen tijdens het proces Opstarten van een Project en worden vastgelegd in de Projectproductbeschrijving. Soms worden de kwaliteitsverwachtingen al aangereikt via het projectmandaat. In dat geval zal moeten worden getoetst of deze verwachtingen actueel en compleet zijn. Voor iedere kwaliteitsverwachting zal tenminste één acceptatiecriterium moeten worden gedefinieerd.

> Veilig, gemakkelijk in gebruik en duurzaam kunnen kwaliteitsverwachtingen zijn. Mogelijke acceptatiecriteria zijn dan:
> - Veilig – geen losse onderdelen.
> - Gemakkelijk in gebruik – kan in de vaatwasser.
> - Duurzaam – voldoet aan een specifieke NEN-ISO-norm.

Projectproductbeschrijving – De Productbeschrijving van het op te leveren resultaat, ook wel het projectresultaat genoemd. De Projectproductbeschrijving wordt in het proces Opstarten van een Project opgesteld en is onderdeel van het Projectvoorstel. Na goedkeuring door de Stuurgroep valt de Projectproductbeschrijving onder wijzigingsbeheer.

De Projectproductbeschrijving bevat naast de kwaliteitsverwachtingen en acceptatiecriteria van het op te leveren resultaat onder andere ook de belangrijkste op te leveren producten, de kwaliteitstoleranties en hoe en door wie het op te leveren resultaat zal worden beoordeeld en geaccepteerd.

De Projectproductbeschrijving wordt uitgewerkt tijdens het opstellen van het Projectplan in het proces Initiëren van een Project en wordt als onderdeel van het Projectplan en daarmee van de PID door de Stuurgroep bij het autoriseren van het project definitief goedgekeurd. De Projectproductbeschrijving wordt op het eind van een managementfase beoordeeld en indien nodig aangepast tijdens het actualiseren van het Projectplan in het proces Managen van een Faseovergang.

De Projectproductbeschrijving kan in allerlei vormen worden aangeleverd. In verschillende branches wordt de Projectproductbeschrijving ook wel het 'globaal programma van eisen' genoemd.

Kwaliteitsmanagementstrategie – Een verbijzondering van het kwaliteitsmanagementsysteem van de bedrijfs- of programmaorganisatie. Het legt de technieken, standaarden en verantwoordelijkheden vast hoe in het project de kwaliteit geborgd wordt. Als bestaande processen en standaards voor het project worden aangepast, moet dit expliciet in de strategie worden vermeld.

De Kwaliteitsmanagementstrategie wordt opgesteld tijdens het proces Initiëren van een Project en goedgekeurd door de Stuurgroep. De Kwaliteitsmanagementstrategie wordt op het eind van een managementfase beoordeeld en indien nodig aangepast, als onderdeel van de PID, tijdens het opstellen van het volgende faseplan in het proces Managen van een Faseovergang.

Productbeschrijvingen – Bedoeld om ervoor te zorgen dat alle betrokken partijen eenzelfde beeld hebben van wat nodig is om het product te realiseren, aan welke eisen het product moet voldoen, wie verantwoordelijk is voor de realisatie en hoe en door wie het product zal worden getoetst en goedgekeurd.

Voor ieder geïdentificeerd product moet een Productbeschrijving worden opgesteld. Een Productbeschrijving moet worden opgesteld zodra het product wordt geïdentificeerd, al is het maar in een rudimentaire vorm. Een productbeschrijving moet worden bevroren zodra het betreffende Faseplan wordt goedgekeurd.

Kwaliteitsregister – Een formeel document waarin alle uit te voeren en uitgevoerde kwaliteitsbeoordelingen worden vastgelegd, inclusief een referentie waar de betreffende kwaliteits- en goedkeuringsdocumenten zijn opgeslagen (zie tabel 6.2).

Het Kwaliteitsregister wordt ingericht tijdens het proces Initiëren van een Project, samen met de Kwaliteitsmanagementstrategie. De geplande data van de verschillende toetsen worden ingevuld zodra het betreffende Faseplan wordt goedgekeurd en geactualiseerd bij het autoriseren van het betreffende Werkpakket. De data van de uitgevoerde kwaliteitsbeoordelingen worden ingevuld als resultante van de actuele beoordelingen en goedkeuringen. Vaak wordt het beheer van het Kwaliteitsregister neergelegd bij Projectsupport, onder de eindverantwoordelijkheid van de Projectmanager.

Tabel 6.2 Voorbeeld Kwaliteitsregister (Source: Managing Successful Projects with PRINCE2, AXELOS Limited)

Kwaliteits-activiteit ID	Product ID	Productnaam	Kwaliteits-methode	Producent	Reviewers	Goed te keuren door	Geplande datum toets	Verwachte datum toets	Actuele datum toets	Actuele atum goedkeurin	Resultaat	Referentie
1	121	Tekening	Kwaliteits-beoordeling	Ali	Paulo	John, Rita	14-Feb	21-Feb	21-Feb	28-Feb	Goed-gekeurd	
2	124	Water-pomp	Prestatie-Test	Paulo	Ali, Bob	John	20-Mar	20-Mar	27-Mar	n.v.t.	Af-gekeurd	Testplan
3	124	Water-pomp	Onderhouds-test	Paulo	Ali, Amir	Rita	21-Mar	21-Mar	27-Mar	27-Mar	Goed-gekeurd	Testplan
...	...	...	...	...	...	...						
...	...	...	...	...	...	...						
9	124	Water-pomp	Prestatie-test	Paulo	Ali, Bob	John	14-Jun		21-Jun			

■ 6.6 KWALITEITSBEHEERSING

Kwaliteitsmethoden – Alles wat te maken heeft met het bewaken, testen en bijsturen van kwaliteit. Kwaliteitsbeheersing omvat:

- Het uitvoeren van kwaliteitsmethoden. Dit kunnen zowel gestandaardiseerde werkwijzen zijn om op voorhand de kwaliteit van het te realiseren product te borgen als kwaliteitsbeoordelingen van het gerealiseerde product zelf.
- Het bijhouden van kwaliteits- en goedkeuringsdocumenten.
- Het verkrijgen van acceptatie van het eindresultaat.

Tussentijdse of eindbeoordelingen kunnen worden onderscheiden naar:
- Testen: indien de kwaliteitscriteria echt objectief kwalificeerbaar zijn.
- Inspecteren: indien een bepaalde mate van een professioneel oordeel nodig is.
- Kwaliteitsreview: indien tevens een klantoordeel is vereist.
- Audits door externe partijen om na te gaan of procedures zijn gevolgd.

Kwaliteitsdocumenten – Alle documenten die in het kader van de kwaliteitsbeheersing worden opgesteld. Kwaliteitsdocumenten geven de Stuurgroep de zekerheid dat de overeengekomen kwaliteitsprocedures zijn uitgevoerd en dat de belangrijkste belanghebbenden tevreden zijn met het projectresultaat.

De kwaliteitsdocumenten onderbouwen de resultaten zoals die zijn vastgelegd in het Kwaliteitsregister. De documenten omvatten onder meer testplannen, foutenstatistieken, een vastlegging van de te nemen corrigerende maatregelen en kwaliteitsrapporten zoals audits.

Kwaliteitsdocumenten zijn een waardevolle bron voor het evalueren van het project en het vaststellen van leerpunten. Op deze manier zijn ze van waarde bij eventuele volgende projecten. Bij voorkeur worden de kwaliteitsdocumenten door de Projectsupport gearchiveerd.

Goedkeuringsdocumenten – De formele documenten waarin is vastgelegd dat de opgeleverde producten zijn goedgekeurd. Een dergelijke goedkeuring kan in vele vormen worden gegeven. Het kan een besluit zijn dat is vastgelegd in een vergaderverslag, een officieel getekend document, maar ook een eenvoudige e-mail. Voor referentie is het belangrijk om dergelijke documenten centraal te archiveren.

Acceptatiedocumenten – Documenten waarin de officiële acceptatie van het uiteindelijke projectresultaat is vastgelegd op het eind van het project. Meestal is een aparte acceptatie van het projectresultaat nodig van zowel de eindgebruiker als degenen die verantwoordelijk zijn voor beheer en onderhoud. Op basis van deze documenten wordt decharge verleend aan de Projectmanager en het het project formeel gesloten.

6.7 KWALITEITSREVIEW

Een kwaliteitsreview is een beoordeling door een daarvoor uitgenodigd team van betrokkenen, om de conformiteit van een product ten opzichte van een set vooraf aangeboden kwaliteitscriteria vast te stellen. De te beoordelen producten zijn meestal tussenproducten zoals documenten, tekeningen en 'story boards'. Bij een kwaliteitsreview ligt de nadruk op het vaststellen van fouten en verbeteringen en niet op het oplossen van de problemen ter plekke. Het is dus een manier van foutdetectie en geen foutcorrectie.

Bij een kwaliteitsreview worden de belangrijkste betrokken partijen uitgenodigd om een product te beoordelen aan de hand van de bijbehorende Productbeschrijving. De kern van de review is een vergadering waarin tot een gemeenschappelijk oordeel moet worden gekomen over het product.

> Aan de beoordeling van het architectontwerp van de nieuwe schouwburg namen deel de W- en E-engineers en de acoustic engineer en vanuit de gebruiker de toneelmeester en hoofd Marketing. De gemeente werd vertegenwoordigd door hoofd Bouwzaken. Het ontwerp werd in de vergadering toegelicht door de architect. Een collega van de Projectmanager zat de review voor. Een lid van de Projectsupport maakte de notulen.

De doelen van een kwaliteitsreview zijn:
- Vaststellen of het aangeboden product voldoet aan de criteria.
- Het kunnen bevestigen dat een product goedgekeurd kan worden.
- Creëren van een baseline voor wijzigingsbeheer.

Bij een kwaliteitsreview kunnen vier rollen worden onderscheiden:
- **Voorzitter** – Verantwoordelijk voor de uitvoering van het reviewproces.
- **Productvertegenwoordiger** – Degene die namens hen die het product hebben gerealiseerd, het product inbrengt in de review en ook verantwoordelijk is voor het afhandelen van de eventuele corrigerende maatregelen. Vaak is dat de Teammanager.
- **Reviewer(s)** – Degenen die het product beoordelen vanuit hun specifieke expertise of belang.
- **Secretaris** – Degene die de voorzitter administratief ondersteunt en de notulen maakt van de reviewvergadering.

Voorbereiding – De voorzitter bereidt de vergadering voor, controleert of het product gereed is voor review en gaat na of de opgegeven reviewers beschikbaar zijn. Indien akkoord stuurt de vertegenwoordiger een kopie van het product en de betreffende Productbeschrijving naar de reviewers. De reviewers beoordelen het product op basis van de kwaliteitscriteria, vullen een vragenlijst in met geconstateerde fouten en aandachtspunten en sturen deze naar de voorzitter. Tevens geven zij kleine fouten aan (bijvoorbeeld taalfouten) op de kopie van het product en sturen deze terug naar de vertegenwoordiger. Ten slotte stelt de voorzitter een geconsolideerde vragenlijst op en stuurt deze naar de vertegenwoordiger ter voorbereiding op de vergadering.

Vergadering – Tijdens de reviewvergadering zal de vertegenwoordiger het product kort toelichten. Vervolgens worden onder leiding van de voorzitter de algemene fouten en issues besproken. Daarna wordt onder leiding van de vertegenwoordiger het product sectie voor sectie doorgesproken op specifieke fouten en issues. De secretaris legt alle afspraken tijdens de vergadering vast en bevestigt deze afspraken nogmaals op het eind van de vergadering. Ten slotte stelt de voorzitter het resultaat vast van de review en sluit de vergadering. Het product kan in een review worden goedgekeurd, gedeeltelijk goedgekeurd of afgekeurd. In het laatste geval zal na correctie van het product de review opnieuw moeten worden gehouden.

> Als resultaat van de kwaliteitsreview kan het product uiteraard worden goedgekeurd of afgekeurd. Het is echter ook mogelijk dat partijen het erover eens zijn dat het product voldoet aan de gestelde eisen, maar dat de reviewers bij nader inzien iets anders willen. Dat gebeurt vaak. In dit geval moet het product worden goedgekeurd maar moet tegelijkertijd een wijzigingsverzoek worden opgesteld. Een laatste mogelijkheid is dat partijen het niet eens zijn met elkaar. Dat kan gebeuren. Voorkom ruzie. Constateer samen dat men het niet met elkaar eens is en stuur dit als een issue naar de Projectmanager. 'We agree to disagree', zoals de Engelsen het zo mooi kunnen zeggen.

Nazorg – Na de review informeert de voorzitter de belanghebbende partijen. Het verslag van de vergadering wordt door de secretaris naar Projectsupport toegestuurd. De vertegenwoordiger initieert de corrigerende acties en laat deze aftekenen door de toegewezen reviewers. Als alle acties zijn afgerond, keurt de voorzitter het product goed en zal de secretaris de betreffende kwaliteitsdocumenten aan de Projectsupport toesturen. De vertegenwoordiger vraagt tot slot goedkeuring van het product aan degenen die het product moeten aftekenen.

Als degene die het product moet aftekenen aan de review deelneemt, is het mogelijk het product direct af te tekenen als onderdeel van de review. Als de actie(s) niet afgerond kan (kunnen) worden binnen de overeengekomen toleranties, dan moet de voorzitter dit als issue rapporteren aan de Projectmanager.

Belangrijke succesfactoren voor een kwaliteitsreview zijn:
- Review het product, niet de persoon.
- Zet reviewers in op hun eigen expertise.
- Foutidentificatie, GEEN correctie.
- Vermijd conflict. Bereik eventueel overeenstemming over het gegeven dat men het niet met elkaar eens is. In dat geval moet de voorzitter dit aan de Projectmanager rapporteren als een issue.
- Nodig reviewers uit vanuit hun rol in het project en niet vanuit hun functie.
- Stel vooraf een Productbeschrijving beschikbaar.
- Kies een onafhankelijke voorzitter (als Projectmanager ben je zelf vaak partijdig).
- Zorg voor een vertegenwoordiging van alle partijen binnen het project.

Een goede kwaliteitsreview:
- Versterkt de betrokkenheid van de belanghebbenden en creëert eigenaarschap van de oplossing.

- Versterkt het leiderschap van de Projectmanager door focus op kwaliteit in plaats van uitsluitend te focussen op kosten en doorlooptijd.
- Maakt een vroege vaststelling van fouten en gewenste veranderingen mogelijk en voorziet daarmee in een platform voor verbetering.
- Biedt objectieve en meetbare controle op de voortgang.
- Bevordert de ontwikkeling van individuen.
- Zorgt voor het vastleggen van resultaten in kwaliteitsdocumenten.
- Draagt bij aan de kwaliteitscultuur bij het projectmanagementteam en de belanghebbenden.

Dossierstructuur
Het is van belang een vaste dossierstructuur aan te houden voor het opzetten en archiveren van projectdocumenten. Hiermee wordt voorkomen dat later eenmaal opgeslagen documentatie moeilijk terug te vinden is. Bovendien maakt een vaste dossierstructuur het mogelijk het werk van een collega over te nemen, als dat door omstandigheden nodig mocht zijn.

Er wordt daarbij een onderscheid gemaakt tussen een management- en specialistendossier. Een managementdossier bevat alle documenten die noodzakelijk zijn om het project te managen. Een specialistendossier bevat alle documenten die noodzakelijk zijn voor het realiseren van het projectresultaat, zoals een voorlopig of een definitief ontwerp.

De indeling van een specialistendossier is sterk afhankelijk van het op te leveren eindproduct. Voor een managementdossier kan meestal wel een algemene indeling worden aangehouden. Daarbij wordt onderscheiden:
- **Kwaliteitsdossier** – Alle managementdocumenten die direct gerelateerd zijn aan het beheersen van de kwaliteit van de op te leveren producten van het project, zoals de Kwaliteits- en Configuratiemanagementstrategie, de Productbeschrijvingen, het Kwaliteits- en Issueregister, de Issuerapporten en het Leerpuntenlogboek.
- **Projectdossier** – Bevat alle overige documenten die betrekking hebben op het project als totaal, ofwel:
  - Alle projectstart- en einddocumenten, zoals het Projectvoorstel, de PID en het Projecteindrapport.
  - Alle autorisaties van de Stuurgroep, zoals autorisatie project en autorisaties Fase- en Afwijkingsplan.

  - Alle overige managementproducten die gedurende het gehele project moeten worden geactualiseerd, zoals het Projectplan, de Business Case, het Risicoregister en het Batenreviewplan.
- **Fasedossier** – Bevat alle overige managementproducten per fase.

Deze indeling sluit aan op de ISO 9000, waarin wordt voorgeschreven dat alle kwaliteitsdocumenten bij elkaar moeten worden gearchiveerd.

6.8 ROLLEN EN VERANTWOORDELIJKHEDEN

Voor een overzicht van de rollen en verantwoordelijkheden voor het thema Kwaliteit, zie tabel 6.3.

Tabel 6.3 Rollen en Verantwoordelijkheden voor het thema Kwaliteit

Bedrijfs-/programmamanagement	Projectmanager (PM)
• Verstrekken KMS door het bedrijfs-/ programmamanagement • Beschikbaar stellen kwaliteitsborging **Opdrachtgever** • Goedkeuren Projectproductbeschrijving • Goedkeuren Kwaliteitsmanagementstrategie • Bevestigen acceptatie projectresultaat **Seniorgebruiker** • Leveren kwaliteitsverwachting van de klant • Leveren acceptatiecriteria • Goedkeuren Projectproductbeschrijving • Goedkeuren Kwaliteitsmanagementstrategie • Goedkeuren Productbeschrijvingen voor de (belangrijkste) gebruikersproducten • Leveren gebruikercapaciteit voor kwaliteitsactiviteiten • Communiceren naar belanghebbenden gebruikers • Afgeven acceptatie van het projectresultaat **Seniorleverancier** • Goedkeuren Projectproductbeschrijving • Goedkeuren Kwaliteitsmanagementstrategie • Goedkeuren kwaliteitsmethoden/-technieken/-instrumenten • Goedkeuren Productbeschrijvingen voor de (belangrijkste) specialistenproducten • Leveren leverancierscapaciteit voor kwaliteitsactiviteiten • Communiceren naar belanghebbenden leveranciers	• Documenteren kwaliteitsverwachtingen van de klant en de acceptatiecriteria • Opstellen Projectproductbeschrijving • Opstellen Kwaliteitsmanagementstrategie • Opstellen en onderhouden Productbeschrijvingen • Zeker stellen implementatie TM van de overeengekomen kwaliteitbeheersmaatregelen **Teammanager (TM)** • Implementeren overeengekomen kwaliteitbeheersmaatregelen • Produceren producten overeenkomstig Productbeschrijvingen • Managen kwaliteitsbeheer voor producten in de Werkpakketten • Samenstellen kwaliteitsbestanden • Adviseren PM over status productkwaliteit **Projectborging** • Adviseren Stuurgroep en PM over Kwaliteits-managementstrategie • Assisteren Stuurgroep en PM bij review Productbeschrijvingen • Adviseren PM over geschikte kwaliteitsbeoordelaars • Zekerstellen implementatie van strategieën **Projectsupport** • Leveren administratieve ondersteuning ondersteuning kwaliteitsbeheer • Onderhouden Kwaliteitsregister en bestanden • Assisteren bij kwaliteitsprocessen van het project

7 Plannen

Het doel van het thema Plannen is om de uitvoering, beheersing en communicatie van een project te bevorderen door het definiëren hoe producten het beste kunnen worden opgeleverd (door wie, wat, waar, wanneer en hoe).

■ 7.1 INLEIDING

Projectmanagement is voor een belangrijk deel gebaseerd op het maken van plannen. Zonder een goed plan is er geen gemeenschappelijk beeld van de uit te voeren werkzaamheden, is er geen basis waaraan de voortgang van de werkzaamheden kan worden afgemeten en is er geen basis voor de beheersing van de uitvoering.

Het thema Plannen ondersteunt het proces van het maken van plannen door middel van het aanbieden van een raamwerk voor het ontwerpen, ontwikkelen en het up-to-date houden van de verschillende plannen in een project. In dit thema worden zowel het 'zelfstandig naamwoord' plannen als het 'werkwoord' plannen beschreven.

Het opstellen van een plan is in de PRINCE2-aanpak productgericht. Het thema Plannen levert een directe bijdrage aan de principes van productgerichte aanpak, leren van ervaring, het managen door fasen en managen 'by exception'.

■ 7.2 WAT IS EEN PLAN EN PLANNEN?

Een 'plan' (zelfstandig naamwoord) is een beschrijving van de weg om van de huidige toestand naar de gewenste toestand te komen. Plannen worden meestal vastgelegd in een document. Een plan beschrijft dus hoe, wanneer en door wie een specifiek doel of een verzameling van doelen en producten wordt gerealiseerd.

Het werkwoord 'plannen' is de activiteit van het opstellen c.q. actualiseren van een plan.

7.3 VOORDELEN VAN HET OPSTELLEN VAN EEN PLAN

Het opstellen van een plan dwingt de betrokken partijen vooraf na te denken over wat in welke volgorde moet worden opgeleverd en welke werkzaamheden daarvoor nodig zijn. Het stimuleert hiermee het denken in resultaten, wat een voorwaarde is voor succesvolle projecten. Een goed plan zorgt ervoor dat vooraf overeenstemming wordt bereikt over hoe de uitvoering zal gaan lopen. Met een goed en inzichtelijk plan kan op een eenvoudige wijze draagvlak worden gecreëerd bij de betrokken partijen. Iedereen kan voor zichzelf helder krijgen wat zijn individuele bijdrage moet zijn om het plan te realiseren. Ook wordt duidelijk wat de onderlinge afhankelijkheden zijn tussen de verschillende werkzaamheden en tussen de verschillende partijen. Met behulp van een goed plan is de voortgang te bewaken, kan de uitvoering worden beheerst en kan gestructureerd worden bijgestuurd. Het is al het ware de routebeschrijving naar het gemeenschappelijke einddoel.

Een plan vormt de basis voor de uitvoering van de werkzaamheden. Een plan is tevens de basis voor de autorisatie van de uitvoering van deze werkzaamheden door de bovenliggende managementlaag.

7.4 ELEMENTEN VAN EEN PLAN

Een plan omvat niet alleen een tijdsplanning, maar het geheel van elementen dat noodzakelijk is om de gestelde doelen te realiseren:
- Planbeschrijving – Een korte beschrijving van de scope waarop het plan betrekking heeft (het gehele project, een fase, een Werkpakket of een afwijking) en een beschrijving op hoofdlijnen van de wijze waarop het projectresultaat zal worden gerealiseerd.
- Planvoorwaarden – Wat moet beschikbaar zijn of aan welke voorwaarden moet zijn voldaan, <u>voordat</u> met de uitvoering van het plan kan worden begonnen.
- Externe afhankelijkheden – Van welke externe factoren is een goede uitvoering van het plan afhankelijk. Dit kunnen tijdige leveringen van andere projecten zijn, maar bijvoorbeeld ook of een vergunning wordt afgegeven.
- Planningaannamen – Zoals de beschikbaarheid van bepaalde experts, de toegang tot bepaalde ruimten en de competenties van het beschikbare personeel.
- Opgenomen leerpunten – Specifieke leerpunten uit vorige projecten die in dit plan zijn opgenomen.
- Bewaking en beheersing – De wijze waarop de voortgang zal worden bewaakt en de opzet en frequentie van de verschillende rapportages en de te houden vergaderingen.
- Budgetten – Beschikbare budgetten, inclusief eventuele risico- en wijzigingsbudgetten.
- Toleranties – Tijd-, geld- en scopetoleranties.
- Productbeschrijvingen – Van alle geïdentificeerde producten binnen de scope van het plan, inclusief de daarin opgenomen kwaliteitstoleranties.

- Tijdsplanning – in de vorm van een balkenschema, netwerkplanning of productcontrolelijst en zo mogelijk ondersteund met een productdecompositie en productstroomschema.
- Capaciteit – Benodigde en beschikbare capaciteit van mensen en middelen in de tijd.

Een plan geeft de mogelijkheid om risico's in de uitvoering in een vroeg stadium te analyseren en daarop te anticiperen. In de planfase kan dan ook al worden nagedacht over eventuele alternatieven, als bepaalde risico's zich materialiseren. Dergelijke alternatieven kunnen als een back-upvoorziening in het plan worden meegenomen (calamiteitenplannen).

7.5 PLANAANPAK

Het opstellen van een plan is een iteratief en cyclisch proces. Plannen en herplannen horen bij projectmanagement. Vaak zullen meerdere personen werken aan een plan, waarbij ieder één of meerdere onderdelen van het plan uitwerkt. Het is dan noodzakelijk om regelmatig informatie uit te wisselen en samen te kijken naar de consequenties voor het plan als geheel. Ook is afstemming met de bovenliggende managementlaag en andere belanghebbenden noodzakelijk, om ervoor te zorgen dat het plan op één lijn blijft met de doelstellingen van het bedrijfs- of programmamanagement.

Het is uitermate belangrijk dat plannen gemaakt worden met diegenen die de eigenlijke werkzaamheden moeten uitvoeren en met het management dat de benodigde mensen en middelen voor de uitvoering ter beschikking moet stellen. Het betrekken van deze partijen verhoogt de kwaliteit van het plan en verhoogt het draagvlak van de partijen die nodig zijn om het plan uit te voeren.

7.6 PLANNIVEAUS

PRINCE2 kent drie planniveaus om te voldoen aan de behoeften van de verschillende managementniveaus in het project, namelijk het Projectplan, het Faseplan en het Teamplan. Bij het Faseplan kan nog een onderscheid worden gemaakt tussen het Faseplan voor de initiatiefase en de Faseplannen voor de onderscheidenlijke managementfasen tijdens de uitvoering van het project.

Bij een dreigende overschrijding van de overeengekomen toleranties, moet zo nodig een Afwijkingsplan worden opgesteld. De Projectmanager is verantwoordelijk voor het opstellen van de Project- en Fase-afwijkingsplannen. Bij een dreigende overschrijding van een Werkpakket kan de Projectmanager de Teammanager vragen een Afwijkingsplan voor het Teamplan op te stellen. Dit valt echter buiten de scope van de methode PRINCE2 en wordt dan ook als zodanig niet meegenomen (zie figuur 7.1).

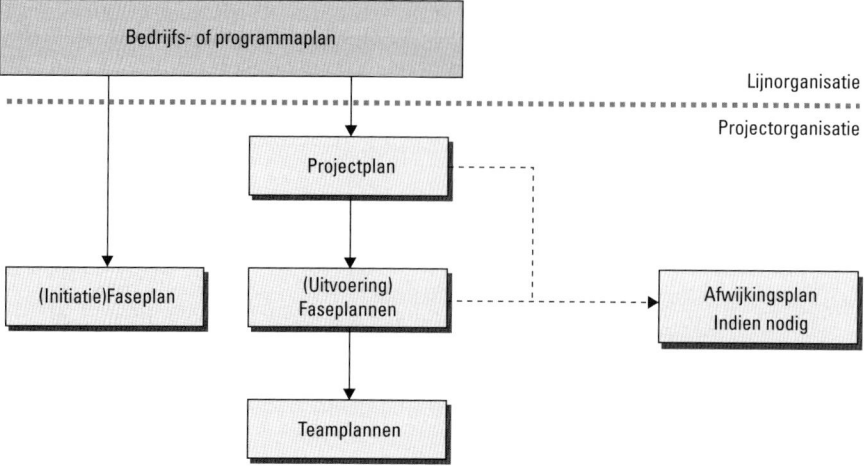

Figuur 7.1 Planniveaus PRINCE2 (Source: Managing Successful Projects with PRINCE2, AXELOS Limited)

Voor elk planniveau geldt dat het moet aansluiten op het bovenliggende planniveau. Het Projectplan moet aansluiten op het bedrijfs- of programmaplan. Het Faseplan moet aansluiten op het Projectplan. Het Teamplan moet aansluiten op het Faseplan. Hoe lager het planniveau hoe korter de looptijd, maar ook hoe meer details het plan zal bevatten.

Projectplan

Het Projectplan is de baseline voor de Stuurgroep om het project fase voor fase te bewaken en te sturen. Het Projectplan beschrijft op hoofdlijnen hoe het projectresultaat wordt gerealiseerd binnen de gegeven doelstellingen van tijd, geld, scope en kwaliteit, de overeengekomen managementfasen en de belangrijkste op te leveren producten, activiteiten, mijlpalen en benodigde capaciteiten in de tijd.

Het Projectplan wordt opgesteld in de initiatiefase door de Projectmanager en wordt goedgekeurd door de Stuurgroep als onderdeel van de Projectinitiatiedocumentatie. Op het eind van iedere tussenliggende managementfase wordt het Projectplan geactualiseerd en goedgekeurd met de autorisatie voor het uitvoeren van de volgende fase. Tijdens het proces Afsluiten van een Project wordt het Projectplan geactualiseerd op basis van de gegevens van de laatste uitvoeringsfase als basis voor het op te stellen Projecteindrapport.

Het Projectplan vormt input voor de Business Case met betrekking tot de noodzakelijke investeringen en de periode waarover deze investeringen worden gedaan.

Faseplan

Een Faseplan is de baseline voor de Projectmanager voor het dagelijks management van de betreffende fase. Een Faseplan beschrijft de op te leveren producten en uit te voeren Werkpakketten tijdens een Fase. Het Faseplan wordt opgesteld door de Projectmanager en goedgekeurd door de Stuurgroep.

Een Faseplan is nodig voor iedere afzonderlijke managementfase. Er zijn daarom ten minste twee Faseplannen: het Faseplan voor de initiatiefase en het Faseplan voor de uitvoeringsfase. Als er slechts één uitvoeringsfase is, dan kan het betreffende Faseplan worden samengevoegd met het Projectplan, maar blijft wel als afzonderlijk plan bestaan.

> De verhuizing kent geen tussenliggende go/no go-besluiten. In overleg met de Opdrachtgever wordt dan ook besloten de uitvoering niet op te delen in meerdere managementfasen. Voor de uitvoering stelt de Projectmanager het Projectplan op. Samen met het projectteam wordt het Projectplan verder uitgewerkt in een Faseplan. De details worden vastgelegd in hetzelfde plan. Door de activiteiten in het Faseplan weer te clusteren wordt vanzelf weer het Projectplan gegenereerd. Met het Faseplan bewaakt de Projectmanager de uitvoering. Op basis van het Projectplan rapporteert de Projectmanager aan de Stuurgroep.

Het Initiatiefaseplan wordt opgesteld op het eind van de opstartfase. Het Faseplan voor de eerste uitvoeringsfase wordt opgesteld op het eind van de initiatiefase. De Faseplannen voor de overige managementfasen worden opgesteld als onderdeel van het proces Managen van een Faseovergang op het eind van de voorgaande managementfase. Dit maakt het mogelijk een Faseplan op te stellen over de periode waarvoor het mogelijk is om nauwkeurig te plannen (planningshorizon) en te plannen met de kennis van de prestaties van de eerdere fasen.

Teamplan
Een Teamplan is de baseline voor de Teammanager voor de uitvoering van één of meerdere Werkpakketten. Een Teamplan beschrijft de op te leveren producten en uit te voeren werkzaamheden om de betreffende Werkpakketten uit te voeren en op te leveren. Een Teamplan wordt opgesteld door de Teammanager en moet worden goedgekeurd door de Projectmanager in het project en door de Seniorleverancier in de lijn (buiten het project).

Bij een Werkpakket dat wordt uitgevoerd door een andere afdeling of door een externe leverancier is het niet altijd gewenst dat de Projectmanager (namens de klant) inzage krijgt in alle details van het Teamplan. Het gepresenteerde plan zal zich dan beperken tot die details, die de Projectmanager voldoende inzage geven om de voortgang van de uitvoering van het Teamplan te kunnen controleren.

Een Teamplan kent geen vaste indeling. Leveranciers werken niet noodzakelijkerwijs op basis van de methode PRINCE2 en ook het voorgaande leidt tot mogelijk andere indelingen van dergelijke plannen.
Een Teamplan wordt opgesteld door de Teammanager, parallel met het opstellen van het Faseplan door de Projectmanager tijdens het proces Managen van een Faseovergang, of bij het aannemen van een Werkpakket bij het begin van het proces Managen Productoplevering.
Een Teamplan is, in tegenstelling tot het Project- en Faseplan, optioneel. Wel is het zo, dat als er voor de verschillende Werkpakketten geen afzonderlijke Teamplannen worden

opgesteld, de betreffende Teammanagers nadrukkelijker bij het opstellen van het Faseplan moeten worden betrokken. Ook moet het Faseplan dan meer details bevatten dan wanneer voor de verschillende Werkpakketten wel een afzonderlijk Teamplan wordt opgesteld.

Afwijkingsplan
Een Afwijkingsplan is een plan dat beschrijft wat nodig is om de effecten van een (dreigende) overschrijding van de toleranties te corrigeren. Een Afwijkingsplan is qua indeling gelijk aan het plan dat het vervangt. Dus indien een Projectplan of Faseplan vervangen wordt volgt het Afwijkingsplan hiervoor dezelfde structuur. Het Afwijkingsplan vervangt het lopend plan voor de resterende periode van het plan dat het vervangt. Een Afwijkingsplan wordt goedgekeurd door het managementniveau die ook het oorspronkelijke plan heeft goedgekeurd.

Als de toleranties van een Werkpakket dreigen te worden overschreden, dan zal de Teammanager dit moeten escaleren naar de Projectmanager als issue. De Projectmanager zal dit issue onderzoeken en corrigerende maatregelen nemen en zo nodig een nieuw/aangepast Werkpakket met de Teammanager overeenkomen.
Als de toleranties van een fase dreigen te worden overschreden, dan zal de Projectmanager dit issue moeten escaleren aan de Stuurgroep met behulp van een Afwijkingsrapport. Op basis van de alternatieven die in een dergelijk Afwijkingsrapport worden aangereikt, kan de Stuurgroep de Projectmanager vragen een Afwijkingsplan op te stellen.
Als de toleranties van het project dreigen te worden overschreden, dan zal de Stuurgroep het betreffende Afwijkingsrapport moeten escaleren naar het bedrijfs- of programmamanagement.

■ 7.7 DE PRINCE2-AANPAK VAN PLANNEN

Het opstellen van een plan is bij PRINCE2 gebaseerd op het principe van productgerichte aanpak; het moet allereerst duidelijk zijn wat in welke volgorde moet worden opgeleverd, voordat de benodigde activiteiten kunnen worden gepland om de te op te leveren producten te realiseren. Op zichzelf volkomen logisch. Een productgerichte aanpak is dan ook de basis voor vrijwel alle planningstechnieken.

Allereerst moet het bekend zijn aan welke voorwaarden een plan moet voldoen. Dan kan worden vastgesteld welke producten moeten worden opgeleverd en welke activiteiten men moet uitvoeren om dit te realiseren. Vervolgens kunnen schattingen worden gemaakt van de benodigde capaciteit en kosten en kan een tijdschema worden opgesteld. Tot slot kan het plan worden samengesteld en gedocumenteerd. Gedurende het opstellen van een plan moet continu aandacht besteed worden aan de mogelijke risico's die de uitvoering van het plan met zich mee kan brengen (zie figuur 7.2).

7 Plannen

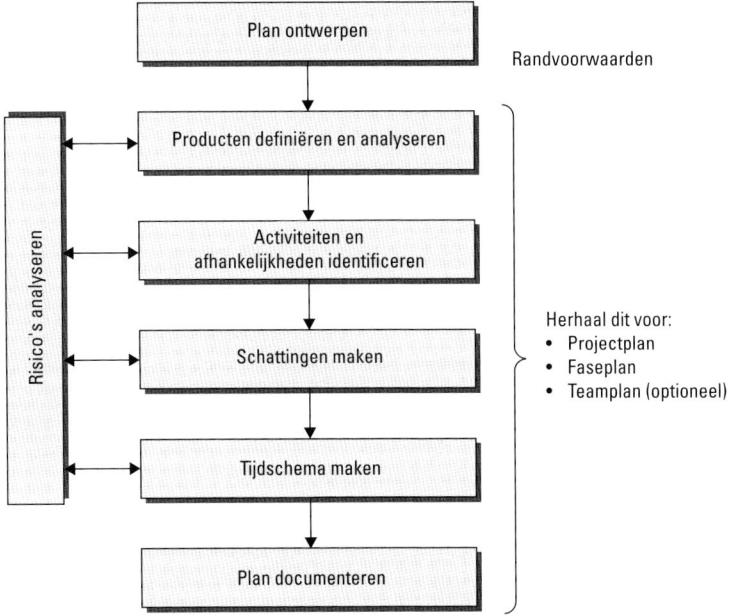

Figuur 7.2 Opstellen van een plan (Source: Managing Successful Projects with PRINCE2, AXELOS Limited)

Plan ontwerpen

Voordat inhoudelijk een plan kan worden opgesteld, zal er met de betrokken partijen eerst overeenstemming moeten worden bereikt over de volgende punten:

- Welke plannings- of begrotingsmethodes zullen worden toegepast (bijvoorbeeld Excel).
- Hoe worden de planningen en budgetten gepresenteerd (bijvoorbeeld Gantt chart).
- Welke schattingsmethoden zullen worden gebruikt (bijvoorbeeld functiepuntanalyse).
- Hoeveel planningsniveaus worden er aangehouden.
- Hoe gedetailleerd gaat er worden gepland.
- Welke bewakingsmethodes worden gehanteerd.

Al deze aspecten kunnen invloed hebben op de wijze waarop de plannen in een project worden opgesteld. Elke projectspecifieke afwijking van bedrijfs- of programmastandaarden moet expliciet worden goedgekeurd en vastgelegd in de Projectinitiatiedocumentatie.

Het ontwerpen van een plan gebeurt meestal in de initiatiefase. Waar nodig zal dit tijdens het Managen van een Faseovergang worden geactualiseerd.

Producten definiëren en analyseren

Voor het definiëren en analyseren van de benodigde en op te leveren producten in een plan, maakt PRINCE2 gebruik van de techniek productgerichte planning. Allereerst zal de Productbeschrijving worden opgesteld van wat uiteindelijk moet worden opgeleverd (Projectproductbeschrijving). Vervolgens wordt een productdecompositie gemaakt van dit projectresultaat. Dan worden de Productbeschrijvingen opgesteld van de individuele producten die zijn geïdentificeerd en ten slotte wordt een productstroomschema opgesteld van deze producten. Binnen de methode PRINCE2 wordt het projectresultaat aangeduid als het projectproduct (zie figuur 7.3).

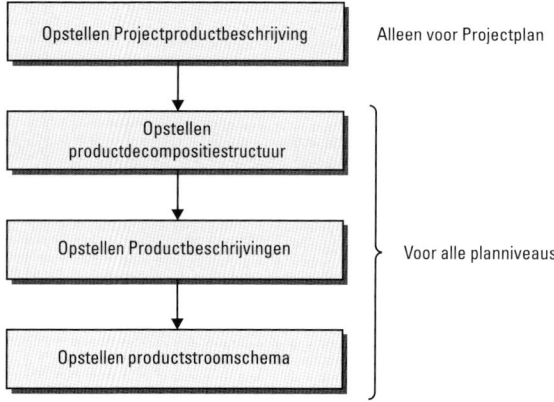

Figuur 7.3 Techniek productgerichte aanpak (Source: Managing Successful Projects with PRINCE2, produced by AXELOS Limited)

Voordelen productgerichte aanpak

Door productgerichte aanpak worden verschillen in verwachtingen voorkomen of opgelost. Door eerst te focussen op de producten wordt vooraf overeenstemming bereikt over wat in welke volgorde moet worden opgeleverd, aan welke eisen deze producten moeten voldoen en hoe en door wie dat zal worden beoordeeld, voordat met de uitvoering van de werkzaamheden wordt gestart.

Door de productgerichte aanpak wordt de betrokkenheid van gebruikers vergroot. Gebruikers hebben vaak weinig affiniteit met de uit te voeren activiteiten, maar wel met de benodigde en op te leveren producten. Een belangrijke succesfactor is dan ook om gebruikers bij het definiëren en analyseren van de producten te betrekken. Hierdoor ontstaat een grotere acceptatie van het eindproduct.

Door de productgerichte aanpak wordt helder wat wel tot het project behoort (scope) en wat niet tot het project behoort (afbakening). Benodigde toe te leveren (externe) producten worden vastgesteld en toegewezen. Er is een vroege kijk op het uit te voeren werk en de tussentijds uit te voeren beoordelingen van de (tussen)producten. Ten slotte is productgerichte aanpak een goede basis voor het definiëren van de uit te voeren Werkpakketten. Door het definiëren van de op te leveren producten is er een betere verdeling van verantwoordelijkheden mogelijk tussen de verschillende partijen in een projectteam.

Stap 1: Opstellen Projectproductbeschrijving

De Projectproductbeschrijving is de Productbeschrijving van het op te leveren resultaat (project-product). De Projectproductbeschrijving wordt opgesteld in het proces.

Opstarten van een Project als onderdeel van het Projectvoorstel en wordt nader gedefinieerd in het proces Initiëren van het Project als onderdeel van het Projectplan. Voor een verdere positionering van de Projectproductbeschrijving in de levenscyclus van het project en een toelichting op de onderdelen van een Projectproductbeschrijving, zie het thema Kwaliteit (paragraaf 6.5).

De Seniorgebruiker is verantwoordelijk voor het specificeren van het projectproduct. In de praktijk wordt de Projectproductbeschrijving geschreven door de Projectmanager in overleg met de Opdrachtgever en de Seniorgebruiker.

Stap 2: Opstellen productdecompositiestructuur
Het op te leveren projectresultaat bestaat meestal uit meerdere producten, die afzonderlijk moeten worden gerealiseerd, beoordeeld en opgeleverd. Om te voorkomen dat benodigde en op te leveren producten worden vergeten is het verstandig om eerst een hiërarchische decompositie te maken van het projectproduct.

De productdecompositie begint altijd vanuit het projectresultaat. Splits de decompositie niet verder uit dan tot het niveau van de afzonderlijke producten die worden opgedragen en beheerst binnen het betreffende plan. Een verdere uitsplitsing kan worden opgenomen onder het kopje 'samenstelling' in de Productbeschrijving zelf. In een onderliggend planniveau kan de decompositie zo nodig verder worden uitgesplitst. Een productdecompositie is nodig voor ieder afzonderlijk Fasepan.

> Tussen de eigenaar van de wagen en de garage gaat het waarschijnlijk over de banden, het remsysteem en de motor. Tussen de monteur van de wagen en het magazijn gaat het over de verschillende filters en de verschillende bouten en moeren. De mate van decompositie van de producten in een plan is dus afhankelijk van voor wie het plan bestemd is.

Zorg er bij een productdecompositie voor, dat ieder subproduct slechts verbonden is met één bovenliggend product (zie figuur 7.4 [A]). Voorkom één-op-één relaties (zie figuur 7.4 [B]). Dat is geen decompositie. Maak géén gebruik van pijlen en van een tijdsvolgordelijke uitsplitsing van het project-product (zie figuur 7.4 [C]). Dit vindt plaats in het productstroomschema. Het is juist de bedoeling om een hiërarchische en een tijdsvolgordelijke uitsplitsing naast elkaar te ontwikkelen om te voorkomen dat producten worden vergeten. Als wegens gebrek aan ruimte een uitsplitsing onder elkaar moet worden gezet, moeten de enkelvoudige producten niet met elkaar, maar uitsluitend met het bovenliggende tussenliggende product worden verbonden (zie figuur 7.5).

De decompositie bestaat uit producten en dus uit zelfstandige naamwoorden en niet uit activiteiten. Gebruik niet dezelfde zelfstandige naamwoorden op meerdere plaatsen in de decompositie; ook niet in de verschillende lagen van de decompositie en ook niet in de verschillende groepen. Dit leidt onherroepelijk tot verwarring en tot fouten.
Het is verder verstandig om de verschillende producten in een decompositie te coderen.

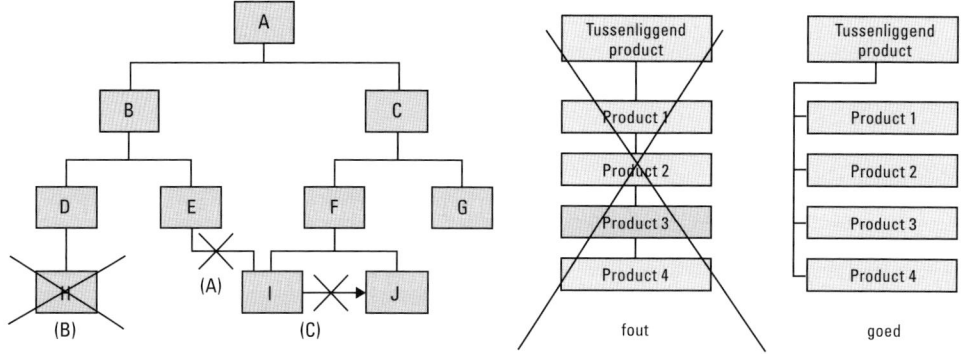

Figuur 7.4 Tekenen productdecompositie   Figuur 7.5 Verkorte notatie

Het is daarbij gebruikelijk om per laag in de decompositie een extra cijfer of cijfergroep aan de codering toe te voegen (zie figuur 7.6).

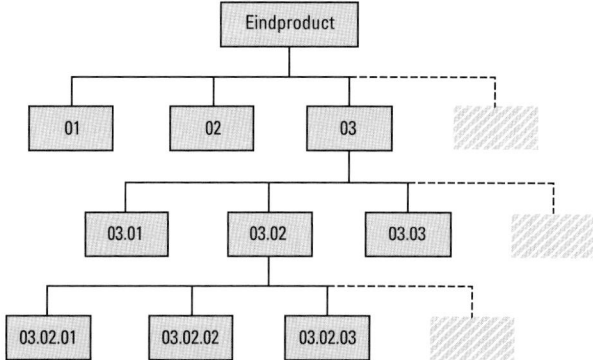

Figuur 7.6 Voorbeeld coderen productdecompositiestructuur

Maak een onderscheid tussen de te realiseren producten, groepen en externe producten:
- **Groepen** – Een verzameling van producten, met geen andere reden dan om een gestructureerde clustering van producten mogelijk te maken. Een groep hoeft niet op zichzelf te worden beoordeeld.
- **Externe producten** – Producten die al bestaan of die buiten de scope van het project worden gemaakt of geactualiseerd.

Groepen kunnen bijvoorbeeld worden weergegeven in een parallellogram, externe producten in een ellips en de 'eigen' producten in een rechthoek. Er kan ook gekozen worden voor verschillende kleuren, maar dat is vaak minder duidelijk. Het is aan te bevelen wel een onderscheid te maken, om later misverstanden te voorkomen. Het is tevens aan te raden om elk extern product als een apart risico in het Risicoregister op te nemen. Onderscheid verder zo mogelijk verschillende ontwikkelstadia van producten, zoals een voorlopig en een definitief ontwerp of de verschillende stadia in een transport. Dit is vooral belangrijk als de verantwoordelijkheid voor de verschillende stappen bij verschillende partijen ligt en apart moeten worden goedgekeurd.

Productdecomposities kunnen verder in vele vormen worden weergegeven: zowel in een traditionele vorm, zoals in figuur 7.5, als in een mindmap, maar bijvoorbeeld ook gewoon in lijsten met de verschillende subniveaus. Belangrijk daarbij is om aan te sluiten bij de standaarden binnen de bedrijfs- of programmaorganisatie en wat de 'gebruikers' van die decomposities het prettigst vinden. Binnen bepaalde productmodellen zijn gestandaardiseerde productdecomposities beschikbaar.

Vergeet verder niet in de decompositie ook de managementproducten op te nemen. Het maken van managementproducten kost tijd en geld en mag zeker niet worden vergeten. Meestal worden de specialistenproducten het eerst gepland en worden de managementproducten daar later aan toegevoegd. Zie Bijlage A voor een overzicht van managementproducten. Het aantal managementproducten in een specifiek project kan echter veel beperkter zijn.

Stap 3: Opstellen Productbeschijvingen
Een Productbeschrijving moet worden opgesteld voor alle geïdentificeerde tussen- en eindproducten in een productdecompositie. Voor groepen hoeven uiteraard geen Productbeschrijvingen te worden opgesteld. Voor externe producten wordt het niet voorgeschreven, maar wordt wel aangeraden om een Productbeschrijving op te stellen.

Een Productbeschrijving moet worden opgesteld zodra het product als een afzonderlijk product wordt geïdentificeerd. Een dergelijk eerste Productbeschrijving is vaak niet meer dan een titel en een identificatiecode, ingevuld in een voorgedrukt sjabloon. Toch is het wezenlijk dat dit gebeurt, om te voorkomen dat de betreffende Productbeschrijvingen worden vergeten.
Een Productbeschrijving moet worden bevroren zodra het Faseplan van de fase, waarin het betreffende product moet worden gerealiseerd, is goedgekeurd. Een Productbeschrijving is vaak het eerste document dat wordt opgenomen in de Configuratie-item-record. Iedere wijziging in de Productbeschrijving maakt dat ook direct een aanpassing van de Configuratie-item-record noodzakelijk is.

De Projectmanager of de Teammanager is verantwoordelijk voor het opstellen van de Productbeschrijvingen. Zij moeten echter de gebruikers en productspecialisten erbij betrekken. De gebruikers en productspecialisten bepalen de kwaliteitscriteria en de andere kwaliteitsaspecten die in de Productbeschrijving worden vastgelegd.

Net als bij de productdecompositie heeft ook een Productbeschrijving geen voorgeschreven indeling. Wel wordt een indeling aanbevolen (zie paragraaf 6.5 en Bijlage A). Belangrijk is dat de benodigde informatie wordt vastgelegd, niet hoe het wordt vastgelegd. Een gedetailleerd programma van eisen bevat ook vaak de benodigde informatie. Belangrijk is wel dat dit uitdrukkelijk wordt getoetst. Ontbrekende aspecten kunnen later leiden tot grote problemen.

Voor kleine projecten kan soms worden volstaan met alleen de Projectproductbeschrijving. Voor managementproducten kan vaak gebruik worden gemaakt van gestandaardiseerde Productbeschrijvingen die binnen de organisatie reeds beschikbaar zijn.

Stap 4: Opstellen productstroomschema
Als basis voor de uiteindelijke planning is het noodzakelijk te weten in welke volgorde de producten worden gebruikt en gerealiseerd. Daarvoor wordt als laatste stap in de techniek productgerichte aanpak een productstroomschema opgesteld. In dit stroomschema worden alle producten uit de productdecompositie in een onderlinge volgtijdelijke relatie weergegeven.

De regels voor het opstellen van een productstroomschema zijn eenvoudig. Het stroomschema wordt getekend van boven naar beneden of van links naar rechts. Alle producten uit de productdecompositie worden weergegeven met dezelfde namen en liefst ook op dezelfde wijze getekend als in de productdecompositie. De volgorde van de realisatie van de producten wordt aangegeven met pijlen. Producten kunnen in principe alleen na elkaar of in parallel worden geproduceerd. Het stroomschema eindigt met het projectresultaat.

In het productstroomschema worden de specialistenproducten en de gebeurtenis-gedreven managementproducten weergegeven, zoals de fase-eindproducten en de op te stellen testplannen. Periodieke managementproducten, zoals Voortgangsrapporten, Hoofdpuntenrapporten, logboeken en registers worden niet in het stroomschema opgenomen.

Het gebeurt regelmatig dat bij het opstellen van het productstroomschema nieuwe producten geïdentificeerd worden voor het plan. Deze producten moeten alsnog worden toegevoegd aan de productdecompositie om er zeker van te zijn dat beide diagrammen met elkaar in overeenstemming blijven. Ook moeten Productbeschrijvingen voor deze 'vergeten' producten worden opgesteld.
Bij het opstellen van een productstroomschema is het aan te bevelen om het stroomschema zowel in te vullen vanuit het startpunt van het plan (van voor naar achter) als ook vanuit het eindpunt van het plan (van achter naar voor). Dit levert de beste resultaten op. Het is verder aan te bevelen om bij het opstellen van het productstroomschema zowel de personen in te schakelen die het werk gaan uitvoeren als de personen die van het projectresultaat gebruik gaan maken.

De volgtijdelijke of parallelle relaties zoals die in een productstroomschema worden weergegeven, zijn meestal slechts een ruwe weergave van de realiteit. In een productstroomschema voor een Projectplan worden vaak producten weergegeven die later in een Faseplan of een Teamplan verder worden opgesplitst. Toch is het niet aan te bevelen het Projectplan verder uit te splitsen of meer ingewikkelde relaties te definiëren. Het is beter om een eenvoudig stroomschema voor het Projectplan te accepteren en de producten en de productrelaties pas in de onderliggende Faseplannen en Teamplannen verder uit te werken. Een uitwerking van de productgerichte techniek is opgenomen in Bijlage C.

Werkdecompositiestructuur (WBS)
De term werkdecompositiestructuur ofwel Work Breakdown Structure (WBS) komt uit de Amerikaanse *PMBOK Guide*. Daarin wordt de werkdecompositiestructuur omschreven als:

'Een productgeoriënteerde hiërarchische decompositie van het werk dat moet worden uitgevoerd om de projectdoelstellingen te realiseren en de vereiste deelproducten op te leveren.
Het organiseert en definieert de totale scope van het project. Iedere verdere uitsplitsing van het werk definieert het werk in een toenemende mate van detail. De WBS is samengesteld uit werkpakketten. De product-oriëntatie van de hiërarchie bevat zowel intern als extern op te leveren producten.'

Met deze omschrijving sluit de werkdecompositiestructuur geheel aan bij de productdecompositie-structuur, zoals deze wordt gedefinieerd bij de productgerichte aanpak. De strijd tussen degenen die de productdecompositie en degenen die de werkdecompositie zien als ideale basis voor het opstellen van een plan, is dan ook niet meer dan een woordenstrijd. Inhoudelijk zijn beide aanpakken gelijk. De vraag of het verstandig is om na een productdecompositie ook een werkdecompositie op te zetten is dan ook niet aan de orde. Uiteraard moet na een werkdecompositie het werkpakket, als laagste niveau van de decompositie, wel worden uitgewerkt. Meestal moeten meerdere activiteiten worden uitgevoerd om een werkpakket op te kunnen leveren. Een werkpakket omvat daarom activiteiten en mijlpalen om de oplevering van het werkpakket te kunnen realiseren. Dat is zowel het geval in een productdecompositiestructuur als in een werkdecompositiestructuur.

Activiteiten en afhankelijkheden identificeren
Alleen een productstroomschema is vaak niet voldoende om een goede inschatting te kunnen maken van de benodigde capaciteit en tijd om het plan te realiseren. Daarom is het nodig voor de afzonderlijke producten eerst de benodigde activiteiten en afhankelijkheden te identificeren, voordat schattingen over de inzet van mensen en middelen kunnen worden gemaakt. Voor complexe projecten wordt hierbij vaak gebruikgemaakt van een netwerkplanning.

Deze activiteiten moeten ook de management- en kwaliteitsactiviteiten omvatten, zoals de activiteiten die nodig zijn om de producten te beoordelen en af te nemen. Tevens moeten ook de afhankelijkheden van externe gebeurtenissen en producten worden vastgesteld, zoals het plaatsen van een inkooporder door de afdeling Inkoop of een beslissing van het programmamanagement.

Netwerkplanning
In een netwerkplanning worden de verschillende activiteiten in een onderling volgtijdelijk verband weergegeven. Een veelgebruikte methode daarbij is de Precedence-chart, waarbij de activiteiten in de knooppunten worden weergegeven met volgtijdelijke pijlen tussen de knooppunten (zie figuur 7.7). Per knooppunt (activiteit of taak) wordt vastgelegd: de vroegst mogelijke start (VS), laatst mogelijke start (LS), vroegst mogelijke einde (VE), laatst mogelijke

einde (LE) en ten slotte de totale speling. Op basis daarvan kan het kritieke pad worden berekend door van start tot einde via de verschillende ketens de VS en de VE te berekenen. Het kritieke pad is het langste pad in een netwerk. De totale speling kan worden berekend door van het einde terug te rekenen naar de start door via de verschillende ketens de LE en VE te berekenen. De totale speling is de totale hoeveelheid tijd die een activiteit kan vertragen, zonder dat de langste doorlooptijd van een plan wordt vergroot.

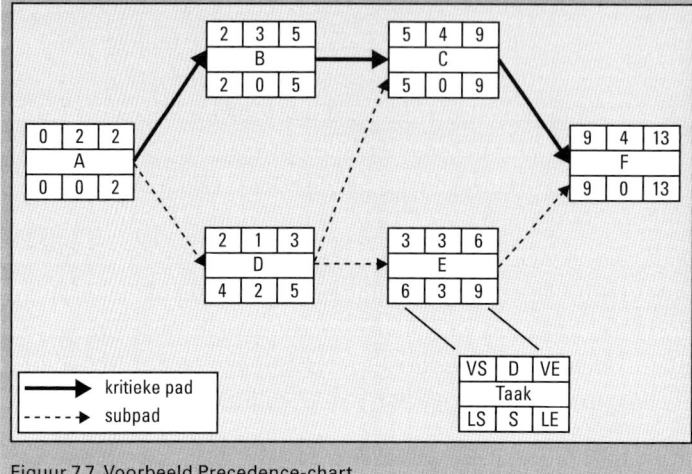

Figuur 7.7 Voorbeeld Precedence-chart

Schattingen maken

Op basis van de gedefinieerde activiteiten en afhankelijkheden kunnen schattingen worden gemaakt van de benodigde capaciteiten en de noodzakelijke doorlooptijden.

Basisregels voor het maken van schattingen zijn:
- Werk nooit met uren, maar altijd met dagdelen van vier uur.
- Reken met maximaal 44 weken per jaar; in sommige organisaties zelf met nog minder.
- Houd er rekening mee dat personen meestal slechts 80 procent productief zijn, ofwel we moeten dus 25% meer capaciteit plannen dan rekenkundig nodig op basis van 100% productiviteit.
- Houd rekening met tijd voor vergaderingen, opstellen van rapporten en analyseren van issues.
- Plan ook tijd voor het beoordelen van de afgeronde producten én tijd en capaciteit voor herstelwerkzaamheden. Vrijwel niets is in één keer goed.

Voor het maken van schattingen is het belangrijk om de verschillende capaciteiten te onderscheiden en dan per type capaciteit een aparte inschatting te maken. Dit kan op basis van een mening van een expert, maar ook op basis van eerder verzamelde nacalculatiegegevens. Schattingen zijn het meest accuraat als deze zowel top-down als bottom-up worden gemaakt en dan met elkaar worden vergeleken. Betrek bij het maken van schattingen ook de personen die de uiteindelijke werkzaamheden moeten gaan uitvoeren. Bij de Delphi-methode wordt bijvoorbeeld als eerste stap gebruikgemaakt van de meningen van meerdere experts, die onafhankelijk van elkaar een serie vragen beantwoorden.

> Bij kritische schattingen is het aan te raden gebruik te maken van een driepuntsopgave en die te middelen: wat is de meest waarschijnlijke capaciteitsbehoefte of doorlooptijd (W), wat is een optimistische schatting (O) en wat is een pessimistische schatting (P). De aan te houden verwachte waarde wordt dan: $\mu = (O + 4 \times W + P)/6$.

Tijdschema maken

Allereerst moet de volgorde van de uit te voeren activiteiten worden vastgesteld met de belangrijkste beslispunten en mijlpalen. Dan moet worden nagegaan wie de beschikbare mensen en wat de beschikbare middelen voor het uitvoeren van het plan zijn. Vervolgens moeten de beschikbare capaciteiten aan de verschillende activiteiten worden toegewezen. En dan moet het tijdschema worden doorgerekend, uitgaande van de toegekende capaciteiten en een veronderstelde productiviteit.

De daaruit voortvloeiende doorlooptijd of opleverdatum wordt vervolgens vergeleken met de gewenste of vastgestelde doorlooptijd of opleverdatum. Mocht dit een negatieve discrepantie opleveren, dan zal de tijdsplanning moeten worden geoptimaliseerd. Dat kan door niet-kritische activiteiten op te knippen of te verschuiven in de tijd of door deze uit te rekken over een langere periode, waardoor per tijdseenheid minder capaciteit nodig is. Mocht dit nog niet voldoende zijn, dan zal moeten worden nagegaan of andere mensen en middelen kunnen worden ingezet om de benodigde capaciteit aan te vullen of dat extra capaciteit kan worden vrijgemaakt. Soms is het mogelijk om activiteiten in een andere volgorde uit te voeren. Uiteindelijk zal de capaciteitsplanning sluitend moeten worden gemaakt. Pas daarbij op voor 'wishful thinking'. Mocht dit niet lukken, dat zal het probleem als issue aan het management moeten worden teruggekoppeld.

Voor eenvoudige planningen kan het bovenstaande handmatig worden uitgevoerd, gebruikmakend van een balkenschema of een eenvoudige spreadsheet. Voor meer complexe planningen kan, zoals al aangegeven, beter gebruik worden gemaakt van een netwerkplanning.

Op basis van de uiteindelijke capaciteiten en de daaraan gekoppelde kosten kan de definitieve begroting van de kosten van het plan worden opgesteld. Vergeet niet de kosten voor de management- en de kwaliteitsactiviteiten. Deze kosten kunnen nog worden aangevuld met een post onvoorzien, de verwachte geldwaarde van de onderkende risico's en een raming voor eventuele wijzigingsverzoeken. Dit totaal vormt de input voor het uiteindelijk vast te stellen budget.

Op basis van de uiteindelijke volgorde van de activiteiten en capaciteiten kan vervolgens het definitieve tijdschema worden opgesteld. Het is aan te raden het tijdschema te visualiseren met behulp van een balkenschema (zie figuur 7.8).

Risico's analyseren

Iedere inzet van capaciteit en iedere volgorde van activiteiten bevat kansen en bedreigingen. Het is dan ook belangrijk om continu de risico's van de keuzen mee te nemen in de besluitvorming. Een plan wordt dan ook niet in een enkelvoudige serie van stappen opgesteld, maar in een iteratief en cyclisch proces, dat meestal verschillende malen moet worden doorlopen om tot een acceptabel resultaat te komen dat ook door de verschillende belanghebbenden wordt ondersteund.

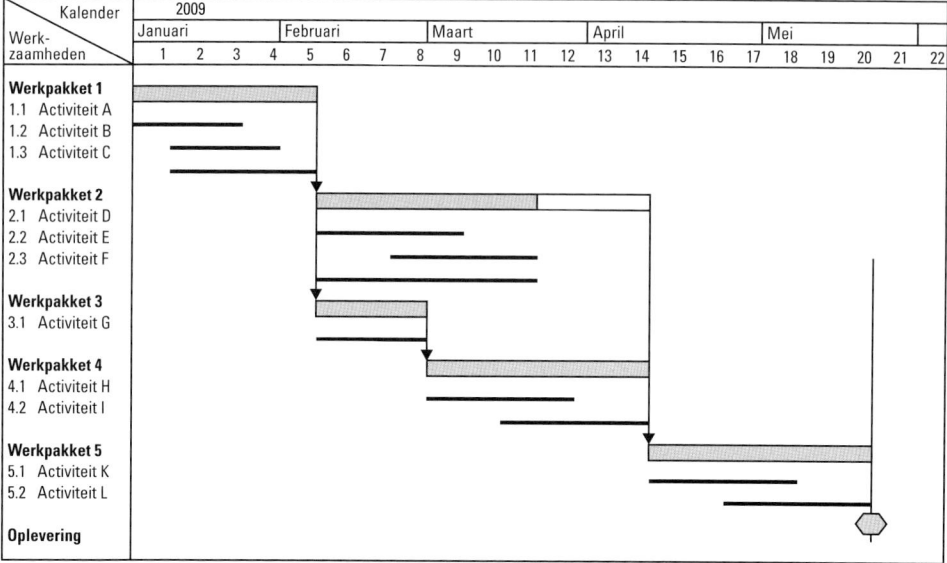

Figuur 7.8 Voorbeeld balkenschema

Veel voorkomende risico-oorzaken zijn:
- Inzet van veel capaciteit in een korte doorlooptijd.
- Plan bevat niet-toegewezen capaciteit of niet-geteste leveranciers.
- Plan is sterk afhankelijk van externe factoren.
- Plan is afhankelijk van nieuwe technologieën.
- In het plan zijn geen of weinig beslismomenten voor het management opgenomen.
- Plan bevat weinig speling.
- Plan bevat meerdere kritische paden.
- Plan is te veel afhankelijkheid van schaarse experts.

Plan documenteren

Tot slot moeten de verschillende onderdelen van het plan worden samengevoegd tot één document en moeten de aanpak, randvoorwaarden, externe factoren en aannames van het plan worden vastgelegd en toegevoegd.

Zonder deze informatie heeft het plan slechts een geringe waarde. Plannen zonder onderbouwing kunnen bij latere planwijzigingen leiden tot grote meningsverschillen. Zonder onderbouwing is het management niet in staat het plan en eventuele alternatieven te beoordelen en is de Projectmanager of Teammanager ook niet in staat de voortgang van het plan adequaat te bewaken.

7.8 ROLLEN EN VERANTWOORDELIJKHEDEN

Voor een overzicht van rollen en verantwoordelijkheden voor het thema Plannen, zie tabel 7.1.

Tabel 7.1 Rollen en verantwoordelijkheden voor het thema Plannen

Bedrijfs-/Programmamanagement • Leveren planningsstandaarden • Vastleggen toleranties in het projectmandaat • Goedkeuren Afwijkingsplannen project **Opdrachtgever** • Goedkeuren Projectplan • Definiëren fasetoleranties • Goedkeuren Fase- en Afwijkingsplannen • Toewijzen capaciteit aan Faseplannen **Seniorgebruiker** • Zekerstellen dat Project- en Faseplan vanuit gebruikersoogpunt consistent zijn • Toewijzen van eigen capaciteit aan Faseplan **Seniorleverancier** • Zekerstellen dat Project- en Faseplan vanuit leveranciersoogpunt consistent zijn • Toewijzen van eigen capaciteit aan Faseplan	**Project Manager (PM)** • Ontwikkelen Project- en Faseplannen • Opstellen Fase- en Projectafwijkingsplannen **Team Manager (TM)** • Opstellen en actualiseren Teamplannen • Maken Teamplannen voor elk Werkpakket **Projectsupport** • Assisteren met samenstelling van plannen • Leveren van expertise • Vastleggen en opslaan van plannen **Projectborging** • Bewaken impact van wijzigingen Projectplan op de Business Case • Bewaken fase- en projectvoortgang t.o.v. de afgesproken tolerantie

8 Risico

Het doel van het thema Risico is het aanreiken van een raamwerk voor het identificeren, beoordelen en beheersen van onzekerheden om daarmee de kans op een succesvol project te vergroten.

■ 8.1 INLEIDING

Elk project kent risico's. Risico's zijn niet te vermijden. Door het tijdelijke karakter van het project en door het vaak grote aantal belanghebbende partijen kleven aan projecten meestal grotere risico's dan aan de werkzaamheden in de staande operatie. Projecten leveren resultaten op die nodig zijn om veranderingen door te voeren en nieuwe baten te realiseren. Ook dit is omgeven door onzekerheden. Deze onzekerheden hebben dan wel niet direct impact op het op te leveren projectresultaat, maar wel op de zakelijke rechtvaardiging van het project.

Risicomanagement kan/moet dan ook niet een incidentele actie zijn aan het begin van het project, maar dient een integraal aspect zijn van het managen van projecten gedurende de gehele levensduur van het project, waarbij zowel de projectrisico's als de zakelijke risico's moeten worden meegenomen. Het thema Risico levert een directe bijdrage aan het principe van voortdurende zakelijke rechtvaardiging.

■ 8.2 BEGRIPPENKADER

Risico's en issues
Een risico is een onzekere gebeurtenis of omstandigheid die, als deze zich voordoet, een effect heeft op de te realiseren doelstellingen. Een issue daarentegen is iedere relevante en niet-geplande gebeurtenis die heeft plaatsgevonden en die aandacht van het management vereist. Beide begrippen worden vaak door elkaar gehaald. Waar een risico een onzekere gebeurtenis is die, <u>als deze optreedt</u>, consequenties heeft voor het project, is een issue een relevante gebeurtenis die <u>is opgetreden</u> en die niet was gepland en die de aandacht van het management vereist.

Waar je bij een issue het probleem moet oplossen, moet je bij risico's nu maatregelen nemen om de onzekerheid te beheersen én maatregelen plannen voor het geval die onzekerheid ook daadwerkelijk optreedt. Zie voor het managen van issues het thema Wijzigingen.

> Vandaag zijn we vertrokken op vakantie naar Frankrijk. Op de radio wordt aangekondigd dat op alle grote wegen naar het zuiden lange files staan. Hierdoor is het (vrijwel) zeker dat we vanavond niet op tijd bij ons hotel zijn en de kamers worden vergeven (issue). Hoe lossen we dit op?
> Morgen gaan we op vakantie naar het zuiden. De kans is groot, dat er lange files staan, waardoor we morgenavond te laat bij ons hotel aan zullen komen, met als gevolg dat de kamers worden vergeven (risico). Hoe kunnen we hier het best op anticiperen?

Kansen en bedreigingen
Risico's zijn onzekere gebeurtenissen die zowel een negatief als een positief effect kunnen hebben op het project; respectievelijk een 'bedreigingen een 'kans'.

> Bij een bouwproject moet vaak veel werk in de buitenlucht worden uitgevoerd. Wanneer het veel slechter weer is dan gebruikelijk kan het zijn dat het werk te laat wordt opgeleverd (bedreiging). Echter bij veel beter weer dan 'normaal' kan men juist veel tijd winnen en het werk eerder opleveren (kans). Op beide mogelijkheden moet worden geanticipeerd.

De meeste onzekere gebeurtenissen en omstandigheden bevatten zowel kansen als bedreigingen. Het is dan ook belangrijk dat kansen en bedreigingen integraal worden gemanaged als risico's.

■ 8.3 RISICOMANAGEMENT

Risicomanagement is de systematische toepassing van principes, processen en procedures om risico's vast te stellen en te beoordelen, om vervolgens de risicomaatregelen te plannen en te implementeren. Om risico's effectief te managen, moeten de risico's worden geïdentificeerd, beoordeeld en beheerst.

Principes voor goed risicomanagement zijn (volgens het framework M_o_R®):
- Begrijp de context van het project.
- Betrek belanghebbenden bij het identificeren, beoordelen en beheersen van risico's.
- Stel duidelijke projectdoelstellingen vast als referentie voor het beheersen van risico's.
- Ontwikkel een Risicomanagementstrategie en richt risicomanagementprocedures in.
- Rapporteer regelmatig over nieuwe risico's en de status van bestaande risico's.
- Stel duidelijke rollen en verantwoordelijkheden vast ten aanzien van het managen van risico's.
- Creëer een open cultuur om risico's te kunnen bespreken.
- Definieer en bewaak waarschuwingsindicatoren, die aangeven of bepaalde risico's kunnen optreden.
- Evalueer het managen van risico's regelmatig en zoek naar verbeterpunten.

Risico's moeten zowel op operationeel, tactisch als strategisch niveau binnen een organisatie worden gemanaged. Risico's in projecten zijn vaak tactische risico's die te maken hebben met het doorvoeren van veranderingen in de organisatie. Het is belangrijk om te realiseren dat risico's op de verschillende niveaus in een organisatie elkaar beïnvloeden en dat het managen van risico's in projecten moet worden afgestemd op het managen van de risico's in de bedrijfs- en programmaorganisatie (zie figuur 8.1).

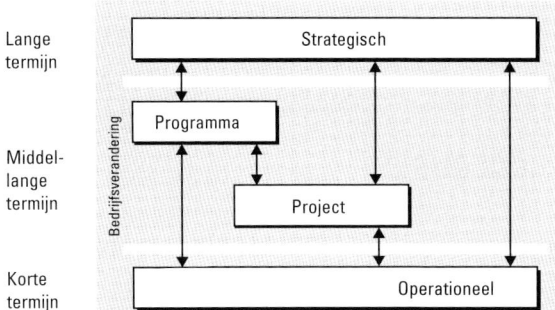

Figuur 8.1 Organisatieperspectief (Based on PRINCE2 material of AXELOS Limited)

PRINCE2 adviseert om voor ieder project een Risicomanagementstrategie te ontwikkelen en een Risicoregister in te richten.

8.4 RISICOMANAGEMENTSTRATEGIE

Het doel van een Risicomanagementstrategie is om te beschrijven hoe risicomanagement wordt ingebed in de reguliere projectmanagementactiviteiten.

De Risicomanagementstrategie van het project moet worden afgeleid van het risicomanagementbeleid en het risicomanagementhandboek van de bedrijfs- of programmaorganisatie.
De Risicomanagementstrategie beschrijft de specifieke risicomanagementtechnieken en –procedures die moeten worden toegepast in het project en de verantwoordelijkheden voor het realiseren van een effectieve risicomanagementprocedure. Ook moet in de Risicomanagementstrategie worden vastgelegd wat de houding is die de Stuurgroep heeft ten opzichte van het nemen van risico's (risicobereidheid) en de risicotoleranties.

Een risicotolerantie is het drempelniveau van risicoblootstelling dat, als deze dreigt te worden overschreden, noodzaakt tot het opstellen van een Afwijkingsrapport.

De Risicomanagementstrategie wordt door de Projectmanager ontwikkeld in de initiatiefase en wordt als onderdeel van de Projectinitiatiedocumentatie goedgekeurd door de Stuurgroep tijdens het autoriseren van het project. De opdrachtgever is eigenaar van deze strategie. De Risicomanagementstrategie wordt ten minste op het eind van iedere managementfase geëvalueerd en zo nodig geactualiseerd.

■ 8.5 RISICOREGISTER

Het doel van het Risicoregister is om centraal de status en de geschiedenis vast te leggen van alle geïdentificeerde kansen en bedreigingen die betrekking hebben op het project. Het Risicoregister wordt tegelijk met het ontwikkelen van de Risicomanagementstrategie, tijdens het proces Initiëren van een Project ingericht. Risico's die al waren geïdentificeerd in de opstartfase, worden dan gelijk geregistreerd. De Projectmanager is verantwoordelijk voor het inrichten en onderhouden van het Risicoregister. Projectsupport zal meestal namens de Projectmanager het Risicoregister onderhouden.

■ 8.6 RISICOMANAGEMENTPROCEDURES

PRINCE2 kent een risicomanagementprocedure bestaande uit vijf stappen, zie figuur 8.2.

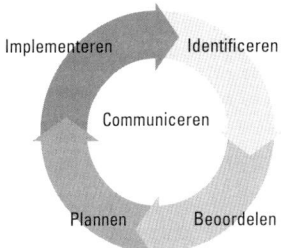

Figuur 8.2 Stappen risicomanagementprocedure (Source: Managing Successful Projects with PRINCE2, produced by AXELOS Limited)

Stap 1   Identificeren
Het identificeren van de risico's kan weer worden onderscheiden in:
- **Identificeren context** – Dit betreft het verzamelen van informatie over het project zelf, de context en de doelstellingen en het ontwikkelen van de Risicomanagementstrategie.
- **Identificeren risico's** – Dit betreft het identificeren en vastleggen van de individuele risico's, het identificeren van mogelijke waarschuwingsindicatoren en het begrijpen van de visie van de belanghebbenden over de geïdentificeerde risico's.

> Veel gebruikte technieken voor het identificeren van risico's zijn:
> - Beoordelen van leerpunten van eerdere projecten of het eigen Leerpuntenlogboek.
> - Brainstormingsessies met belanghebbenden en inhoudelijke experts.
> - Risicochecklijsten. Deze worden vaak weergegeven in de vorm van een visgraatdiagram.
> - Risicodecompositiestructuur om potentiele bronnen van risico's weer te geven.
> - Oorzaak-gevolgdiagrammen.
>
> Ook een krachtenveldanalyse, productdecompositie en het productstroomschema zijn goed bruikbare technieken om mogelijke risico's te identificeren.

Voor het identificeren van individuele risico's is het belangrijk dat risico's eenduidig worden vastgelegd. Het maakt nogal een verschil of een foutproductie leidt tot een afkeuring van een batch met een schadepost van € 10.000,- of dat mogelijk gebruikers worden vergiftigd. Het wordt dan ook sterk aanbevolen om risico's te identificeren op basis van een risico-oorzaak, de mogelijke onzekere gebeurtenis of omstandigheid en het mogelijke risico-gevolg (zie figuur 8.3).

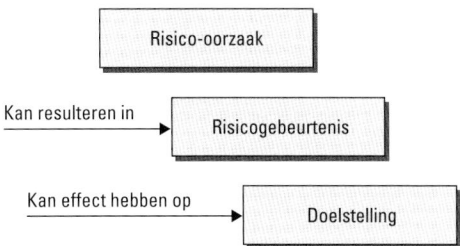

Figuur 8.3 Risico-oorzaak, -gebeurtenis en -gevolg (Source: Managing Successful Projects with PRINCE2, produced by AXELOS Limited)

> Pech onderweg als risico is niet expliciet genoeg geïdentificeerd.
> Pech onderweg, waarvoor je de Wegenwacht moet bellen en slechts enkele uren vertraging hebt op de reis is één ding, pech onderweg waarbij je de motor opblaast en daardoor duizenden euro's kosten krijgt, is heel iets anders. Beide gevallen van pech onderweg moeten als afzonderlijke risico's worden beschouwd. Ieder van deze risico's heeft voor de betrokkenen ook een eigen belevingswaarde. Het zal niet de eerste keer zijn dat partijen volledig langs elkaar heen praten omdat de een de Wegenwacht-pech voor ogen heeft en de ander het 'opblazen van de motor'.

Naast het identificeren van de risico-oorzaak en het -gevolg moet bij het identificeren van de risico's ook de betreffende risicocategorie en een voorlopige risico-eigenaar worden vastgelegd. Ten slotte moeten de geïdentificeerde risico's en de bijbehorende gegevens in het Risicoregister worden vastgelegd.

Projectrisico's zijn de risico's die een impact hebben op het projectresultaat en de project-doelstellingen zoals tijd, geld, scope en kwaliteit. Bedrijfs- ofwel zakelijke risico's zijn risico's die een directe impact hebben op de geprognosticeerde baten en daarmee op het effect van wat de klantmet het projectresultaat wil bereiken.

Stap 2 Beoordelen
Het beoordelen van de risico's is weer te onderscheiden in:
- **Schatten** – Het voor ieder individueel risico inschatten van de kans dat het risico optreedt, de impact ervan op de doelstellingen van het project en de periode waarin het risico kan optreden (risiconabijheid), als er geen risicomaatregelen worden genomen. Stel ook voor ieder individueel risico de risico-eigenaar vast.
- **Evalueren** – Beoordeel het netto-effect van het totaal van de risico's voor het project. Dit maakt het mogelijk te beoordelen of het samengestelde risico nog binnen de risicotolerantie valt voor het project als totaal en daarmee of er nog steeds een zakelijke rechtvaardiging is om het project uit te voeren c.q. voort te zetten.

Bij het schatten van de individuele risico's is het ook belangrijk om na te gaan hoe de waarschijnlijkheid en de impact variëren gedurende het verloop van het project.

> Veel gebruikte technieken voor het schatten van risico's zijn:
> - **Kans-impactboom** – Hierbij worden voor de mogelijke scenario's de kans en impact van de risico's weergegeven als de takken in een boom.
> - **Pareto-analyse** – Daarin worden de verschillende risico's in volgorde van grootte geplaatst. De Pareto-regel is dat 20% van de risico's 80% van het totale netto-effect van de risico's op het project veroorzaakt. Het is dan ook de bedoeling dat aan die eerste 20% van de risico's ook de meeste aandacht wordt besteed.
> - **Kans-effectmatrix** – Hierbij worden van de individuele risico's de kans en impact uitgedrukt in een schaalgrootte (meestal 1-5). De grootte en daarmee de prioriteit van de risico's kan dan worden berekend door de waarden van de kans en impact met elkaar te vermenigvuldigen. Alle waarden worden weergegeven in een matrix.
> - **Verwachte geldwaarde** – Gelijk aan de kans-effectmatrix, maar de impact wordt nu uitgedrukt in het verwachte financiële gevolg van het risico op het project.

Voor het verkrijgen van een goed overzicht over alle individuele risico's tezamen, is het aan te bevelen de risico's te plotten in een risicoprofiel. In het risicoprofiel kan ook de risicotolerantielijn worden weergegeven. Voor alle risico's die boven de risicotolerantielijn liggen, moeten risicomaatregelen worden genomen. Voor risico's onder de risicotolerantielijn zijn de risicomaatregelen optioneel. Risico's die vrijwel zeker optreden, moeten worden behandeld als issues (zie figuur 8.4).

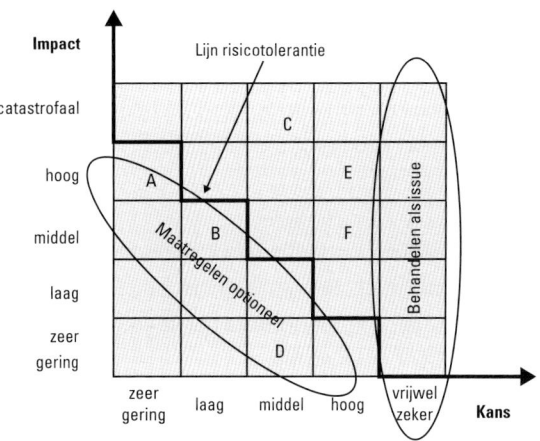

Figuur 8.4 Voorbeeld risicoprofiel

Stap 3 Plannen

Na het beoordelen van de risico's worden de risicomaatregelen geïdentificeerd. Wat gaan we doen als de risico's optreden? Daarbij moet een onderscheid worden gemaakt tussen risicomaatregelen voor kansen en bedreigingen (zie figuur 8.5).

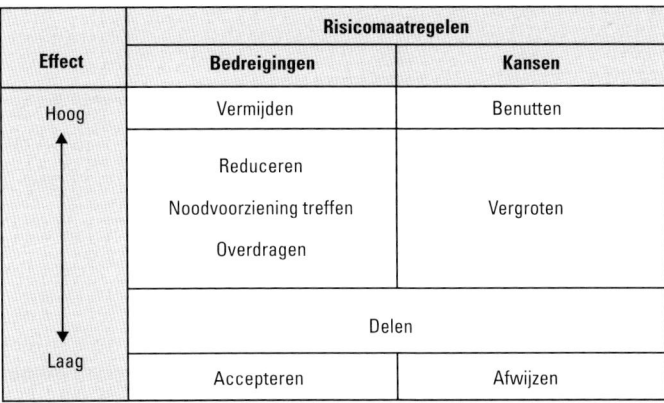

Figuur 8.5 Risicomaatregelcategorieën (Based on PRINCE2 material of AXELOS Limited)

Voor bedreigingen geldt:
- **Vermijden** – Ervoor zorgen dat het risico in het geheel niet meer kan optreden. Om dit te realiseren moet meestal gekozen worden voor een geheel andere aanpak.
- **Reduceren** – Het kiezen van een maatregel waarbij de waarschijnlijkheid, de impact of beide verminderen.
- **Noodvoorziening treffen** – Een bijzondere vorm van reductie: een maatregel plannen die pas in werking wordt gezet als het risico ook daadwerkelijk optreedt danwel dreigt op te treden. De waarschijnlijkheid blijft gelijk, maar de impact neemt af.
- **Overdragen** – Een bijzondere vorm van reduceren: het negatieve effect van een risico overdragen aan een ander. Zo kan bijvoorbeeld de negatieve financiële impact worden neergelegd bij een leverancier of worden overgedragen aan een verzekeringsmaatschappij.
- **Accepteren** – Een bewuste beslissing om geen risicomaatregelen te nemen onder de aanname dat het effectiever is pas actie te ondernemen als het risico zich voordoet.

Voor kansen geldt:
- **Benutten** – Ervoor zorgen dat de kans gegrepen wordt.
- **Vergroten** – Het vergroten van de waarschijnlijkheid en/of het positieve effect van de kans. Dit kan ook weer door een plan te ontwikkelen dat in werking kan worden gezet zodra de kans zich voordoet (tegenovergestelde van een noodvoorziening treffen) of door deel te nemen in een onderneming (tegenovergestelde van overdragen).
- **Afwijzen** – Een bewuste beslissing om geen maatregelen te nemen, onder de aanname dat het effectiever is om pas in actie te komen als de kans zich effectief voordoet.

Voor zowel bedreigingen als kansen geldt:
- **Delen** – Hierbij worden de kansen en bedreigingen gedeeld. Daarbij moet worden gedacht aan bonus-/malusregelingen met leveranciers.

> Er was besloten om een korte skivakantie te houden met het hele gezin. Het gezin wilde met de auto gaan. Bij de voorbespreking wordt door een van de gezinsleden gesteld, dat met de auto gaan toch veel risico's met zich meebrengt. De wagen kan het begeven, of er kan een ongeluk gebeuren, en los van persoonlijk letsel, geeft dit heel veel ongemak, waardoor zo'n korte vakantie dan helemaal in duigen valt. In de daaropvolgende discussie worden verschillende alternatieven aangedragen:
>
> - Met de trein gaan (uitsluiten).
> - Een reisverzekering afsluiten (overdragen).
> - De wagen een extra grote beurt laten geven (beperken).
> - De buren vragen mee te gaan. Met twee wagens is de kans dat er iets gebeurt wel groter, maar kun je veel beter anticiperen als er wat gebeurt (delen).
> - Een reis- en kredietbrief nemen (calamiteitenplan).
> - Of gewoon niets doen. We hebben toch haast nooit pech (accepteren).
>
> Na enige discussie wordt besloten de wagen een extra grote beurt te geven, en een extra reisverzekering af te sluiten.

Voor de verschillende risicomaatregelen moet worden aangegeven hoe effectief deze zijn en in hoeverre de kosten in verhouding staan met de baten. De voorgestelde maatregelen met de onderbouwing moeten worden voorgelegd aan degenen die hierover een beslissing moeten nemen. Voor risico's die onder de risicotolerantiegrens vallen, kan dat de Projectmanager zelf zijn. Risico's die boven de risicotolerantiegrens liggen, moeten worden geëscaleerd naar de Stuurgroep. Na besluitvorming moeten de overeengekomen acties worden opgenomen in de betreffende plannen. Vaak wordt een combinatie van risicomaatregelen genomen voor meerdere risico's tegelijkertijd.

Pas op: risicomaatregelen kunnen op zichzelf ook weer risico's met zich meebrengen. Deze secundaire risico's moeten worden meegenomen bij de afweging van de te nemen risicomaatregelen.

Stap 4 Implementeren

Tot nu toe zijn de risicomaatregelen alleen vastgesteld. Nu is het zaak om de risicomaatregelen ook echt te implementeren. Zorg ervoor dat voor alle individuele risico's risico-eigenaren en risico-actiehouders zijn benoemd. Ga na of de overeengekomen risicomaatregelen worden genomen. Controleer of de risicomaatregelen effectief zijn en de risico's daadwerkelijk kleiner worden en de kansen toenemen. Neem eventueel extra corrigerende maatregelen als het verwachte effect uitblijft. Het managen van risico's is een doorlopende activiteit.

Na het implementeren zal het oorspronkelijke risico (inherent risico) meestal niet geheel zijn verdwenen. Dat laatste gebeurt alleen als de bedreiging echt wordt vermeden of de kansen echt direct worden benut. Als na het implementeren van de overeengekomen risicomaatregelen het restrisico nog steeds boven de risicotolerantielijn ligt, zal het risico opnieuw moeten worden geëscaleerd en zijn aanvullende risicomaatregelen nodig. In het ultieme geval moet het project worden gestopt c.q. niet worden gestart.

Stap 5   Communiceren
Voor het effectief managen van risico's is het noodzakelijk om regelmatig te communiceren over nieuwe risico's en de status van de bekende risico's. Een risicoanalyse moet niet alleen worden uitgevoerd in de opstartfase en de initiatiefase maar elke keer als een plan wordt opgesteld of geactualiseerd en elke keer als de Business Case wordt geactualiseerd. Ook moeten de risico's worden geanalyseerd elke keer als wordt nagegaan wat de impact van een issue is. Risicomanagement is een continu gebeuren gedurende het gehele project.

De ontwikkeling van de risico's moet worden meegenomen in iedere rapportage en moet worden besproken tijdens ieder overleg. Zowel in het Voortgangsrapport als in het Hoofdpuntenrapport wordt een aparte paragraaf aan risico's gewijd. In het Fase- en Projecteindrapport zijn risico's onderdeel van de rapportage over de Business Case. In een Afwijkingsrapport moet zowel voor de huidige situatie als voor de opties worden aangegeven wat de risico's zijn.

Ook tijdens het projectteamoverleg moeten de risico's worden geadresseerd. Dat kan het best worden gedaan door risico's mee te nemen bij de afzonderlijke agendapunten en door risico's nogmaals apart te agenderen op het eind van het overleg. Is voor het geheel van het afgesproken werk het totale risiconiveau nog wel of niet meer acceptabel?
De Teammanager moet nieuwe risico's en iedere dreigende overschrijding van een risicotolerantie escaleren naar de Projectmanager via een issue. Als op faseniveau de risico's de risicotolerantie dreigen te overschrijden, dan zal de Projectmanager dit moeten escaleren naar de Stuurgroep via een Afwijkingsrapport met voorstellen voor nieuwe risicomaatregelen. Als op projectniveau de risico's de risicotolerantie dreigen te worden overschreden, dan zal de Opdrachtgever dit moeten escaleren aan het bedrijfs- of programmamanagement.

Tijdens de stuurgroepvergaderingen zullen bij de beoordeling van de levensvatbaarheid van het project de belangrijkste risico's én het totale risiconiveau voor het gehele project steeds een onderwerp van discussie moeten zijn.

Ten slotte zal de toepassing en de effectiviteit van het risicomanagement regelmatig moeten worden geëvalueerd. Dit zal ten minste moeten gebeuren op het eind van iedere managementfase en op het eind van het project. Verbeterpunten moeten worden opgenomen in het Leerpuntenlogboek en in het Leerpuntenrapport.
Het management van risico's is dan ook geen aparte activiteit, maar een geïntegreerd onderdeel van projectmanagement. Projectmanagement is voor een heel groot gedeelte risicomanagement.

■ 8.7   RISICO-EIGENAAR EN RISICO-ACTIEHOUDER

Een risico-eigenaar is de persoon die verantwoordelijk is voor het bewaken en beheersen van alle aspecten van een specifiek risico, inclusief de implementatie van de risicomaatregelen. De risico-eigenaar rapporteert over dat specifieke risico aan de Projectmanager.

Als de uitvoering van een risicomaatregel niet valt binnen het eigen verantwoordelijkheidsgebied van een risico-eigenaar, dan moet een aparte risico-actiehouder worden benoemd. Een risico-actiehouder is de persoon die verantwoordelijk is voor het uitvoeren van een specifieke risicomaatregel. De risico-actiehouder rapporteert over de uitvoering van de risicomaatregel aan de betreffende risico-eigenaar c.q. risico-eigenaren.

■ 8.8   RISICOBUDGET

Een risicobudget is een specifiek budget om de kosten voor risicomaatregelen én de mogelijke kosten van de impact van de risico's, mochten risico's zich voordoen, te financieren. Voor de hoogte van een dergelijk risicobudget wordt vaak de totale verwachte geldwaarde van alle geïdentificeerde risico's aangehouden.

Het is veel kosteneffectiever om een dergelijk risicobudget apart te zetten, dan de verwachte kosten van risico's op te nemen in de budgetten van de afzonderlijke Werkpakketten. In dat laatste geval zullen deze budgetten vrijwel zeker worden gebruikt (voor andere dingen) ook als het betreffende risico niet optreedt. Met een afzonderlijk risicobudget zullen alleen kosten worden gemaakt voor die risico's die daadwerkelijk optreden. Dat is vaak niet meer dan 30 procent van de kosten die anders rechtstreeks in de budgetten van de afzonderlijke Werkpakketten worden opgenomen.

Voor risico's die nog niet zijn voorzien, kan het een post 'onvoorzien' worden opgenomen.

8.9 ROLLEN EN VERANTWOORDELIJKHEDEN

Voor een overzicht van de rollen en verantwoordelijkheden voor het thema Risico's, zie tabel 8.1.

Tabel 8.1 Rollen en verantwoordelijkheden voor het thema Risico

Bedrijfs-/Programmamanagement • Leveren risicomanagementbeleid • Leveren risicomanagementhandboek **Opdrachtgever** • Goedkeuren Risicomanagementstrategie • Verantwoordelijk voor bedrijfsrisico's • Escaleren risico naar bedrijfs- of programma-management **Projectstuurgroep** • PM informeren over externe risico's • Beslissen over risico's **Seniorgebruiker** • Zekerstellen dat gebruikersaspecten van de risico's worden gemanaged **Seniorleverancier** • Zekerstellen dat leveranciersaspecten van de risico's worden gemanaged	**Projectmanager (PM)** • Opstellen Risicomanagementstrategie • Opstellen en onderhouden Risicoregister • Verantwoordelijk voor risicomanagement **Teammanager (TM)** • Bijdragen aan identificeren, beoordelen en beheersen van risico's **Projectborging** • Reviewen toepassing risicomanagement • Borgen aansluiting op Risicomanagementstrategie **Projectsupport** • Assisteren PM in onderhouden Risicoregister • Administratief ondersteunen risicomanagement **Risico-eigenaar** • Managen van individuele risico's **Risico-actiehouder** • Uitvoeren risicomaatregelen

9 Wijziging

Het doel van het thema Wijziging is het aanreiken van een raamwerk voor het identificeren, beoordelen en beheersen van alle wijzigingen ten opzichte van de baseline. Een baseline is de laatst bekende goedgekeurde status van een product of situatie uit het project.

■ 9.1 INLEIDING

Veranderingen van de specificaties zijn nauwelijks te voorkomen en zijn vaak zelfs gewenst. De verschillende belanghebbenden realiseren zich vaak pas gedurende het project, wat zij hebben gevraagd en wat de consequenties daarvan zijn. De behoefte van de klant wijzigt. Er dienen zich nieuwe belanghebbenden aan. De interne en/of externe omgeving van het project verandert. Allemaal redenen waarom veranderingen gedurende het project moeten worden doorgevoerd.

Daarnaast zijn er ook andere aspecten tijdens een project die aandacht van het management vragen en die niet waren gepland, bijvoorbeeld: een faillissement van een leverancier, ziekte van bepaalde specialisten, afkeuringen van afgeronde producten enzovoort. Voor al deze 'issues' moet worden nagegaan wat de impact is op het project en moet worden besloten hoe hier mee om te gaan.

Het doel van issue- en wijzigingsbeheer is dan ook niet om te voorkomen dat veranderingen plaatsvinden of dat issues optreden, maar dat issues en (voorgenomen) wijzigingen worden geïdentificeerd, beoordeeld en beheerst.

Naast issue- en wijzigingsbeheer is het ook van belang om de (gerealiseerde) producten in het project te beheren. Wat moet nog gebeuren? Wat is klaar? Uit welke componenten is dit opgebouwd? Op basis van welke eisen en welke tekeningen is dat gerealiseerd? Welke wijzigingen zijn doorgevoerd? Wie heeft wat, wanneer goedgekeurd? Zonder een goed overzicht hiervan is men binnen het project al snel de weg kwijt. Het managen van de status van de te realiseren producten heet configuratiemanagement. Goed configuratiemanagement is een voorwaarde voor een effectief wijzigingsbeheer.

Effectief issue- en wijzigingsbeheer ondersteunt direct het principe van managen 'by exception'. De principes 'gedefinieerde rollen en verantwoordelijkheden' en 'productgerichte aanpak' ondersteunen een effectief issue- en wijzigingsbeheer.

■ 9.2 BEGRIPPENKADER

Issue- en wijzigingsbeheer is de procedure die zekerstelt dat alle issues en wijzigingen die effect kunnen hebben op de doelstellingen van het project worden geïdentificeerd en beoordeeld en vervolgens worden goedgekeurd, afgekeurd of aangehouden. Daarbij zijn wijzigingen een specifiek type issue.

Een **issue** is iedere relevante en niet-geplande gebeurtenis die plaatsvindt en die aandacht van het management vereist.
Een **wijziging** is een verandering van een configuratiebaseline, waarbij een configuratiebaseline wordt gedefinieerd als de vastgestelde status van een product op basis waarvan een product wordt gerealiseerd. Een configuratiebaseline kan bijvoorbeeld zijn een programma van eisen of een goedgekeurde tekening.

PRINCE2 kent drie typen issues:
- **Wijzigingsverzoek** – Een voorstel om een configuratiebaseline van een product te wijzigen.
- **Afwijking van de specificatie** – Een product dat niet voldoet of klaarblijkelijk niet zal voldoen aan de overeengekomen specificaties.
- **Probleem of een zorg** – Ieder ander issue dat door de Projectmanager moet worden opgelost of moet worden geëscaleerd.

Een **configuratie** is het geheel van functionele en technische eigenschappen van een product, zoals omschreven in de technische documentatie en gerealiseerd in het product. De configuratie van een organisatie is het totaal van alle eigendommen van die organisatie. De configuratie van een project is het geheel van de op te leveren producten in een project.

Configuratie-items. Dit zijn de producten die beheerd moeten worden binnen een configuratie. In een project zijn dat in principe alle specialistenproducten die tijdens het project worden gecreëerd. Er kan echter ook voor worden gekozen om slechts een deel van de op te leveren producten onder configuratiemanagement te plaatsen.

Configuratiemanagement is het beheer van de status, de historie en de samenhang van de gedefinieerde configuratie-items. Het doel van configuratiemanagement in een project is dus om ervoor te zorgen dat:
- Iedereen altijd met de juiste producten werkt.
- Alle producten eenvoudig te traceren zijn.
- Altijd bekend is wat de actuele status is van de verschillende producten.

- De consistentie tussen de producten kan worden zekergesteld.
- Altijd kan worden teruggegrepen op een eerdere status.
- Het ontwikkelingsproces achteraf kan worden getoetst.

Indien gewenst kunnen ook managementproducten onder configuratiemanagement worden beheerd. Normaal gesproken worden de managementdocumenten echter alleen onder informatie- of onder documentbeheer beheerd.

9.3 AANPAK WIJZIGINGEN

De managementproducten waarmee issues en wijzigingen kunnen worden beheerst, zijn:
- Configuratiemanagementstrategie.
- Configuratie-item-records.
- Productstatusoverzicht.
- Dagelijks Logboek.
- Issueregisteren Issuerapporten.

Configuratiemanagementstrategie
De Configuratiemanagementstrategie beschrijft op welke wijze, dus 'hoe' en door wie de producten in een project zullen worden beheerd en beveiligd. De Configuratiemanagementstrategie moet worden afgeleid van het configuratiemanagementbeleid en de configuratiemanagementprocessen van de bedrijfs- of programmaorganisatie.

De Configuratiemanagementstrategie wordt ontwikkeld tijdens de initiatiefase en goedgekeurd door de Stuurgroep als onderdeel van de Projectinitiatiedocumentatie. De Configuratiemanagementstrategie wordt beoordeeld en zo nodig aangepast tijdens het proces Managen van een Faseovergang.

Een veelgebruikte wijze om de urgentie van wijzigingen te prioriteren, is de MoSCoW-methode. Zie ook paragraaf 6.5, Kwaliteitsplanning.

Configuratie-items-records
Een Configuratie-item-record is een dossier waarin alle te beheren aspecten van een configuratie-item worden vastgelegd, zoals de status, versie en de historie van een configuratie-item en de onderlinge relaties met andere configuratie-items. Tegenwoordig wordt dit meestal digitaal opgeslagen. Het totaal van de Configuratie-item-records vormt de Configuratiemanagementdatabase (CMDB). De CMDB wordt meestal ingericht en bijgehouden door Projectsupport onder de verantwoordelijkheid van de Projectmanager.

De CMDB wordt gelijk met het ontwikkelen van de Configuratiemanagementstrategie ingericht. Echter, pas als de verschillende plannen worden ontwikkeld en de betreffende productdecomposities en Productbeschrijvingen worden opgesteld, kunnen de gegevens in de afzonderlijke Configuratie-item-records ook worden gevuld. Iedere keer dat de status of een van de andere aspecten van een configuratie-item wijzigt, moet het betreffende Configuratie-item-record worden aangepast. Bijvoorbeeld als bij autoriseren van een Werkpakket het configuratie-item in productie kan worden genomen of als na een kwaliteitsreview het configuratie-item wordt goedgekeurd.

> Bij het onderzoek naar het bijna-ongeluk met het nieuw lijntoestel kon men met behulp van de configuratiedatabase eenvoudig nagaan wat de specificaties zijn van de kapotte bout, door wie deze was geleverd, door wie deze was gemonteerd en wanneer deze in de afgelopen periode was geïnspecteerd. Het bijhouden van de geschiedenis van ieder onderdeel van het projectresultaat is een wezenlijk onderdeel om (de veiligheid van) het gebruik van het projectresultaat zeker te stellen.

Het is belangrijk om de Configuratie-item-records zo in te richten, dat bij afsluiting van het project de configuratiedatabase eenvoudig kan worden overgedragen aan de klantorganisatie.

Productstatusoverzicht
Een Productstatusoverzicht is een overzicht dat de status van de configuratie-items beschrijft. Zo'n lijst kan worden opgesteld voor alle configuratie-items van het gehele project, maar ook specifiek voor een fase of een Werkpakket. Een Productstatusoverzicht wordt meestal opgesteld door Projectsupport en gebruikt door de Projectmanager om de status en de versienummers van de configuratie-items te controleren. Een dergelijke Productstatusoverzicht wordt opgesteld voor het beoordelen van de status van een fase, als onderdeel van het proces Managen van een Faseovergang en bij de voorbereiding van de afsluiting van het project.

Dagelijks Logboek
Het Dagelijks Logboek is het dagboek van de Projectmanager. De Projectmanager legt daarin de verschillende gespreksnotities, aantekeningen van vergaderingen en alle andere aandachtspunten vast die gedurende de dagelijkse werkzaamheden de moeite waard zijn om te registreren. Vanuit het Dagelijks Logboek kunnen de betreffende managementdocumenten worden geactualiseerd. Voor andere aandachtspunten die geen formele registratie vereisen, geldt het Dagelijks Logboek als referentie.
Het Dagelijks Logboek wordt ingericht zodra de Projectmanager werkzaamheden voor het (toekomstige) project gaat verrichten. Dat is dus al tijdens het proces Opstarten van een Project.

Issueregister en Issuerapporten
Een Issueregister is een dossier, waarin alle issues worden geregistreerd die formeel bewaakt en opgevolgd moeten worden. Het Issueregister wordt ingericht door Projectsupport, zodra de Configuratiemanagementstrategie wordt opgesteld door de Projectmanager. De Projectmanager is echter verantwoordelijk voor het registreren en actualiseren van de issues in het Issueregister.

Het Issuerapport is een dossier waarin alle relevante informatie van een issue wordt vastgelegd die formeel moet worden opgevolgd en die dus is vastgelegd in het Issueregister. In het Issuerapport wordt het issue meer uitgebreid beschreven dan in het Issueregister. De Projectmanager is verantwoordelijk voor het opstellen en actualiseren van het Issuerapport.

Issues die formeel moeten worden opgevolgd, moeten vanuit het Dagelijks Logboek worden overgenomen en vastgelegd in het Issueregister en moeten worden beschreven in afzonderlijke Issuerapporten.

Het Issueregister en het Issuerapport moeten worden geactualiseerd iedere keer dat de status van het issue of de issuemaatregelen wijzigt. Het issue kan worden afgesloten zodra het is afgehandeld en de overeengekomen maatregelen zijn uitgevoerd.

■ 9.4 CONFIGURATIEMANAGEMENTPROCEDURES

De configuratiemanagementprocedures in de verschillende projecten kunnen sterk van elkaar verschillen. Zelfs binnen een en hetzelfde project kunnen de configuratiemanagementprocedures voor de afzonderlijke producten sterk uiteenlopen. Het maakt natuurlijk nogal een verschil uit of de configuratie van de verschillende onderdelen van een vliegtuig moet worden beheerst of de verschillende onderdelen van een nieuw te bouwen huis.

Voor elk project zijn echter altijd meer of minder formele configuratiemanagementprocedures noodzakelijk. Het zal niet de eerste keer en ook niet de laatste keer zijn dat projectleden op de werkvloer tekeningen of andere documenten gebruiken die nog niet zijn goedgekeurd, of die alweer zijn vervangen door nieuwere versies. Configuratiemanagement is daarom geen vrijblijvende optie. Configuratiemanagement moet in ieder project worden toegepast. De enige vraag is hoe gedetailleerd en hoe formeel het configuratiemanagement moet worden ingevuld.

Binnen de configuratiemanagementprocedures worden vijf stappen onderscheiden:
1 **Planning** – Bepalen welke producten moeten worden beheerd onder configuratiemanagement, tot op welk detailniveau configuratie-items zullen worden uitgesplitst en welke gegevens zullen worden vastgelegd in de afzonderlijke Configuratie-item-records.
2 **Identificatie** – Het identificeren en definiëren van de individuele configuratie-items. Het vaststellen van een coderingssysteem en het vastleggen van de configuratie-items in de betreffende Configuratie-item-records.
3 **Beheer** – Het beheer van de configuratie-items én van de Configuratie-item-records. Het 'bevriezen' van de goedgekeurde producten. Het doorvoeren van veranderingen na autorisatie van de wijzigingen. Het bewaren van oude versies. Het in ontvangst

nemen, opslaan en uitgeven van de configuratie-items. Het actualiseren en vrijgeven van de Configuratie-item-records.
4 **Statusverantwoording** – Het vastleggen van en het rapporteren over de huidige en historische status van de configuratie-items en de doorgevoerde wijzigingen via Productstatusoverzichten.
5 **Verificatie en audit** – Het borgen van de afgesproken configuratiemanagementprocedures zodat deze worden nageleefd en effectief zijn. Dergelijke reviews vinden vooral plaats aan het einde van een fase en aan het einde van het project.

Het identificeren en definiëren van de individuele configuratie-items gebeurt meestal op basis van de productdecompositiestructuur tijdens het opstellen van een plan. Productbeschrijvingen zijn vaak de eerste gegevens die in de Configuratie-item-records worden vastgelegd. Voor fysieke producten kan het in ontvangst nemen, opslaan en uitgeven van configuratie-items vanuit een magazijn gebeuren.

> Een deel van de huidige pc's op de werkplekken voldoet niet meer aan de eisen die de nieuwe software stelt. De directie van Xantia heeft daarom besloten een project op te starten om de oudste pc's te vervangen en van de nieuwere pc's de geheugenkaart uit te breiden. Zij hebben Els gevraagd het project te managen. Els gaat voortvarend van start en maakt gebruik van de configuratiedatabase van het bedrijf. Bij de implementatie blijkt echter dat de nieuwe software niet op alle uitgebreide pc's werkt. Er blijken meer verschillende 'nieuwe' type pc's te zijn dan in de lijst voorkomen. Verder blijkt dat een deel van de werknemers gebruikmaakt van 'eigen' toepassingen op hun pc. De nieuwe pc's schijnen deze eigen toepassingen echter niet te ondersteunen. Nader onderzoek leert, dat de configuratiedatabase verre van up-to-date was. Een dure grap, waardoor weken werk verloren gaat en vele bestellingen moeten worden geannuleerd.

■ 9.5 ISSUE- EN WIJZIGINGSBEHEERPROCEDURES

Ook de issue- en wijzigingsbeheerprocedures kent een vijftal stappen en legt vast hoe het Projectmanagementteam het issue zal gaan afhandelen (zie figuur 9.1).

- **Vastleggen** – Stel vast of een issue formeel kan worden afgehandeld of niet. Een wijzigingsverzoek en afwijking van de specificatie zijn formele issues en dienen ook zo afgehandeld te worden. Een probleem of zorg kan zo nodig alleen worden vastgelegd in het Dagelijks Logboek. Stel het type issue en een eerste indicatie van de ernst en de prioriteit van het issue vast. Koppel de registratie terug naar degene die het issue heeft aangemeld. Informeer betrokken belanghebbenden conform de afspraken in de Communicatiemanagementstrategie.
- **Beoordelen** – Onderzoek de impact van het issue op de zes beheersaspecten tijd, kosten, kwaliteit, scope, risico's en baten. Maak gebruik van de kennis en ervaring van de teamleden. Vraag zo nodig advies van de leden van de Stuurgroep en/of overleg met de leden van de Projectborging. Bepaal de ernst en prioriteit van het issue. Actualiseer het

Issuerapport en update de status in het Issueregister. Informeer degene die het issue heeft aangemeld en de betrokken belanghebbenden.

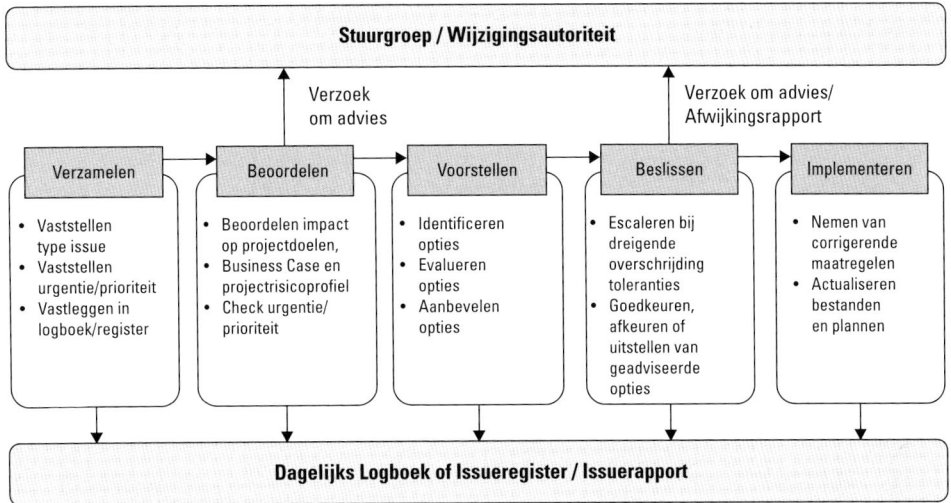

Figuur 9.1 Issue- en wijzigingsprocedure (Source: Managing Successful Projects with PRINCE2, produced by AXELOS Limited)

- **Voorstellen** – Identificeer en evalueer de mogelijke maatregelen. Maak een afweging tussen de kosten en de toegevoegde waarde van de verschillende maatregelen en de belangen van de verschillende belanghebbenden. Stel een aanbeveling op. Leg de mogelijke corrigerende maatregelen en de aanbeveling vast in het Issuerapport. Actualiseer de status in het Issueregister.
- **Beslissen** – Leg de issues voor aan degene die geautoriseerd is hierover een beslissing te nemen. Escaleer het issue als de overeengekomen toleranties dreigen te worden overschreden. Zorg dat de benodigde beslissingen worden genomen. Leg de genomen beslissingen vast in het Issuerapport. Actualiseer het Issueregister. Informeer degene die het issue heeft aangemeld en de betrokken belanghebbenden.
- **Uitvoeren** – Voer de overeengekomen maatregelen uit of stel een Afwijkingsplan op op aanwijzing van de Stuurgroep. Sluit het issue af zodra de maatregelen zijn doorgevoerd. Mochten de genomen maatregelen niet leiden tot het gewenste effect, registreer dit als een nieuw issue of heropen het bestaande issue. Informeer degene die het issue heeft aangemeld en de betrokken belanghebbenden.

Soms wijst de Opdrachtgever de Projectmanager aan als Wijzigingsautoriteit voor kleine wijzigingen in het project. Realiseer echter dat klein een zeer relatief begrip is. Het uitgangspunt moet zijn dat degene die de baseline heeft vastgesteld, ook degene is die wijzigingen op de oorspronkelijke baseline goedkeurt.

Een Stuurgroep kan een wijzigingsverzoek goedkeuren of afwijzen, maar kan de beslissing ook uitstellen, Men kan ook vragen om meer informatie of verzoeken om een Afwijkingsplan op te stellen. Ten aanzien van een afwijking van de specificatie heeft de

Stuurgroep in feite dezelfde mogelijkheden, al spreekt men dan eerder van accepteren van een Afwijking van de specificatie dan van goedkeuren. Een concessie is een afwijking van de specificatie die door een Stuurgroep zonder corrigerende maatregelen wordt geaccepteerd (zie figuur 9.2).

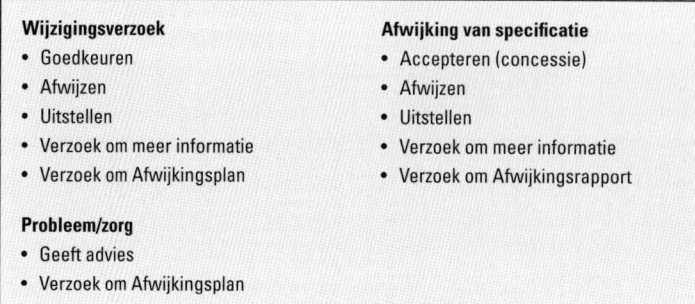

Figuur 9.2 Reacties Stuurgroep op mogelijke issues

■ 9.6 WIJZIGINGSAUTORITEIT EN WIJZIGINGSBUDGET

Het is de verantwoordelijkheid van de Stuurgroep om wijzigingsverzoeken en afwijkingen van specificaties te beoordelen en hierover een beslissing te nemen. Dit kan echter veel tijd in beslag nemen. Vaak vereist dit ook een behoorlijke hoeveelheid kennis en inzicht in de situatie en moet intensief worden overlegd met andere partijen buiten het project om tot een goede beslissing te komen. Vanuit deze overwegingen en vanuit het principe van managen 'by exception' is het daarom vaak verstandig om de autoriteit voor het nemen van dergelijke beslissingen te delegeren naar een Wijzigingsautoriteit.

Meestal wordt de Seniorgebruiker als wijzigingsautoriteit benoemd. Kleine wijzigingen en geringe afwijkingen van specificaties kunnen soms zelfs worden overgelaten aan de Projectmanager. Vooropgesteld dat kritische wijzigingen en afwijkingen van specificaties altijd moeten worden teruggelegd bij de Stuurgroep. Alle wijzigingen en afwijkingen van specificaties waardoor overeengekomen toleranties dreigen te worden overschreden, moeten altijd, door middel van een Afwijkingsrapport, worden geëscaleerd naar de Stuurgroep.

Om niet voor iedere wijziging een beroep te moeten doen op de Stuurgroep is het raadzaam om de Wijzigingsautoriteit ook een budget toe te kennen waarover hijzelf mag beslissen, dit is het wijzigingsbudget.
Ook als er geen aparte Wijzigingsautoriteit is, is het aan te bevelen een apart wijzigingsbudget te creëren. Dit wijzigingsbudget ligt dan onder de verantwoordelijkheid van de Stuurgroep. Het voorkomt het kannibaliseren van het uitvoeringsbudget. Vooral de post onvoorzien wordt anders vaak voor (on)gewenste wijzigingen misbruikt. Een gelimiteerd wijzigingsbudget kan in combinatie met een strikte issue- en wijzigingsprocedure en een goede prioritering van wijzigingen (MoSCoW) een stortvloed van wijzigingen voorkomen.

■ 9.7 ROLLEN EN VERANTWOORDELIJKHEDEN

Voor een overzicht van de rollen en verantwoordelijkheden voor het thema Wijzigingen, zie tabel 9.1.

Tabel 9.1 Rollen en verantwoordelijkheden voor het thema Wijzigingen

Bedrijfs-/Programmamanagement
• Verstrekken CM-strategie van de bedrijfs- of programmaorganisatie
 	
Opdrachtgever
• Goedkeuren CM-strategie
  – Vaststellen schaal ernst en prioriteit
  – Vaststellen wijzigingsautoriteit/-budget
• Reageren op verzoeken om advies
• Nemen van besluiten t.a.v. issues
 	
Seniorgebruiker/-leverancier
• Reageren op verzoeken om advies
• Nemen van besluiten t.a.v. issues
 	
CM = Configuratiemanagement
CC = Wijzigingsbeheer (Change Control)
	Projectmanager (PM)
	• Opstellen Configuratiemanagementstrategie
	• Inrichten en actualiseren Issueregister, ondersteund door Projectsupport
	• Managen CM/CC-procedures, ondersteund door Projectsupport
	• Zekerstellen dat TM de CM/CC-afspraken implementeert
	• Implementeren corrigerende maatregelen
	
	Teammanager (TM)
	• Implementeren CM/CC-afspraken
	• Implementeren corrigerende maatregelen
	
	Projectborging
	• Adviseren bij opstellen strategie
	• Adviseren t.a.v. analyseren en oplossen issues
	
	Projectsupport
	• Onderhouden Configuratie-items-records
	• Ondersteunen PM bij uitvoering CM/CC-processen
	• Ondersteunen PM bij actualiseren Issueregister
	• Opstellen Productstatusoverzicht

10 Voortgang

Het doel van het thema Voortgang is het aanreiken van een raamwerk voor het bewaken en beheersen van het werk, de projectdoelstellingen en de blijvende levensvatbaarheid van het project.

■ 10.1 INLEIDING

Het periodiek bewaken en beheersen van de voortgang is een van de kritieke succesfactoren van het managen van een project. Het is niet alleen belangrijk een plan op te stellen en te laten goedkeuren. Het is ook belangrijk om periodiek stil te staan bij wat daadwerkelijk al is gerealiseerd en hoeveel werk er nog moet worden verzet om het projectresultaat op te leveren. Dat levert input op om proactief bij te sturen. Projectmanagers zijn niet alleen brandweermannen die branden moeten blussen, maar ook managers die vooruit kijken en anticiperen.

Het thema Voortgang levert een directe bijdrage aan de principes van managen per fase, managen 'by exception' en leren van ervaring.

■ 10.2 BEGRIPPENKADER

Voortgang – De mate van de realisatie van de doelstellingen van een plan. Voortgang kan worden gemeten op projectniveau, op faseniveau en op werkpakketniveau.

Tolerantie – De toegestane afwijking naar boven en beneden van de doelstellingen, waarbinnen niet geëscaleerd hoeft te worden naar het bovenliggende managementniveau. Binnen PRINCE2 moeten toleranties worden afgesproken voor tijd, geld, scope, kwaliteit, risico's en baten.

> Door de beperkte middelen kon maar een beperkt aantal projecten worden opgestart. Doordat binnen een van de projecten veel goedkoper kon worden ingekocht dan was voorzien en dit direct werd gemeld, kon met de vrijgekomen financiële middelen vroegtijdig een ander project worden opgestart.

Afwijking – Een situatie waarvan men verwacht dat de vooraf overeengekomen tolerantie wordt overschreden. Afwijkingen moeten altijd worden geëscaleerd naar het bovenliggende managementniveau. Dus bijvoorbeeld van Teammanager naar Projectmanager, van Projectmanager naar Stuurgroep en van de Stuurgroep naar het bedrijfs- of programmamanagement.

Beheersinstrumenten – Managementprocedures en -producten waarmee de voortgang van een plan kan worden bewaakt en beheerst en waarmee kan worden gerapporteerd aan de bovenliggende managementlaag. Beheersinstrumenten zorgen er dus voor dat iedere managementlaag:
- De voortgang kan bewaken.
- De voortgang kan vergelijken met het overeengekomen plan.
- Plannen en opties kan evalueren tegen toekomstige ontwikkelingen.
- Problemen kan vaststellen en risico's kan identificeren.
- Corrigerende maatregelen kan nemen.
- Werkzaamheden kan autoriseren.

■ 10.3 MANAGEN 'BY EXCEPTION'

De gedachte achter het principe van managen 'by exception' is, dat een effectieve besturing kan worden gerealiseerd door het vastleggen van eenduidige verantwoordelijkheden en bevoegdheden op de onderscheidenlijke niveaus van besturing.

Het voordeel van het werken volgens het principe van managen 'by exception' is, dat de bovenliggende managementlaag alleen bij de besturing van het project wordt betrokken als daar aanleiding toe is. Voor de Opdrachtgever is dat alleen als de overeengekomen toleranties dreigen te worden overschreden, op vooraf overeengekomen beslismomenten en als advies en directe aansturing noodzakelijk is.

Dit principe levert de Projectmanager handelsvrijheid op, beperkt het aantal vergaderingen en voorkomt dat de Opdrachtgever en de andere leden van de Stuurgroep continu over zijn schouder meekijken. Het levert ook de Opdrachtgever en stuurgroepleden veel tijdwinst. Een nadeel is dat door de grotere 'afstand' tot het project de Opdrachtgever/Stuurgroep moeilijk eigenaar wordt/blijft van het project. Het principe managen 'by exception' vereist verder een grote mate van taakvolwassenheid van zowel van de aansturende als de uitvoerende partijen.

> Een alternatief is om het project te managen op basis van Management by Objectives (MBO). Management by Objectives legt een grote nadruk op teamwerk, openheid en communicatie tussen leiding en uitvoerenden. Belangrijk is daarbij dat de doelen samen met de uitvoerenden worden opgesteld en dat regelmatig feedback over de stand van zaken wordt gegeven; niet in de vorm van voortgangsrapportages, maar in de vorm van coaching en probleemoplossing. Doelstellingen binnen MBO worden niet gebruikt als een afreken-instrument, maar als ontwikkelmogelijkheid. Daarbij is het creëren van een win-win-klimaat en het besteden van aandacht aan persoonlijke en/of carrièrewensen van uitvoerenden van groot belang. MBO leidt tot regelmatig overleg tussen de betrokken partijen.

Om het principe managen 'by exception' echt te laten werken moeten er wel concrete afspraken worden gemaakt over de volgende aspecten:
- De Stuurgroep komt alleen bijeen op vooraf overeengekomen beslismomenten en als tussentijds advies en tussentijdse aansturing noodzakelijk en/of gewenst is.
- De Stuurgroep delegeert de verantwoordelijkheid voor de borging aan een afzonderlijke Projectborging.
- De Stuurgroep delegeert een deel van de verantwoordelijkheid voor de besluitvorming over wijzigingsverzoeken en afwijkingen van specificaties aan een Wijzigingsautoriteit.
- De Stuurgroep delegeert de dagelijkse leiding van het project aan de Projectmanager binnen overeengekomen toleranties en met Hoofdpuntenrapportages op vooraf overeengekomen intervallen.
- De Projectmanager escaleert met een Afwijkingsrapport naar de Stuurgroep, wanneer de overeengekomen toleranties dreigen te worden overschreden.

■ 10.4 BEHEERSING VOORTGANG

In een PRINCE2-project wordt de voortgang beheerst door:
- Delegeren van verantwoordelijkheden én bevoegdheden.
- Opdelen van het project in managementfasen.
- Tijd- en gebeurtenisgedreven rapportages en reviews.
- Escaleren van afwijkingen.

Delegeren van verantwoordelijkheden en bevoegdheden

De vier managementniveaus
Tussen ieder van de vier managementniveaus in de projectmanagementstructuur moeten vooraf afspraken gemaakt worden over te delegeren verantwoordelijkheden en bevoegdheden.

PRINCE2 onderkent zes aspecten, die in ieder project moeten worden beheerst, namelijk tijd, geld, scope, kwaliteit, risico's en baten. Voor ieder van deze beheersaspecten moeten toleranties worden afgesproken tussen de verschillende managementniveaus.

Als toleranties dreigen te worden overschreden, dan moet dit aan de bovenliggende managementlaag worden geëscaleerd (zie figuur 10.1).

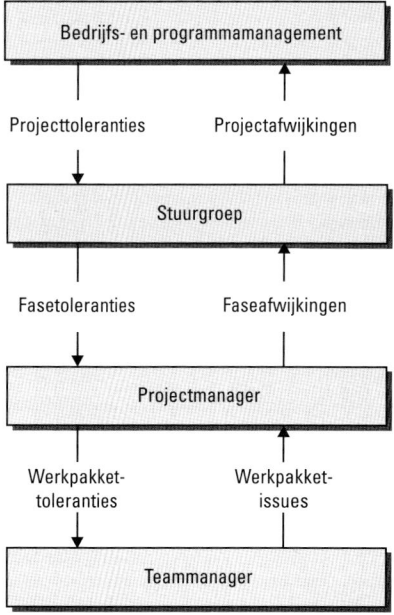

Figuur 10.1 De vier niveaus van beheersing

- **Het bedrijfs- of programmamanagement** is verantwoordelijk voor het bepalen van het projectresultaat en de doelstellingen waarbinnen het projectresultaat moet worden opgeleverd en stelt tevens de projectgebonden toleranties vast.
- **De Stuurgroep** is verantwoordelijk voor de aansturing van het project als totaal en rapporteert hierover aan het bedrijfs- of programmamanagement. De Stuurgroep stelt de fasetoleranties vast voor de Projectmanager. Als de projecttoleranties dreigen te worden overschreden, dan moet de Stuurgroep dit escaleren naar het bedrijfs- of programmamanagement.
- **De Projectmanager** is verantwoordelijk voor de dagelijkse leiding van het project binnen de geautoriseerde fase en rapporteert hierover aan de Stuurgroep. De Projectmanager stelt op zijn beurt weer de werkpakkettoleranties vast voor de betreffende Teammanager. Als de fase- of projecttoleranties dreigen te worden overschreden, dat moet de Projectmanager dit escaleren naar de Stuurgroep.
- **De Teammanager** is verantwoordelijk voor het realiseren van de specialistenproducten en rapporteert hierover aan de Projectmanager. Als de werkpakkettoleranties dreigen te worden overschreden, dan moet de Teammanager dit escaleren naar de Projectmanager.

De zes tolerantiegebieden per niveau
De verschillende toleranties voor tijd, geld, scope, kwaliteit, risico's en baten worden op project-, fase- en werkpakketniveau in verschillende managementproducten vastgelegd (zie figuur 10.2).

- **Toleranties in tijd, geld en scope** – Worden vastgelegd in het Projectplan en in de betreffende Faseplannen en Werkpakketten.
- **Risicotoleranties** – Worden op projectniveau vastgelegd in de Risicomanagementstrategie. Op fase- en werkpakketniveau worden risicotoleranties vastgelegd in de betreffende Faseplannen en Werkpakketten.
- **Kwaliteitstoleranties** – Worden op projectniveau vastgelegd in de Projectproductbeschrijving. Op fase- en werkpakketniveau worden kwaliteitstoleranties vastgelegd in de betreffende Productbeschrijvingen.
- **Batentoleranties** – Worden binnen PRINCE2 alleen op projectniveau vastgelegd en wel in de Business Case.

Beheersaspecten	Project-toleranties	Fase-toleranties	Werkpakket-toleranties
Tijd	Projectplan	Faseplan	Werkpakket
Kosten	Projectplan	Faseplan	Werkpakket
Scope	Projectplan	Faseplan	Werkpakket
Risico	Risicomanagementstrategie	Faseplan	Werkpakket
Kwaliteit	Projectproductbeschrijving	Productbeschrijving	Productbeschrijving
Baten	Business Case	n.v.t.	n.v.t.

Figuur 10.2 De zes tolerantiegebieden per niveau (Based on PRINCE2 material of AXELOS Limited)

Tijd, geld en scope zijn de primaire tolerantiegebieden. PRINCE2 adviseert om zeer terughoudend om te gaan met de toleranties in kwaliteit.

Beheersinstrumenten
De belangrijkste beheersinstrumenten van de Stuurgroep zijn:
- **Autorisaties** – Van de initiatie, de start van de uitvoering van het project, de opvolgende fasen en uiteindelijk het afsluiten van het project; de daarbij behorende fasetoleranties en de goedkeuring van de daarbij voorliggende documenten.
- **Voortgangsrapportages** – De Hoofdpuntenrapporten, de Fase-eindrapporten en het Projecteindrapport.
- **Wijzigingen en afwijkingen** – De Issuerapporten en de Afwijkingsrapporten.

De belangrijkste beheersinstrumenten van de Projectmanager zijn:
- **Autorisaties** – Van de individuele Werkpakketten en de werkpakkettoleranties.

- **Voortgangsrapportages** – De Voortgangsrapporten, de teamvergaderingen en de Productstatusoverzichten.
- **Wijzigingen en afwijkingen** – Issues en risico's die worden aangemeld/geïdentificeerd en de verschillende registers en logboeken zoals het Issueregister, het Risicoregister en het Kwaliteitsregister en het Leerpuntenlogboek.

Opdelen van het project in fasen
PRINCE2 onderkent twee soorten fasen:

Managementfasen – Zoals het woord al aangeeft ondersteunt deze fasering het management door vooraf go/no go-beslissingen in te plannen om het project al dan niet voort te zetten. Ieder project bestaat ten minste uit twee managementfasen: de initiatiefase en de uitvoeringsfase. De uitvoeringsfase kan weer worden opgesplitst in meerdere afzonderlijke managementfasen, afhankelijk van de complexiteit en de context van het project. De beslissing of en in hoeveel managementfasen de uitvoeringsfase wordt opgedeeld, wordt genomen in de initiatiefase bij het opzetten van de projectbeheersing en wordt bevestigd bij de goedkeuring van de Projectinitiatiedocumentatie tijdens het autoriseren van het project door de Stuurgroep.

Technische fasen – Deze type fasering is afhankelijk van technische aspecten als bijvoorbeeld het toepassen van speciale technieken of materialen. Voorbeelden van technische fasen zijn de ontwerpfase, pilotfase, testfase, ontwikkelfase, productiefase en uitrolfase. Technische fasen kunnen elkaar overlappen. Er zijn meestal meer technische fasen dan managementfasen.

Het aantal managementfasen is afhankelijk van:
- Hoe ver in redelijkheid vooruit kan worden gepland.
- Waar de beslispunten liggen in het project.
- De hoeveelheid risico's die het project omgeven.
- De gewenste mate van beheersing van het project.
- Het vertrouwen dat het project wordt gecontinueerd.

Veel korte fasen geven veel controle, maar kosten ook veel tijd en zorgen ook steeds weer voor een onderbreking van de uitvoering. Bij lange fasen is daarentegen weer een lager niveau van beheersing. Projecten kunnen ongemerkt doorlopen, terwijl eigenlijk de zakelijke rechtvaardiging van het project in de huidige vorm al lang is verdwenen.

De lengte van de managementfasen is afhankelijk van:
- De planninghorizon waarbinnen nog voldoende nauwkeurig kan worden gepland.
- De lengte van de technische fasen in het project.
- Duur van de andere bedrijfs- of programma-activiteiten.
- Het totale risiconiveau in het project.

Verkiezingen, het einde van het fiscale jaar of het einde van een programmafase kunnen een go/no go-beslissing nodig maken voor een project en daarmee het einde bepalen van een managementfase, terwijl eigenlijk een technische fase nog doorloopt.

Als een go/no go-beslissing moet worden genomen in het midden van een technische fase, dan zal de technische fase moeten worden opgeknipt, zodat vóór het beslismoment het eerste deel van die technische fase kan worden opgeleverd en na de beslissing om het project voort te zetten pas het resterende deel. Voor externe partijen betekent dit dat de opdracht tot uitvoering moet worden opgesplitst (zie figuur 10.3).

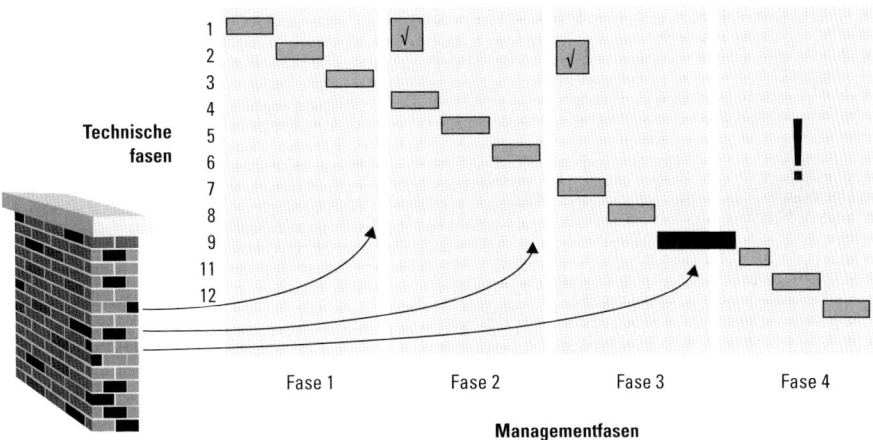

Figuur 10.3 Managementfasen versus technische fasen

Tijd- en gebeurtenisgedreven rapportages en reviews
PRINCE2 kent tijd- en gebeurtenisgedreven rapportages:
- **Tijdgedreven rapportages** – Deze vinden plaats op een vast tijdstip of in een vaste tijdgebonden cyclus, zoals de Voortgangsrapporten en de Hoofdpuntenrapporten.
- **Gebeurtenisgedreven rapportages** – Deze vinden plaats op het einde van een fase (Fase-eindrapport), op het einde van het project (Projecteindrapport) en als toleranties dreigen te worden overschreden (Afwijkingsrapport).

Als basis voor het beheersen van de voortgang gebruikt PRINCE2:
- **Projectplan** – Wordt gebruikt door de Stuurgroep om het project fase voor fase te bewaken en te sturen.
- **Faseplan** – Wordt gebruikt door de Projectmanager voor de dagelijkse leiding van het project gedurende een fase.
- **Afwijkingsplan** – Wordt gebruikt voor de aansturing van het werk dat nodig is om de effecten van een (dreigende) overschrijding van de toleranties te corrigeren. Er kan zowel een Project- als een Fase-afwijkingsplan worden opgesteld.
- **Werkpakket** – Wordt gebruikt door de Projectmanager om werk in een fase op te dragen aan een Teammanager.

Beheersinstrumenten voor het beoordelen van de voortgang zijn:
- **Dagelijks Logboek** – Het persoonlijke dagboek van de Projectmanager. Deze kan worden gebruikt om acties en aandachtspunten vast te leggen die informeel kunnen worden afgehandeld.
- **Issueregister en Issuerapport** – Om de formele isseus als wijzigingsverzoeken en afwijkingen van specificaties vast te leggen.
- **Productstatusoverzicht** – Om de status van de configuratie-items vast te leggen. Dit overzicht is nodig als de Projectmanager de status en de versies van de configuratie-items wil controleren.
- **Kwaliteitsregister** – Om alle geplande en uitgevoerde kwaliteitsactiviteiten vast te leggen en als referentie van alle kwaliteits- en goedkeuringsdossiers.
- **Risicoregister** – Om alle geïdentificeerde risico's die formeel moeten worden gemanaged vast te leggen, inclusief de respectievelijke risicomaatregelen.

Beheersinstrumenten voor het vastleggen en rapporteren van leerpunten:
- **Leerpuntenlogboek** – Om leerpunten vast te leggen van voorgaande projecten die in het voorliggende project kunnen worden gebruikt en om de leerpunten in het eigen project vast te leggen gedurende de uitvoering van het project zelf.
- **Leerpuntenrapport** – Om leerpunten te rapporteren via de Stuurgroep aan het bedrijfs- of programmamanagement voor andere lopende en toekomstige projecten. Leerpuntenrapporten kunnen worden opgesteld bij de verschillende faseovergangen. Een Leerpuntenrapport moet worden opgesteld bij de afsluiting van het project.

Formele registraties worden vastgelegd in registers. Dossiers welke informeel kunnen worden afgehandeld worden vastgelegd in logboeken, zoals het Dagelijks Logboek en het Leerpuntenlogboek.

Beheersinstrumenten voor het rapporteren van de voortgang:
- **Hoofdpuntenrapport** – Wordt opgesteld door de Projectmanager op vooraf overeengekomen momenten om de Stuurgroep te informeren over de hoofdpunten van de voortgang van de fase en de opgetreden issues en risico's. Hoofdpuntenrapporten kunnen ook worden toegestuurd aan andere belanghebbenden, als dit zo is afgesproken in de Communicatiemanagementstrategie.
- **Voortgangsrapport** – Wordt opgesteld door de individuele Teammanagers op vooraf overeengekomen momenten om de Projectmanager te informeren over de voortgang van de overeengekomen Werkpakketten en de daarbij optredende issues en risico's.
- **Fase-eindrapport** – Wordt door de Projectmanager opgesteld op het einde van iedere managementfase om aan de Stuurgroep te rapporteren over de afgelopen fase en het hun mogelijk te maken het vervolg van project te autoriseren. Op basis van dit rapport verleent de Opdrachtgever decharge aan de Projectmanager over de afgelopen fase.
- **Projecteindrapport** – Wordt door de Projectmanager op het einde van het project opgesteld om aan de Stuurgroep verantwoording af te leggen over het project en het

hun mogelijk te maken de afsluiting van het project te autoriseren. Op basis van dit rapport verleent de Opdrachtgever decharge aan de Projectmanager over het project.

Escaleren van afwijkingen

Als een overschrijding van de overeengekomen toleranties wordt voorzien, moet deze afwijking worden geëscaleerd naar de bovenliggende managementlaag:

- **Afwijkingen werkpakkettoleranties** – Als een overschrijding wordt voorzien van een werkpakkettolerantie, dan moet de Teammanager dit escaleren naar de Projectmanager via een issue. Indien de dreigende overschrijding binnen de fasetoleranties blijft, dan moet de Projectmanager corrigerende acties ondernemen en één of meerdere nieuwe of aangepaste Werkpakketten autoriseren voor de betreffende Teammanagers.
- **Afwijking fasetoleranties** – Als een overschrijding wordt voorzien van een fasetolerantie, dan moet de Projectmanager dit escaleren naar de Stuurgroep via een Afwijkingsrapport. De Stuurgroep kan beslissen om het project eenvoudig voort te zetten of kan vragen om een Afwijkingsplan. In geval van twijfel kan de Stuurgroep vragen om meer informatie en/of kan advies vragen bij het bedrijfs- of programmamanagement.
- **Afwijking projecttoleranties** – Als een overschrijding wordt voorzien van een projecttolerantie, dan moet de Projectmanager dit ook escaleren naar de Stuurgroep via een Afwijkingsrapport, maar de Stuurgroep op zichzelf moet dit weer escaleren naar het bedrijfs- of programmamanagement voor besluitvorming. In overleg met het bedrijfs- of programmamanagement kan de Stuurgroep besluiten het project alsnog voort te zetten, kan de Stuurgroep verzoeken om een Afwijkingsplan of kan de Stuurgroep besluiten het project voortijdig te beëindigen.

Voor de samenstelling van de verschillende beheersinstrumenten, zie Bijlage A.

10.5 ROLLEN EN VERANTWOORDELIJKHEDEN

Voor een overzicht van de rollen en verantwoordelijkheden voor het thema Voortgang, zie tabel 10.1.

Tabel 10.1 Rollen en verantwoordelijkheden voor het thema Voortgang

Bedrijfs-/Programmamanagement	Projectmanager (PM)
Bedrijfs-/Programmamanagement • Definieert projecttoleranties • Bepaalt vervolgacties bij dreigende overschrijding projecttoleranties • Keurt Projectafwijkingsplannen goed **Opdrachtgever** • Definieert fasetoleranties • Adviseert management bij dreigende overschrijding projecttoleranties • Bepaalt vervolgacties bij dreigende overschrijding fasetoleranties • Keurt Fase-afwijkingsplannen goed **Seniorgebruiker** • Stelt zeker dat voortgang t.o.v. de uitkomst consistent blijft vanuit gebruikersperspectief **Seniorleverancier** • Stelt zeker dat voortgang t.o.v. de uitkomst consistent blijft vanuit leveranciersperspectief **Projectborging** • Bewaakt de impact van de veranderingen in het Projectplan op de Business Case • Valideert de voortgang t.o.v. fase- en projecttoleranties	**Projectmanager (PM)** • Autoriseert Werkpakketten • Bewaakt voortgang t.o.v. Faseplan • Stelt Hoofdpuntenrapporten op • Stelt Fase- en Projecteindrapporten op • Stelt Afwijkingsrapporten op • Actualiseert de registers en logboeken **Teammanager (TM)** • Komt Werkpakket overeen met PM • Stelt, indien noodzakelijk, een Teamplan op • Informeert Projectsupport over uitgevoerde kwaliteitsbeoordelingen • Stelt Voortgangsrapporten op • Informeert de PM over een voorziene afwijking van overeengekomen toleranties **Projectsupport** • Assisteert bij het samenstellen van rapporten • Levert specialistische ondersteuning • Onderhoudt de Issue-, Risico- en Kwaliteitsregisters voor de PM

DEEL II PRINCE2-PROCESSEN

II Introductie processen

■ II.1   WAAROM EEN PROCESGERICHTE BENADERING?

Een project is makkelijker te managen als het als een proces wordt benaderd. Een proces is erop gericht om via een gestructureerde set van activiteiten te komen tot een specifiek doel. Een procesbenadering maakt het ook eenvoudiger om bij te sturen als omstandigheden veranderen. De procesbenadering wordt door alle moderne projectmanagementmethoden gevolgd.

■ II.2   VIER MANAGEMENTNIVEAUS

PRINCE2 kent vier managementniveaus: drie managementniveaus in het project zelf en het bedrijfs- of programmamanagement. Ieder managementniveau heeft zijn eigen specifieke rol:

- **Besturen** – Dit is de verantwoordelijkheid van het bedrijfs- of programmamanagement. Het bedrijfs- of programmamanagement maakt zelf geen deel uit van het project, maar keurt wel de projectdoelstellingen en de op te leveren producten goed. Ook neemt het bedrijfs- of programmamanagement het projectresultaat in gebruik om daarmee de voorziene baten te realiseren.
- **Sturen** – Dit is de verantwoordelijkheid van de Stuurgroep. De Stuurgroep stuurt het project. De stuurgroep wordt voorgezeten door de Opdrachtgever. De Opdrachtgever is de vertegenwoordiger van het bedrijfs- of programmamanagement van de klant in het project en is eindverantwoordelijk voor de realisatie van het project. De Stuurgroep neemt in het project alle belangrijke besluiten en geeft richting aan het project in het totaal.
- **Managen** – Dit is een verantwoordelijkheid van de Projectmanager. De Projectmanager is verantwoordelijk voor de dagelijkse leiding van het project, voor de aansturing van de Teammanagers en voor de voorbereiding van de besluitvorming van de Stuurgroep. De Projectmanager is verantwoordelijk voor het project binnen de kaders die door de Stuurgroep worden gesteld.

- **Opleveren** – Dit is de verantwoordelijkheid van de Teammanager. De Teammanager is verantwoordelijk voor de uiteindelijke realisatie van de op te leveren producten. De Teammanager stuurt de teamleden aan.

Voor het succesvol inrichten, uitvoeren en afsluiten van het project is het van belang dat de diverse managementniveaus goed met elkaar communiceren.

In kleine projecten kunnen verschillende rollen worden gecombineerd: In hoofdstuk 19 zal apart worden ingegaan op het managen van kleine en/of informele projecten.

■ II.3   DE MANAGEMENTPROCESSEN

PRINCE2 onderscheidt zeven processen, te weten:
- Opstarten van een Project (OP).
- Sturen van een Project (SP).
- Initiëren van een Project (IP).
- Beheersen van een Fase (BF).
- Managen Productoplevering (MP).
- Managen van een Faseovergang (MF).
- Afsluiten van een Project (AP).

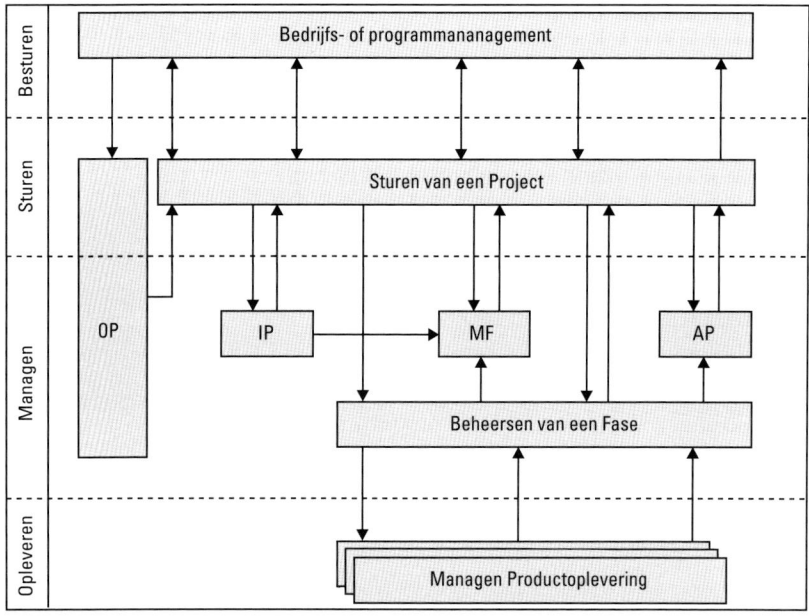

Figuur II.1 Het PRINCE2-Procesmodel (Based on PRINCE2 material of AXELOS Limited)

De indeling van deze processen is gebaseerd op de verschillende taakstellingen gedurende de te fasen in het project (zie figuur II.1).

Elk proces kent verschillende activiteiten die binnen dat proces worden uitgevoerd. Sommige processen worden eenmaal uitgevoerd, terwijl andere processen binnen een project meerdere malen kunnen terugkomen.

■ II.4 PRINCE2-PROCESSEN IN EEN TIJDSKADER

Een project kent ten minste een initiatiefase ('denken') en een uitvoeringsfase ('doen'). De uitvoeringsfase kan worden onderverdeeld in meerdere managementfasen. Voordat het project kan worden gestart, moeten er echter wel een aantal zaken worden geregeld. Zo ontstaat de volgende verdeling:

- **Voorprojectfase** – In deze fase wordt de projectorganisatie vastgesteld en wordt het Projectvoorstel en het plan voor de initiatiefase opgesteld. Deze activiteiten vinden plaats in het proces Opstarten van een Project (OP). Centraal staat de vraag of het project levensvatbaar is.
- **Initiatiefase** – Nadat de beslissing is genomen om het project te starten, moet het projectplan worden opgesteld en de Business Case worden aangescherpt. Verder moeten werkafspraken voor de uitvoering worden gemaakt. Tevens moet het Faseplan voor de eerste uitvoeringsfase worden opgesteld. In de initiatiefase vinden de processen Initiëren van een Project (IP) en Managen van een Faseovergang (MF) plaats.
- **Uitvoeringsfase(n)** – De uitvoering kan worden opgesplitst in managementfasen. Tijdens deze fasen wordt het projectresultaat gerealiseerd. Op het eind van een managementfase moet de Projectmanager de besluitvorming voorbereiden voor de Stuurgroep om het project al dan niet voort te zetten. In de uitvoeringsfasen vinden de processen Beheersen van een Fase (BF), Managen Productoplevering (MP) en Managen van een Faseovergang (MF) plaats.

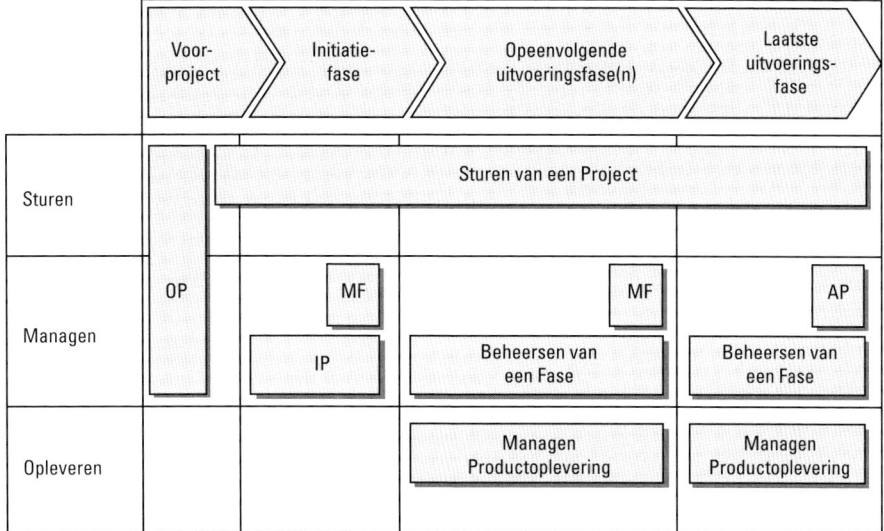

Figuur II.2 Processen in een tijdframe (Source: Managing Successful Projects with PRINCE2, produced by AXELOS Limited)

- **Laatste uitvoeringsfase** – Aan het eind van de laatste uitvoerings(management)fase wordt het projectresultaat opgeleverd, overgedragen en geaccepteerd, en zal de Projectmanager het project afbouwen. In de laatste uitvoeringsfase vinden de processen Beheersen van een Fase (BF), Managen Productoplevering (MP) en Afsluiten van een Project (AP) plaats.

Het proces Sturen van een Project (SP) beschrijft de taken en verantwoordelijkheden van de Stuurgroep. Dit proces start na afronding van het proces Opstarten van een Project en loopt door totdat het projectresultaat is opgeleverd en het projectteam is ontbonden.

∎ II.5 DE STRUCTUUR VAN DE PROCESBESCHRIJVINGEN

Ieder proces zal in de volgende hoofdstukken worden beschreven op basis van een vaste indeling:
- **Basisprincipes**
  - Wat is het doel van het proces?
  - Waarom is het betreffende proces noodzakelijk?
  - Wat moet er tijdens het proces worden gerealiseerd?
- **Context** – De relatie tussen het proces en de andere processen en de omgeving van het project.
- **Procesbeschrijving** – Beschrijft de activiteiten in het betreffende proces. De activiteiten worden in een zo logisch mogelijke volgorde beschreven. In werkelijkheid is er geen strikte volgorde van activiteiten en vinden activiteiten iteratief plaats.
- **Overzicht activiteiten** – Geeft een overzicht van alle input- en output-producten en verantwoordelijkheden van de te onderscheiden activiteiten van het proces.

Het is belangrijk om het proces op maat te maken voor het actuele project. Elk project moet alle processen in het procesmodel doorlopen. De mate waarin dit moet gebeuren, hangt echter af van de omvang, de doorlooptijd en de complexiteit van het project.

De vraag is daarbij steeds hoe uitgebreid de (deel)processen moeten worden doorlopen en in hoeverre de betreffende informatie officieel moet worden vastgelegd. Kleine en interne projecten kunnen effectief worden uitgevoerd met weinig papierwerk. In hoofdstuk 19 wordt ingegaan op hoe de inrichting van een project kan worden aangepast aan de omstandigheden.

11 Opstarten van een Project (OP)

Doel van het proces Opstarten van een Project (OP) is om zeker te stellen dat aan de randvoorwaarden voor het Initiëren van een Project wordt voldaan, door de vraag te beantwoorden: 'Is dit project levensvatbaar en de moeite waard?'

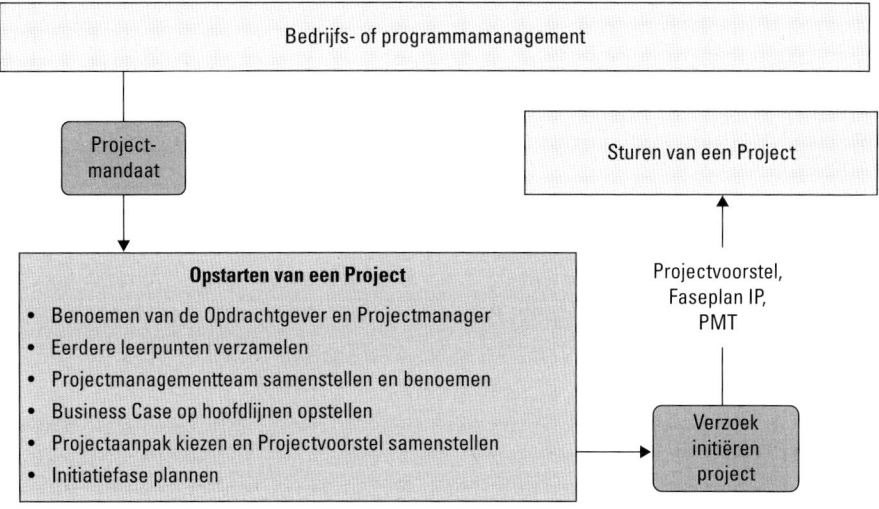

Figuur 11.1 Opstarten van een Project (Based on PRINCE2 material of AXELOS Limited)

■ 11.1 BASISPRINCIPES

De basisprincipes voor het proces OP zijn:
- Er kunnen geen werkzaamheden worden uitgevoerd voordat verantwoordelijkheden zijn gedefinieerd en rollen zijn ingevuld.
- Er is een zakelijke rechtvaardiging om het project te initiëren (vastgelegd in de Business Case op hoofdpunten).
- Er is voldoende informatie beschikbaar om de scope van het project te kunnen definiëren en te bevestigen (Projectvoorstel).
- De verschillende manieren waarop een project kan worden aangepakt zijn geëvalueerd en een projectaanpak is geselecteerd en goedgekeurd.

- Er is een Initiatiefaseplan opgesteld en goedgekeurd voordat met de werkzaamheden in de initiatiefase kan worden begonnen.

Voor de initiatie van een project zijn ten minste een Opdrachtgever en een opdrachtnemer (Projectmanager) nodig die samen het project willen uitvoeren. Ook de andere leden van de Stuurgroep moeten in deze fase worden benoemd. Over het algemeen bezetten de personen die in de initiatiefase betrokken worden de belangrijkste rollen binnen de uitvoering van het project.

Als er geen zakelijke rechtvaardiging is om een project te starten, moet je er ook niet aan beginnen. Als niet duidelijk is waarom een project noodzakelijk is voor de organisatie, dan is ook de kans om het project succesvol af te ronden gering. Het ontbreken van een goede Business Case is een van de belangrijkste oorzaken voor het mislukken van projecten.

Er is bepaalde informatie nodig om de initiatiefase te kunnen starten. Het is van belang dat er een realistisch beeld is van de scope, planning, acceptatiecriteria en randvoorwaarden. Als aan het begin van de initiatiefase niet duidelijk is wat de Opdrachtgever met het project wil bereiken, dan zal er in deze fase door partijen vanuit een verschillend perspectief aan het project worden gewerkt. Dit kan leiden tot fricties, frustraties, een ineffectieve inzet van mensen en middelen. Dit is een slechte basis voor de uitvoering van het project.

Voor alle werkzaamheden moet een plan worden opgesteld. Dit geldt ook voor de werkzaamheden in de initiatiefase. Afgesproken moet worden wat door wie, wanneer, op welke wijze moet worden opgeleverd. En hiervoor moet budget beschikbaar worden gemaakt, anders loopt het project al uit de pas voordat het eigenlijk begonnen is.

■ 11.2 CONTEXT

Het proces Opstarten van een Project (OP) is géén onderdeel van het project, maar vindt plaats vóór de start van het project. Het project begint pas nadat de Stuurgroep op basis van de uitkomsten van dit proces het proces Initiëren van een Project (IP) autoriseert. Het proces OP duurt relatief kort in verhouding tot de totale doorlooptijd van het project.

Het proces Opstarten van een Project wordt gestart door de ontvangst van een mandaat om het project op te starten. In dit mandaat moeten de redenen voor het project zijn aangegeven en wat de Opdrachtgever met het project wil bereiken. Het projectmandaat wordt afgegeven door het bedrijfs- of programmamanagement van de klant. Het projectmandaat kan een lijvig document zijn, maar kan ook een mondeling verzoek zijn of de aantekeningen op de achterkant van een sigarendoos.

Het proces Opstarten van een Project begint met het benoemen van de Opdrachtgever en de Projectmanager door het bedrijfs- of programmamanagement. Zij kijken naar de geleerde lessen vanuit het verleden, stellen het projectmanagementteam samen en benoemen de individuele personen voor de verschillende rollen. De Business Case wordt in hoofdlijnen opgesteld en de aanpak voor het project wordt vastgesteld. Het Projectvoorstel wordt samengesteld en tot slot wordt het Faseplan voor de initiatiefase opgesteld.

11.3 PROCESBESCHRIJVING

Om de vraag te kunnen beantwoorden of er een levensvatbaar project is dat de moeite waard is, moet een aantal aspecten worden uitgezocht in het proces OP.
De activiteiten van het proces Opstarten van een Project bestaan uit:
- Benoemen Opdrachtgever en Projectmanager.
- Eerdere leerpunten verzamelen.
- Projectmanagementteam samenstellen en benoemen.
- Business Case op hoofdlijnen opstellen.
- Projectaanpak kiezen en Projectvoorstel samenstellen.
- Initiatiefase plannen.

Benoemen Opdrachtgever en Projectmanager
Allereerst wordt de Opdrachtgever door het bedrijfs- of programmamanagement benoemd. Zijn taken, verantwoordelijkheden en bevoegdheden moeten worden vastgesteld en overeengekomen, alsmede de benodigde tijdsinvestering. De Opdrachtgever moet eigenaar zijn van het project en dit ook actief willen en kunnen uitdragen.

Op basis van hetgeen nodig is, wordt de rolbeschrijving van de Projectmanager opgesteld en op basis daarvan de meest geschikte kandidaat geselecteerd. De Opdrachtgever benoemt de Projectmanager. De benoeming moet door het bedrijfs- of programmamanagement worden bekrachtigd.

De Projectmanager en de Opdrachtgever moeten samen een gemeenschappelijk beeld vormen van het project. Ook de Projectmanager moet achter het project kunnen staan en hier gemotiveerd sturing aan willen geven.

Startend met het uitvoeren van deze eerste werkzaamheden start de Projectmanager ook zijn Dagelijks Logboek. In dit logboek worden voorlopig ook de geïdentificeerde issues en risico's vastgelegd, zolang er nog geen Issue- en Risicoregisters zijn ingericht.

Eerdere leerpunten verzamelen
Het leren van eerdere ervaringen kan het succes van het project vergroten. Als bekend is waar sterkten en zwakten van de organisatie liggen en welke aanpak goed of minder goed werken, kan dit de keuze beïnvloeden. Maar ook de inschattingen voor de Business Case kunnen daarmee worden aangescherpt.

> Voordat het jonge stel aan de bouw van hun nieuwe huis begint, proberen zij zo veel mogelijk informatie te verzamelen. Zij bezoeken niet alleen informatieavonden maar zij gaan ook nog eens praten met vrienden. Deze hebben zojuist hun nieuwe huis betrokken en vertelden hun de volgende keer een aantal dingen héél anders te zullen aanpakken. Juist deze ervaringen zijn waardevol.

De leerpunten kunnen verzameld worden door te kijken naar Leerpuntenrapporten van eerdere relevante projecten of programma's, maar ook door te kijken naar geleerde lessen bij andere organisaties. Dit is de start voor het eigen Leerpuntenlogboek dat in OP, onder verantwoordelijkheid van de Opdrachtgever, door de Projectmanager wordt ingericht.

Projectmanagementteam samenstellen en benoemen

De juiste man of vrouw op de juiste plaats. Dat klinkt eenvoudig, maar dat is het niet. De personen in het projectmanagementteam moeten naast de juiste kennis ook voldoende autoriteit en verantwoordelijkheid hebben om goede beslissingen te kunnen nemen.

> Het projectmanagementteam omvat de Stuurgroep, de Projectmanager, de Teammanagers, de Wijzigingsautoriteit, Projectsupport en de Projectborging.

De samenstelling van de Stuurgroep is daarbij erg belangrijk. Wie zijn in staat de verantwoordelijkheid voor het project op zich te nemen, en hebben ook het mandaat om dit te doen? De samenstelling van de stuurgroep moet ook balans geven tussen de belangen van alle belanghebbenden. Ga na of bepaalde taken van de Stuurgroep kunnen worden gedelegeerd naar een aparte Projectborging. Stel rolbeschrijvingen op en selecteer kandidaten voor de afzonderlijke rollen.

> Bij het bouwen van het huis zijn het jonge stel in PRINCE2-termen 'de klant' en combineren de rol van Seniorgebruiker en Opdrachtgever. De architect is de Seniorleverancier. Zijn projectleider zal toezicht houden op de bouw en vult de rol in van Projectmanager. De diverse voormannen van de aannemers zijn de Teammanagers.

Het is essentieel dat alle leden van het projectmanagementteam weten wat hun rol en de bijbehorende taken, verantwoordelijkheden en bevoegdheden zijn en wat de communicatie- en rapportagelijnen zijn. Zorg ervoor dat er geen overlappingen zijn tussen de verschillende rollen.

Business Case op hoofdlijnen opstellen

In de Business Case worden de geraamde kosten, de te realiseren baten en de belangrijkste zakelijke risico's beschreven. Tevens wordt aangegeven waarom alternatieve opties zijn afgevallen. Daarnaast worden afspraken over de financiering vastgelegd. De Business Case beantwoordt de vraag of het project de moeite waard is.

De Opdrachtgever is verantwoordelijk voor (het opstellen van) de Business Case. In de praktijk zal de Projectmanager veelal de dagelijkse uitwerking organiseren. De Business Case op hoofdlijnen wordt gebaseerd op de informatie uit het projectmandaat.

> De Business Case voor het laten bouwen van een eigen huis was simpel. Na belastingvoordeel zijn de maandlasten minder dan wat zij nu aan huur betalen. In hun berekening hebben ze uiteraard de extra maandelijkse lasten en het onderhoud dat extra is bij een eigen huis meegenomen. Blijven wonen was geen optie. Vooral nu er een kleine op komst is. Een bestaand huis kopen in de kwaliteit die zij voor ogen hebben is te duur.

Tegelijkertijd met de Business Case wordt ook de Projectproductbeschrijving opgesteld. Deze beschrijft onder andere het op te leveren projectresultaat met de bijbehorende kwaliteitsverwachtingen en acceptatiecriteria. Deze Productbeschrijving valideert de tijdsinschatting en kostenraming in de Business Case.

In de initiatiefase worden de Business Case en de Projectproductbeschrijving verder uitgewerkt.

Projectaanpak kiezen en Projectvoorstel samenstellen
Voordat in de initiatiefase een planning kan worden opgesteld, moet worden bepaald hoe het projectresultaat zal worden gerealiseerd. Wordt het resultaat aangekocht, wordt het werk door eigen mensen uitgevoerd of wordt het uitbesteed? Wordt gekozen om vanuit bestaande producten te werken of worden geheel nieuwe producten ontwikkeld? Et cetera.

Belangrijke aspecten die een rol kunnen spelen bij de keuze van de projectaanpak zijn onder meer:
- De gestelde randvoorwaarden in tijd, geld en kwaliteit.
- De beschikbare versus de gewenste inzet en kwaliteit van mensen en middelen.
- De van toepassing zijnde bedrijfsstandaards en industriële standaards.
- De eerdere leerervaringen van de organisatie.
- De risico's verbonden aan de verschillende werkwijzen.
- De uitvoering van andere projecten en programma's.

De projectaanpak wordt vastgesteld op basis van de vastgestelde risico's, de geldende bedrijfs- en industriestandaarden en eerdere ervaringen. De Opdrachtgever en Projectmanager moeten een gelijk beeld hebben van de gekozen aanpak. De projectaanpak is onderdeel van het Projectvoorstel.

Het Projectvoorstel is een belangrijk startdocument gebaseerd op het projectmandaat en moet door alle leden van de Stuurgroep en de Projectmanager worden onderschreven. Het moet de leden van de Stuurgroep overtuigen dat het zinvol is om met het project te starten. Het Projectvoorstel wordt besproken met alle belanghebbende partijen en creëert zo draagvlak en goed verwachtingsmanagement.

> Voor het laten bouwen van een eigen huis had het stel verschillende opties. Ze kunnen zelf een ontwerp maken en een aannemer kiezen. Ze kunnen ook in zee gaan met een architect en hem het ontwerp laten maken. Dan kan die ook toezien op het werk in de uitvoering. Ze kunnen ook alles uitbesteden aan een aannemer en hem ook het ontwerp laten maken. Uiteindelijk hebben ze gekozen voor een architect.

Het Projectvoorstel geeft de uitgangspunten en het kader waarbinnen het project moet worden uitgevoerd. De kwaliteitsverwachtingen en acceptatiecriteria van de klant (functionele specificatie) moeten in dit stadium worden vastgelegd en geprioriteerd, evenals de belangrijkste risico's. Deze aspecten maken allemaal onderdeel uit van het Projectvoorstel.

Initiatiefase plannen
Tijdens de initiatiefase wordt de Projectinitiatiedocumentatie voor het totale project en het Faseplan voor de eerste uitvoeringsfase opgesteld. Tijdens het proces OP wordt uitgewerkt wat hiervoor tijdens de initiatiefase precies moet worden opgeleverd en in welke mate van detail, wie welke werkzaamheden moet verrichten, hoe hierover gerapporteerd wordt, wanneer wat klaar moet zijn en wie wat moet beoordelen voor acceptatie. Het opstellen van de Projectinitiatiedocumentatie en het Faseplan kost tijd en inzet van zowel gebruikers als de leverancier. Daarvoor is een zorgvuldige planning van deze werkzaamheden noodzakelijk.

Het Initiatiefaseplan wordt opgesteld op basis van wat is vastgesteld in het Projectvoorstel, de gedefinieerde risico's in het Dagelijks Logboek en het Leerpuntenlogboek. De Projectmanager is verantwoordelijk voor het opstellen van het Initiatiefaseplan. Hij kan daarbij worden ondersteund door Projectsupport en Projectborging, onder de algehele supervisie van de Seniorleverancier.

Zowel het Projectvoorstel als het Initiatiefaseplan wordt ter goedkeuring aan de Stuurgroep voorgelegd. De Stuurgroep besluit op basis hiervan of de initiatiefase kan worden gestart.

■ 11.4 OVERZICHT ACTIVITEITEN

In tabel 11.1 zijn de input en output en de verantwoordelijkheden van alle activiteiten van het proces Opstarten van een Project weergegeven.

11 Opstarten van een Project (OP)

Tabel 11.1 Overzicht activiteiten van het proces Opstarten van een Project

Input triggers	Input managementproducten	Activiteiten	Output managementproducten	Verantwoordelijkheden							Output triggers
				BP	OP	SG	PM	TM	PB	PS	
Projectmandaat	-	Benoemen van de Opdrachtgever en de PM	Rolbeschrijving Opdrachtgever (PV) (c) Benoemde Opdrachtgever Rolbeschrijving PM (PV) (c) Benoemde PM Dagelijks Logboek	P P A A	P P		P				-
-	Voorgaande Leerpuntenrapporten	Eerdere leerpunten verzamelen	Leerpuntenlogboek (c)		R		P				-
-	Leerpuntenlogboek Rolbeschrijving Opdrachtgever (PV) Rolbeschrijving PM (PV)	PMT samenstellen en benoemen	Rolbeschrijving PMT (PV) (c) PMT-structuur (PV) (c) Benoemde PMT Dagelijks Logboek (u)	A	A A P		P P P				-
Projectmandaat	Leerpuntenlogboek	Business Case op hoofdlijnen opstellen	(Opzet) Business Case (PV) (c) Projectproductbeschrijving (PV) (c) Dagelijks Logboek (u)	A	P (A)	R (A)	R P P		R R		-
-	Alle voorgaande delen Projectvoorstel Leerpuntenlogboek	Projectaanpak kiezen en Projectvoorstel samenstellen	Samengesteld Projectvoorstel Projectaanpak (PV) (c) Additionele rolbeschrijving (PV) (c) Dagelijks Logboek (u)		(A) (A) (A)	(A) (A) (A)	P P P P		R R R		-
-	Projectvoorstel Dagelijks Logboek Leerpuntenlogboek	Initiatiefaseplannen	Faseplan (c) Dagelijks Logboek (u)		(A)	(A)	P P		R		*Verzoek om initiëren project*

Input / Output producten
CM: Configuratiemanagement
PER: Projecteindrapport
FER: Fase-eindrapport
PV: Projectvoorstel
PID: Projectinitiatiedocumentatie
PMT: Projectmanagementteam
FP: Faseplan

(a) Approved (goedgekeurd)
(c) Created (opgesteld)
(o) Obtained (verkregen)
(u) Updated (geactualiseerd)

Verantwoordelijkheden
BP: Bedrijfs-/Programmamanagement
OP: Opdrachtgever
SG: Stuurgroep
PM: Projectmanager
TM: Teammanager
PB: Projectborging
PS: Projectsupport

A – Approver (goedkeurder)
P – Producer (opsteller)
C – Confirmer (bevestiger)
R – Reviewer (beoordelaar)

( ) – in een ander proces

Tevens worden alle input-managementproducten gereviewed.

12 Sturen van een Project (SP)

Het doel van het proces Sturen van een Project (SP) is om de Stuurgroep in staat te stellen verantwoordelijkheid te nemen voor het succes van het project, door zelf de belangrijkste beslissingen te nemen en het project als geheel te beheersen, terwijl het de dagelijkse leiding delegeert aan de Projectmanager.

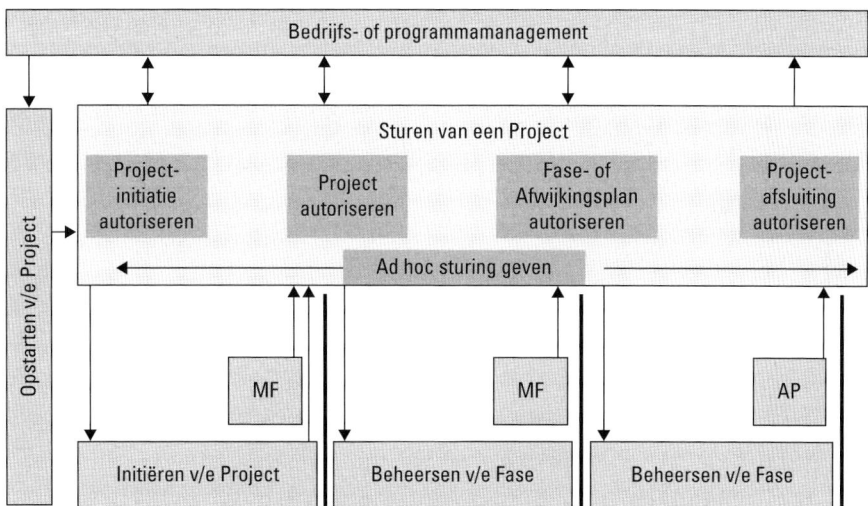

Figuur 12.1 Sturen van een Project (Based on PRINCE2 material of AXELOS Limited)

■ 12.1 BASISPRINCIPES

De doelstelling van het proces Sturen van een Project is om zeker te stellen dat:
- Goedkeuring wordt verleend om het project uit te voeren.
- Het project wordt aangestuurd gedurende de gehele levensduur van het project.
- Het project levensvatbaar blijft.
- Er een koppeling is tussen het project en het bedrijfs- of programmamanagement.
- Goedkeuring wordt verleend om de gerealiseerde producten op te leveren.
- Goedkeuring wordt verleend om het project af te sluiten.

- Plannen voor het meten van de baten na afsluiting van het project worden opgesteld, beoordeeld en goedgekeurd.

12.2 CONTEXT

Het proces Sturen van een Project omvat de besturing van het project door de Stuurgroep en is gebaseerd op managen 'by exception'. De Stuurgroep stuurt dus op uitzonderingen en via een relatief klein aantal beslispunten. Regelmatige voortgangsbesprekingen zijn daarom niet nodig. De Projectmanager informeert de Stuurgroep tussentijds via Hoofdpuntrapporten en escaleert tussentijds alleen bij afwijkingen die de vooraf afgesproken tolerantiegrenzen dreigen te overschrijden. Het is daarbij wel van belang dat de Stuurgroep een goed beeld heeft over de voortgang van het project.

Verder is de communicatie van en naar het bedrijfs- of programmamanagement en andere belanghebbenden buiten het project een belangrijke taak van de Stuurgroep. Op welke wijze hieraan invulling wordt gegeven, wordt vastgelegd in de Communicatiemanagementstrategie.

> Als de verschillende leden van het projectmanagementteam nog niet zo ervaren zijn in het uitvoeren van hun rollen of als het project complexer of risicovoller is dan gebruikelijk, kan het soms verstandig zijn de hoofdpuntenrapportages en uitstaande issues en risico's wel regelmatig te bespreken met de Opdrachtgever en/of de Seniorgebruikers.

Naar aanleiding van de vraag van de Projectmanager voor autorisatie van de initiatiefase wordt het proces Sturen van een Project gestart. Op basis van de Projectinitiatiedocumentatie en het Faseplan voor de eerste uitvoeringsfase wordt de uitvoering van het project geautoriseerd en de start van de eerste uitvoeringsfase vrijgegeven. Tijdens de uitvoering van het project besluit de Stuurgroep over de voortgang van het project (go/no go), op basis van de aangereikte Fase- of Afwijkingsplannen. Op het eind van het project bevestigt de Stuurgroep de afsluiting van het project aan de betrokken partijen. Tijdens de uitvoering van het gehele proces geeft de Stuurgroep ad hoc sturing aan de Projectmanager.

12.3 PROCESBESCHRIJVING

Binnen het proces Sturen van een Project zijn de volgende activiteiten te onderscheiden:
- Projectinitiatie autoriseren.
- Project autoriseren.
- Fase- of Afwijkingsplan autoriseren.
- Ad hoc sturing geven.
- Projectafsluiting autoriseren.

> Dat het stel het ontwerp en de uitvoering gaan uitbesteden, wil nog niet zeggen dat zij nu zelf niets meer hoeft te doen. Zij zullen wel alle belangrijke beslissingen moeten nemen.
> Allereerst krijgt de architect de opdracht hun eisen en wensen te inventariseren en op basis daarvan een begroting op te stellen voor het ontwerp en de uitvoering (Projectinitiatie autoriseren).
> Als dat klaar is moeten zij beslissen of dit past binnen hun budget en of zij het huis op basis van deze cijfers willen laten ontwerpen en bouwen (Project autoriseren).
> Als de financiering rond is, krijgt de architect de opdracht een ontwerp te maken. Als dat klaar is wordt opnieuw een begroting gemaakt en wordt gekeken of dit nog steeds is wat ze willen en of dit nog steeds de beste optie is. Dan krijgt de architect de opdracht een aannemer te selecteren. Dat is dan weer een spannend moment. Hoe duur wordt de bouw daadwerkelijk en past dit binnen hun budget? Dit is de laatste mogelijkheid om het project nog af te blazen. Na opdracht aan de aannemer is het definitief (Faseplannen autoriseren).
> Tijdens het ontwerp en de uitvoering zal de architect alle belangrijke beslissingen steeds aan het stel moeten voorleggen. Zij zullen steeds de uiteindelijke keuzes moeten maken (Ad hoc sturing geven).
> Ten slotte zal het huis worden opgeleverd. De laatste rekeningen zullen worden betaald en de aannemer en architect zullen worden bedankt voor hun diensten (Projectafsluiting autoriseren).

Projectinitiatie autoriseren

Voordat met de uitvoering van de initiatiefase kan worden gestart, moet door de Stuurgroep worden vastgesteld:
- Wat het project op hoofdlijnen inhoudt.
- Dat het juist is om met (de initiatie van) het project te starten.
- Wat de werkzaamheden tijdens de initiatiefase zijn.

Projectinitiatie autoriseren is de eerste activiteit van het proces Sturen van een Project. De Stuurgroep moet besluiten of met de uitvoering van de initiatiefase kan worden gestart. De Stuurgroep moet daarbij:
- De benoeming van de leden van het projectmanagementteam formeel bevestigen en de rolbeschrijvingen goedkeuren.
- Het Projectvoorstel reviewen, goedkeuren en laten bekrachtigen door het bedrijfs- of programmamanagement.
- De projectaanpak reviewen en goedkeuren.
- De Business Case op hoofdlijnen reviewen en goedkeuren.
- De Projectproductbeschrijving inclusief de kwaliteitsverwachtingen en acceptatiecriteria reviewen en goedkeuren.
- Het Initiatiefaseplan reviewen en goedkeuren.
- De noodzakelijke inzet van mensen en middelen zekerstellen op basis van dit plan.
- De risico's die kleven aan de gekozen uitvoering van de initiatiefase begrijpen en accorderen.
- Zekerstellen dat de beheersingsmechanismen en rapportages voor de initiatiefase zijn ingeregeld.

- Nagaan of de leerpunten uit eerdere projecten op een juiste wijze zijn meegenomen in de voorstellen.
- De organisatie die de uitvoering van het project zal faciliteren en andere belanghebbenden op de hoogte stellen van de start van de initiatie van het project (aankondiging projectinitiatie).
- De Projectmanager autoriseren om de initiatiefase van het project te starten.

De activiteit 'projectinitiatie autoriseren' wordt getriggerd door het verzoek van de Projectmanager om de initiatiefase te mogen starten en maakt gebruik van het Projectvoorstel en het Initiatiefaseplan. Deze activiteit levert de formele goedkeuring op van deze documenten, de autorisatie van de projectstart aan de Projectmanager en de aankondiging projectintiatie aan de faciliterende organisatie.

Project autoriseren
Voordat met de daadwerkelijke uitvoering van het project kan worden gestart, moet er zeker worden gesteld dat:
- Er een geaccepteerde Business Case is voor het project, die aantoont dat het project wenselijk, levensvatbaar en haalbaar is.
- De beoogde resultaten middels het Projectplan gerealiseerd kunnen worden.
- De opgestelde strategieën en beheersinstrumenten de uitvoering van het Projectplan ondersteunen.
- Mechanismen om de beoogde baten te meten en te reviewen zijn ingericht en gepland.

De activiteit 'project autoriseren' wordt getriggerd door het verzoek van de Projectmanager om met de uitvoering van het project te kunnen starten. In de activiteit 'project autoriseren' wordt de Projectinitiatiedocumentatie en het Batenreviewplan goedgekeurd en wordt de uitvoering van het project geautoriseerd. Het bedrijfs- of programmamanagement en andere belanghebbenden worden geïnformeerd over het feit dat de uitvoering van het project is geautoriseerd (aankondiging projectautorisatie).

Vaak moet de Projectinitiatiedocumentatie eerst door het bedrijfs- of programmamanagement worden bekrachtigd, voordat de Stuurgroep de documenten kan goedkeuren en de uitvoering van de eerste uitvoeringsfase kan autoriseren. Soms besluit de Stuurgroep een deel van de beoordelingstaken te delegeren aan de Projectborging.

Als er geen goede Business Case is voor het project, dan zal de Stuurgroep de uitvoering van het project niet autoriseren en moet het project worden stopgezet (no go).

Tegelijkertijd met de activiteit 'project autoriseren' vindt de beoordeling van het Faseplan voor de eerste uitvoeringsfase en van het Fase-eindrapport over de initiatiefase plaats, die zijn opgesteld in het proces Managen van een Faseovergang. Via de activiteit 'project autoriseren' wordt goedkeuring verleend aan de uitvoering van het project, terwijl in de activiteit 'Fase- of Afwijkingsplan autoriseren' de goedkeuring wordt verleend aan de Projectmanager voor de start van de eerste uitvoeringsfase.

Fase- of Afwijkingsplan autoriseren

Het is belangrijk dat de werkzaamheden in een fase pas starten als de Stuurgroep hier expliciet toestemming voor heeft gegeven. Om dit te kunnen doen moet de Stuurgroep aan het einde van iedere tussenliggende managementfase de wenselijkheid, levensvatbaarheid en haalbaarheid van het project opnieuw beoordelen en het Faseplan voor de volgende fase reviewen, voordat zij de uitvoering van die volgende fase autoriseert.

De activiteit 'Fase- of Afwijkingsplan autoriseren' wordt getriggerd door het verzoek van de Projectmanager om het volgende Faseplan of Afwijkingsplan te autoriseren. De Stuurgroep maakt in dit proces gebruik van het Faseplan voor de volgende fase of het Afwijkingsplan, het Fase-eindrapport over de huidige fase, het Batenreviewplan en de Projectinitiatiedocumentatie.

Het Fase-eindrapport wordt beoordeeld en goedgekeurd. De Stuurgroep reviewt of de fase is uitgevoerd conform plan en binnen de afgesproken kaders in tijd, geld en kwaliteit. Bij afwijkingen wordt de Projectmanager om uitleg gevraagd en gekeken naar de consequenties voor het vervolg. Bij akkoord wordt aan de Projectmanager decharge verleend over de afgelopen fase.

De update van het Projectplan, de Business Case, het Batenreviewplan en de belangrijkste risico's worden beoordeeld en goedgekeurd. Zeker wordt gesteld dat het Batenreviewplan aansluit op de geactualiseerde Business Case. Een eventueel Leerpuntenrapport wordt beoordeeld en goedgekeurd en er wordt besloten aan wie dit rapport zal worden toegezonden.

Het Faseplan voor de volgende fase wordt beoordeeld en goedgekeurd. Het Faseplan wordt beoordeeld op haalbaarheid en aansluiting op het Projectplan, de strategieën en de projectbeheersing. De Productbeschrijvingen worden goedgekeurd. De benodigde inzet van mensen en middelen wordt zekergesteld. Wisselingen in het projectmanagementteam worden geautoriseerd. Eventuele aanpassingen van de Projectinitiatiedocumentatie, inclusief de fasetoleranties, worden gereviewd en bevestigd.

Bij een gefaseerde oplevering wordt zekergesteld dat de producten worden opgeleverd conform hetgeen hierover is afgesproken in de Configuratiemanagementstrategie. Zeker wordt gesteld dat beheer en onderhoud en de eindgebruikers de producten hebben geaccepteerd en dat aanbevelingen voor vervolgacties zijn opgesteld, een en ander overeenkomstig de activiteiten die worden uitgevoerd bij het afsluiten van het project.

Ten slotte informeert de Stuurgroep het bedrijfs- of programmamanagement en andere belanghebbenden over de voortgang van het project, een en ander in overeenstemming met wat is vastgelegd in de Communicatiemanagementstrategie.

Al deze activiteiten moeten ook worden doorlopen als tijdens de uitvoering van een fase de fase- of projecttoleranties dreigen te worden overschreden en de Projectmanager op basis van de eerdere beslissing van de Stuurgroep een Afwijkingsplan heeft opgesteld (zie proces MF). Tijdens een 'beoordeling Afwijkingsplan' beoordeelt de Stuurgroep het Afwijkingsplan, zodat een beslissing genomen kan worden over het verdere verloop van het project. Als er een overschrijding dreigt van de projecttoleranties, dan moet de Stuurgroep dit afstemmen met het bedrijfs- of programmamanagement. Als het project niet langer levensvatbaar is, geeft de Stuurgroep de Projectmanager opdracht het project voortijdig te beëindigen.

Ad hoc sturing geven
Zelfs als de uitvoering van een project volgens plan verloopt, zal er tussendoor afstemming moeten plaatsvinden tussen de Projectmanager en de leden van de Stuurgroep, bijvoorbeeld over:
- Reacties op ontvangen Hoofdpuntenrapporten.
- Reacties op verzoeken van advies en aansturing.
- Reacties op ontvangen Issuerapporten.
- Reacties op besluiten van het bedrijfs- of programmamanagement.
- Reacties op Afwijkingsrapporten.

De Stuurgroep moet naar aanleiding van de ontvangen Hoofdpuntenrapporten de voortgang van het project reviewen, zekerstellen dat het project volgens plan verloopt en gefocust blijft op de eindresultaten en de beoogde Business Case. De Stuurgroep moet ook het bedrijfs- en programmamanagement en de andere belanghebbenden informeren over de voortgang van het project, zoals vastgelegd in de Communicatiemanagementstrategie. In de praktijk zal de Projectmanager de informatie over de voortgang samenstellen en versturen namens de leden van de Stuurgroep.

De Stuurgroep moet naar aanleiding van de verzoeken om advies en aansturing de Projectmanager adviseren of instrueren. De Stuurgroep kan de Projectmanager verzoeken een Issue- of Afwijkingsrapport op te stellen. De Stuurgroep kan een wijzigingsverzoek goed- of afkeuren, of een afwijking van de specificatie accepteren (concessie) of afwijzen. Naar aanleiding van een probleem of een punt van zorg kan de Stuurgroep zelf actie ondernemen of de Projectmanager instrueren. De Stuurgroep kan echter ook de beslissing aanhouden of vragen om meer informatie.

Op basis van een Afwijkingsrapport bepaalt de Stuurgroep of het project moet worden vervolgd en zo ja, hoe dan het resterende deel van de fase en/of het project moet worden voortgezet. Als het project buiten de projecttoleranties dreigt te raken, moet de Stuurgroep zijn besluiten afstemmen met het bedrijfs- of programmamanagement.

De Stuurgroep moet naar aanleiding van adviezen en besluiten van het bedrijfs- of programmamanagement het projectmanagementteam informeren over veranderingen die impact kunnen hebben op het project.

De activiteit 'ad hoc sturing geven' kan plaatsvinden gedurende de gehele levenscyclus van het project.

Projectafsluiting autoriseren

Het besluit om een project af te sluiten is net zo belangrijk als het besluit om het te starten. Bij de afsluiting moet worden nagegaan of de doelstellingen van het project zijn gerealiseerd en in welke mate het resultaat afwijkt van wat oorspronkelijk is overeengekomen. Tevens moet worden vastgesteld dat de voortzetting van het project geen toegevoegde waarde meer levert voor de organisatie binnen de overeengekomen Business Case. Zonder een dergelijke formeel besluit zullen projecten door blijven lopen en worden zij een reguliere bedrijfsvoering. De activiteit 'projectafsluiting autoriseren' wordt getriggerd door het verzoek van de Projectmanager om het project te mogen afsluiten.

De Stuurgroep moet zekerstellen dat een beheer- en onderhoudsorganisatie is ingericht voor de op te leveren producten en dat eindgebruikers en beheer & onderhoud formeel de opgeleverde producten hebben geaccepteerd. De verantwoordelijkheid en het eigenaarschap van de op te leveren producten moeten formeel worden overgedragen aan de bedrijfsorganisatie.

De initiële en uiteindelijke versie van de Projectinitiatiedocumentatie moeten worden vergeleken om inzicht te krijgen in de verschillen tussen de oorspronkelijke en uiteindelijke situatie. Het Projecteind-rapport moet worden goedgekeurd en vrijgegeven voor distributie. De uitstaande actiepunten en leerpunten van het project moeten worden overgedragen aan de relevante bedrijfsonderdelen. De geactualiseerde Business Case en het geactualiseerde Batenreviewplan moeten worden beoordeeld en goedgekeurd als basis voor de later uit te voeren batenreviews.

De aankondiging van afsluiting die door de Projectmanager in concept is opgesteld, moet worden goedgekeurd en verstuurd naar alle partijen die support leveren aan het project, zodat alle ingezette mensen en middelen teruggehaald kunnen worden uit het project en aan de Projectmanager decharge kan worden verleend. Als laatste actie zal de Stuurgroep zichzelf opheffen.

■ 12.4 OVERZICHT ACTIVITEITEN

In tabel 12.1 zijn de input en output en de verantwoordelijkheden van alle activiteiten van het proces Sturen van een Project weergegeven.

Tabel 12.1 Overzicht activiteiten van het proces Sturen van een Project

Input triggers	Input managementproducten	Activiteiten	Output managementproducten	BP	OP	SG	PM	TM	PB	PS	Output triggers
Verzoek om initiëren project	Projectvoorstel; Initiatiefaseplan; Leerpuntenlogboek	Projectinitiatie autoriseren	Projectvoorstel (a)	C	A	A	(P)		R		Autorisatie initiëren project
			Initiatiefaseplan (a)				(P)		R		Aankondiging projectinitiatie
Verzoek om uitvoeren project	Projectinitiatiedocumentatie; Batenreviewplan; Leerpuntenlogboek	Project actualiseren	PID (a)	C	A	A	(P)		R		Aankondiging projectautorisatie
			Batenreviewplan (a)	C	A	R	(P)		R		Voortijdige afsluiting
Verzoek om goedkeuren Afwijkingsplan; Verzoek om goedkeuren volgende Faseplan	Specialistenproducten; Fase-eindrapport; Leerpuntenlogboek; Leerpuntenrapport (indien nodig) (PER); Aanbevelingen vervolgacties (indien nodg) (PER); Volgende Faseplan; Afwijkingsplan; PID; Batenreviewplan	Fase- of Afwijkingsplan autoriseren	Specialistische nproducten (a)		C	C	(R)	(P)	(R)		Autorisatie uitvoeren fase
			Fase-eindrapport (a)		A	A	(P)		R		Autorisatie Afwijkingsplan
			Leerpuntenrapport (PER) (a)	C	A	A	(P)		R		Voortijdige afsluiting
			Aanbevelingen vervolgacties (PER) (a)	C	A	A	(P)		R		
			Volgende Faseplan (a)		A	A	(P)		R		
			Afwijkingsplan (a)		A	A	(P)		R		
			PID (indien geactualiseerd) (a)		A	A	(P)		R		
			Batenreviewplan (indien geactualiseerd) (a)		A	R			R		
Verzoek om advies van de PM; Geëscaleerde afwijking; BP advies en besluit	Hoofdpuntenrapportage; Afwijkingsrapport; Issuerapport	Ad hoc sturing geven	Advies, nieuw issue	P	P	P					SG verzoek advies; SG advies en besluit; Verzoek om Afwijkingsplan; Voortijding afsluiting; Nieuw issue
Aanbeveling tot afsluiting	Projecteindrapport; Leerpuntenrapport (PER); Aanbevelingen vervolgacties (PER); Business Case (PID); Batenreviewplan	Projectafsluiting autoriseren	Projecteindrapport (a)	C	A	A	(P)		R		Aankondiging van afsluiting
			Leerpuntenrapport (PER) (a)	C	A	A	(P)		R		
			Aanbevelingen vervolgacties (PER) (a)		A	A	(P)		R		
			(Geactualiseerde) Business Case (a)		A	R	(P)		R		
			Batenreviewplan (indien geactualiseerd) (a)		A	R	(P)		R		

Voor legenda, zie tabel 11.1.

13 Initiëren van een Project (IP)

Het doel van het proces Initiëren van een Project (IP) is dat een goede basis wordt gelegd voor het project, waardoor het duidelijk wordt wat het werk is dat moet worden verzet om het projectresultaat op te leveren, voordat grote uitgaven worden gedaan.

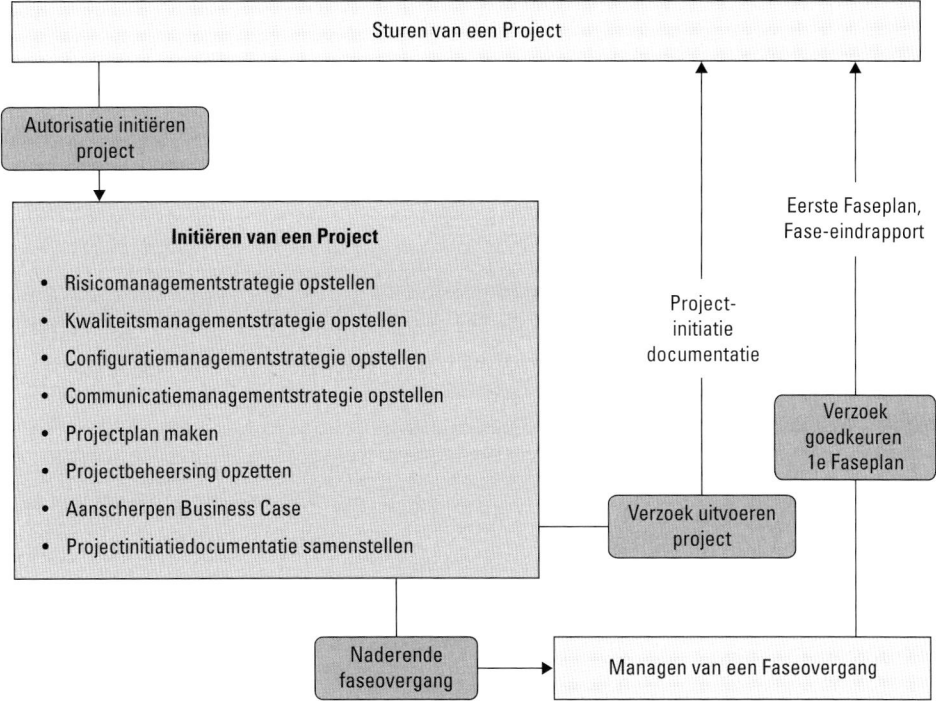

Figuur 13.1 Initiëren van een Project (Based on PRINCE2 material of AXELOS Limited)

■ 13.1 BASISPRINCIPES

De doelstelling van het proces Initiëren van een Project is om zeker te stellen dat er een gemeenschappelijk beeld is over:
- De redenen om het project uit te voeren, de beoogde doelen en de bijbehorende risico's.

- De omvang (scope) van het project en de op te leveren producten.
- Hoe en wanneer de projectresultaten worden opgeleverd en tegen welke kosten.
- Wie betrokken moet worden in de besturing van het project.
- Hoe de verwachte kwaliteit wordt gerealiseerd.
- Hoe de resultaten worden beoordeeld en goedgekeurd.
- Hoe issues en risico's worden geidentificeerd, geanalyseerd en gecontroleerd.
- Hoe de voortgang wordt bewaakt en beheerst.
- Wie wanneer welke informatie nodig heeft en in welke vorm.

Voordat met de uitvoering van het project wordt gestart, moet het voor alle partijen duidelijk zijn wat met het project wordt bereikt, waarom het project nodig is, hoe de resultaten worden gerealiseerd en wat de verantwoordelijkheden van alle betrokken partijen hierbij zijn. Hiermee wordt een goede basis gelegd voor de uitvoering en beheersing van het project en wordt draagvlak gecreëerd bij de betrokken parijen.

In het proces Opstarten van een Project is het project op hoofdlijnen gedefinieerd. In het proces Initiëren van een Project wordt deze informatie verder uitgewerkt in de Projectinitiatiedocumentatie (PID).

De basisregel voor goed projectmanagement is: 'eerst denken dan doen', en is essentieel voor een succesvol project.

■ 13.2 CONTEXT

Initiëren van een Project begint na autorisatie van de initiatie door de Stuurgroep in het proces Sturen van een Project (SP). Vanuit het proces Initiëren van een Project wordt het proces Managen van een Faseovergang (MF) aangestuurd.

Het proces Initiëren van een Project begint met het opstellen van strategieën voor risicomanagement, configuratiemanagement, kwaliteitsmanagement en communicatie. Het Projectplan wordt opgesteld en de projectbeheersing wordt overeengekomen. Verder wordt de Business Case nader gespecificeerd, de issues en risico's opnieuw beoordeeld en het Issueregister en het Risicoregister ingericht. Tot slot wordt alle informatie verzameld en samengesteld tot de PID en wordt het proces Managen van een Faseovergang geïnitieerd. Hierin wordt het Faseplan voor de eerste uitvoeringsfase opgesteld en de initiatiefase geëvalueerd.

De Stuurgroep is middels de PID en het Faseplan voor de eerste uitvoeringsfase in staat zeker te stellen dat het project in lijn ligt met de bedrijfs- of programmadoelstellingen. Het proces Initiëren van een Project moet er ook voor zorgen dat de Stuurgroep zich eigenaar voelt van het project. Het is belangrijk dat de Projectmanager tijdens het Initiëren van een Project regelmatig contact heeft met de verschillende leden van de Stuurgroep en met de Stuurgroep in zijn geheel, om ervoor te zorgen dat de PID een document wordt van de Stuurgroep en de Projectmanager samen. Hoe meer de leden van de Stuurgroep zich eigenaar voelen van het project, hoe meer steun de Projectmanager krijgt tijdens het project. De Stuurgroep beoordeelt op basis van de PID of het project levensvatbaar is (go/no go) en autoriseert op basis van het Faseplan de inzet van de mensen en middelen voor de uitvoering van de eerste uitvoeringsfase.

■ 13.3 PROCESBESCHRIJVING

De doelstelling van het proces Initiëren van een Project is om ervoor te zorgen dat een basiscontract wordt opgesteld voor het gehele project, in de vorm van een PID. Ook moet er een Faseplan worden opgesteld met gedetailleerde afspraken over wie wat doet, wanneer en op welke wijze tijdens deze eerste uitvoeringsfase.

De activiteiten van het proces Initiëren van een Project bestaan uit:
- Risicomanagementstrategie opstellen.
- Configuratiemanagementstrategie opstellen.
- Kwaliteitsmanagementstrategie opstellen.
- Communicatiemanagementstrategie opstellen.
- Projectbeheersing opzetten.
- Projectplan maken.
- Business Case aanscherpen.
- Projectinitiatiedocumentatie samenstellen.

> De initiatie is een zeer belangrijke fase. De eisen en wensen van het stel worden geïnventariseerd. Een begroting en planning van het ontwerp en de bouw worden opgesteld. Het stel moet zorgen dat zij de financiering rond krijgen. Afspraken moeten worden gemaakt over hoe om te gaan met wijzigingen en hoe de architect hun op de hoogte zal gaan houden over de voortgang van het werk. Besloten wordt het werk in drieën op te delen: het ontwerp, de selectie van de aannemer en de uiteindelijke bouw. Voor iedere fase zullen zij de architect een afzonderlijke opdracht verstrekken. Zo kunnen ze grip houden op het geheel. Tot slot worden alle afspraken vastgelegd in een contract (Projectinitiatiedocumentatie) en kan de architect echt aan de slag.

Risicomanagementstrategie opstellen
De Risicomanagementstrategie beschrijft de doelen, procedures, verantwoordelijkheden en technieken voor het toepassen van risicomanagement. Het beschrijft de wijze waarop risico's worden gemanaged binnen het project, geeft kaders voor risicotolerantie en geeft de momenten waarop risico's geanalyseerd en gerapporteerd moeten worden.

De Risicomanagementstrategie wordt door de Projectmanager opgesteld en door de Stuurgroep goedgekeurd. De Opdrachtgever is eindverantwoordelijk voor het risicomanagement binnen het project. Risicomanagement mag niet alleen een papieren exercitie zijn, maar moet gedurende het hele project een rol spelen bij de keuzes die gemaakt worden. Sluit hierbij zo veel mogelijk aan op de standaarden uit het bedrijfs- of programmamanagement. Tegelijk met het opstellen van de Risicomanagementstrategie wordt ook het Risicoregister ingericht en gevuld vanuit het Dagelijks Logboek.

Configuratiemanagementstrategie opstellen
Configuratiemanagement geeft het project de mogelijkheid de managementproducten en de specialistenproducten op een goede manier te beheren. De invulling van configuratiemanagement is per project verschillend en is mede afhankelijk van het onderwerp en de complexiteit van het project. In de Configuratiemanagementstrategie worden de doelen, procedures, verantwoordelijkheden en technieken voor het toepassen van configuratiemanagement vastgelegd.

Review het Projectvoorstel om na te gaan of er bedrijfs- of programmastandaarden zijn die moeten worden nageleefd. Check de leerpunten van vorige projecten en loop het Risicoregister en het Dagelijks Logboek na ten aanzien van risico's en issues die van belang kunnen zijn voor het configuratiemanagement.

De Configuratiemanagementstrategie wordt door de Projectmanager opgesteld en door de Stuurgroep goedgekeurd. Tevens worden de Configuratie-item-records ingericht. Ook wordt het Issueregister ingericht en vanuit het Dagelijks Logboek gevuld.

Kwaliteitsmanagementstrategie opstellen
Het opleveren van geaccepteerde projectresultaten conform de kwaliteitsverwachtingen is toch waar het om draait in een project. Van belang daarbij is om vooraf afspraken te maken over hoe er met kwaliteit omgegaan moet worden. Net als bij andere strategieën worden in de Kwaliteitsmanagementstrategie de doelen, procedures, verantwoordelijkheden en technieken voor het toepassen van het betreffende managementaspect vastgelegd.

Review de Projectproductbeschrijving om na te gaan wat de kwaliteitsverwachtingen en acceptatiecriteria van de klant zijn. Review het Projectvoorstel om na te gaan of er bedrijfs- of programmastandaarden zijn die moeten worden nageleefd. Check de leerpunten van vorige projecten en loop het Risicoregister en het Dagelijks Logboek na ten aanzien van risico's en issues die van belang kunnen zijn voor het kwaliteitsmanagement.

De Kwaliteitsmanagementstrategie wordt door de Projectmanager opgesteld en door de Stuurgroep goedgekeurd. Bij het vaststellen van de Kwaliteitsmanagementstrategie voor het project is het verstandig om (zo mogelijk) gebruik te maken van het kwaliteitssysteem van de klant en van de leverancier. Als onderdeel van het kwaliteitssysteem wordt het Kwaliteitsregister voor het project ingericht.

Communicatiemanagementstrategie opstellen
Voor een project is het cruciaal om bewust om te gaan met de communicatie van en naar de verschillende belanghebbenden. In de Communicatiemanagementstrategie worden

de belanghebbenden benoemd en wordt aangegeven wat de gewenste samenwerking is, wat de sleutelbegrippen zijn in de communicatie, hoe vaak en op welke wijze zal worden gecommuniceerd en hoe de communicatie zal worden ingevuld.

De Communicatiemanagementstrategie wordt mede bepaald door de Risico-, Configuratie- en Kwaliteitsmanagementstrategie. Het kan heel goed zijn dat er uit de eerdere strategieën punten naar voren komen die van belang zijn voor de interne en externe communicatie. Onderdeel van het opstellen van de communicatiemanagementstrategie is het maken van een stakeholderanalyse.

Indien het project onderdeel van een programma is, moet ook aandacht worden besteed aan de communicatie tussen het project en het programma en de andere programmaonderdelen. De Communicatiemanagementstrategie wordt opgesteld door de Projectmanager en goedgekeurd door de Stuurgroep.

Projectplan maken
Het Projectplan is een globaal plan voor de gehele uitvoeringsfase van het project. Het Projectplan omvat:
- De belangrijkste activiteiten.
- De op te leveren producten.
- De kosten.
- De tijdsduur.
- De benodigde inzet van mensen en middelen.

Het plannen van het project is een samenwerking tussen de Projectmanager, het projectteam en de gebruikers. Tijdens het maken van het Projectplan wordt de Projectproductbeschrijving aangescherpt en de belangrijkste op te leveren producten geïdentificeerd. Op basis van de productdecompositie worden de configuratie-items gedefinieerd en de configuratie-item-records bijgewerkt. De tijdsplanning wordt opgesteld en de benodigde capaciteit vastgesteld.

Voor het maken van het Projectplan wordt gebruikgemaakt van het Projectvoorstel, de projectaanpak, de verschillende strategieën en het Risico- en Issueregister. Leg nieuwe issues en risico's die worden geïdentificeerd vast in het Issue- en Risicoregister.

Als de Projectmanager veel wijzigingen verwacht tijdens het project, kan de Projectmanager de Stuurgroep voorstellen een wijzigingsbudget op te nemen. Daarnaast kan het nodig zijn om noodplannen en risicobudgetten in het Projectplan op te nemen, om voorziene risico's af te dekken.

Het Projectplan geeft input aan de Business Case en vormt een belangrijk onderdeel van de Projectinitiatiedocumentatie. Het Projectplan wordt door de Projectmanager opgesteld en door de Stuurgroep goedgekeurd.

Projectbeheersing opzetten

Ieder besluit in het project moet tijdig en weloverwogen worden genomen. Dit kan alleen als de beslissers op tijd over de juiste informatie beschikken. Beheersinstrumenten moeten dan ook borgen dat ieder niveau van het projectmanagementteam:
- Plannen en opties kan toetsen op basis van verschillende scenario's.
- Voortgang kan beoordelen en vergelijken met het plan.
- Problemen kan traceren.
- Corrigerende maatregelen kan nemen en vervolgwerkzaamheden kan autoriseren.

Het inrichten van de projectbeheersing is maatwerk en afhankelijk van het project. Bij het vaststellen van de in te richten beheersinstrumenten wordt gebruikgemaakt van het Projectvoorstel, de verschillende strategieën en het Projectplan.

De projectbeheersing beschrijft onder andere het aantal managementfasen in de uitvoering, de frequentie van de verschillende rapportages, de issue- en wijzigingsprocedures, de verantwoordelijkheden die worden gedelegeerd, wat de toleranties zijn voor de verschillende niveaus en hoe wordt geëscaleerd. De projectbeheersing wordt ingericht door de Projectmanager en door de Stuurgroep goedgekeurd.

Business Case aanscherpen

De Business Case beschrijft waarom het project noodzakelijk is en hoe het project aansluit op de bedrijfsdoelstellingen van de klantDaarnaast geeft de Business Case de afweging tussen de kosten, opbrengsten en risico's van het project.

De Business Case op hoofdlijnen uit het Projectvoorstel wordt tijdens het proces IP aangescherpt. Er moet getoetst worden of de uitgangspunten waarop de initiële Business Case gebaseerd was, nog valide zijn:
- Zijn de te verwachten baten te realiseren op basis van de op te leveren producten realistisch?
- Zijn er nieuwe baten te verwachten of vervallen bepaalde baten?
- Is rekening gehouden met mogelijke negatieve baten?
- Zijn de geraamde kosten en tijd realistisch en zo niet, wat zijn de consequenties voor de Business Case?
- Wat zijn de risico's en geven de risico's aanleiding om de projectaanpak c.q. het Projectplan en daarmee de Business Case aan te passen?

Het kan nodig zijn het Projectplan aan te passen om tot een positieve Business Case te komen. Voor het aanscherpen van de Business Case wordt gebruikgemaakt van het Projectvoorstel, de projectaanpak, de strategieën en het Projectplan.

Naast het aanscherpen van de Business Case moet ook het Batenreviewplan worden opgesteld. Hoe, wanneer en door wie zullen de verwachte baten worden gemeten? Wat is de nulmeting ten opzichte waarvan de veranderingen zullen worden gemeten?

De Projectmanager is verantwoordelijk voor het opstellen van de Business Case. Vaak doet hij dat niet zelf, maar wordt de Business Case opgesteld door businessanalisten vanuit het bedrijfs- of programmamanagement. Belangrijk is om ook de Projectborging erbij te betrekken. De Opdrachtgever is eindverantwoordelijk voor de Business Case en het Batenreviewplan en moet er ook voor zorgen dat deze worden bekrachtigd door het bedrijfs- of programmamanagement.

Projectinitiatiedocumentatie samenstellen

Er is één basisset van documenten nodig met daarin alle relevante informatie van het project. Dit is de Projectinitiatiedocumentatie (PID). Deze documentenset wordt door de Projectmanager samengesteld en is nodig om goedkeuring te krijgen voor de start van de uitvoering van het project. De PID dient ook als referentie voor de uitvoering van het project zelf.

De PID wordt samengesteld op basis van alle tijdens de IP opgeleverde informatie . Voor complexe projecten is het verstandig een aparte tekst op hoofdpunten voor de PID op te stellen en te verwijzen naar de originele documenten. Voor eenvoudiger projecten kunnen alle originele documenten worden samengevoegd tot één document. De PID wordt door de Stuurgroep vaak ter bekrachtiging doorgestuurd naar het bedrijfs- of programmamanagement.

Naast de PID is ook een gedetailleerd plan voor de eerste uitvoeringsfase nodig. Vanuit het proces IP wordt daarom het proces Managen van een Faseovergang (MF) geïnitieerd, waarin het Faseplan voor de eerste uitvoeringsfase wordt opgesteld. Tevens vindt in het proces MF de evaluatie plaats van de initiatiefase en wordt het Fase-eindrapport voor de initiatiefase opgesteld. Zo nodig wordt ook het Leerpuntenlogboek met de ervaringen uit de initiatiefase bijgewerkt.

■ 13.4 OVERZICHT ACTIVITEITEN

In tabel 13.1 zijn de input en output en de verantwoordelijkheden van alle activiteiten van het proces Initiëren van een Project weergegeven.

Tabel 13.1 Overzicht activiteiten van het proces Initiëren van een Project

Input triggers	Input managementproducten	Activiteiten	Output managementproducten	Verantwoordelijkheden							Output triggers
				BP	OP	SG	PM	TM	PB	PS	
Autorisatie initiëren project	Projectvoorstel Leerpuntenlogboek Dagelijks Logboek	Risicomanagement-strategie opstellen	Risicomanagementstrategie (PID) (c) Risicoregister (c)		(A)	(A)	P A		R R	P	-
Autorisatie initiëren project	Projectvoorstel Leerpuntenlogboek Risicoregister Dagelijks Logboek	Configuratie-managementstrategie opstellen	Configuratiemanagementstrategie (PID) (c) PMT-structuur (PID) (u) Rolbeschrijving (PID) (u) Configuratie-item-record (c) Issueregister (c)		(A) (A) (A)	(A) (A) (A)	PP PA A		RR RR R	P P	-
Autorisatie initiëren project	Projectproductbeschrijving (PV) Leerpuntenlogboek Risico-, Issueregister	Kwaliteits-managementstrategie opstellen	Kwaliteitsmanagementstrategie (PID) (c) Kwaliteitsregister (c)		(A)	(A)	P A		RR	P	-
-	Projectvoorstel Leerpuntenlogboek Risico-, Issueregister RM, KM, CM Strategie (PID)	Communicatie-managementstrategie opstellen	Communicatiemanagementstrategie (PID) (c)		(A)	(A)	P		R		-
-	Leerpuntenlogboek Projectvoorstel Alle strategieën (PID) Projectplan (PID) Risico-, Issueregister	Projectbeheersing opstellen	Projectbeheersinstrumenten (PID) (c) Rolbeschrijvingen (PID) (u) PMT-structuur (PID) (u)		(A) (A) (A)	(A) (A) (A)	P P P		R R R		-
-	Leerpuntenlogboek Risico-, Issueregister Projectaanpak (PV) Projectproductbeschrijving (PV) Alle strategieën (PID) Projectbeheersinstrumenten (PID)	Projectplan maken	Projectplan (PID) (c) Productbeschrijvingen (c) Rolbeschrijvingen (PID) (u) PMT-structuur (PID) (u) Configuratie-item-record (u)		(A) (A) (A) (A)	(A) (A) (A) (A)	P P P A		R R R R R	P	-
-	(Opzet) Business Case (PV) Projectplan (PID) Risicoregister	Business Case aanscherpen	Batenreviewplan (c) (Gedetailleerde) Business Case (PID) (c)	(C) (C)	(A) (A)	(R) (R)	P P		R R		-
-	Projectdefinitie (PV) Projectaanpak (PV) Alle voorgaande delen PID Aanpassen van PRINCE2	Projectinitiatie-documentatie samenstellen	Samengestelde PID	(C)	(A)	(A)	P		R		Verzoek om uitvoeren project Naderende faseovergang

Voor legenda, zie tabel 11.1.

14 Beheersen van een Fase (BF)

Het doel van het proces Beheersen van een Fase (BF) is het opdragen en monitoren van de uit te voeren werkzaamheden, afhandelen van issues, rapporteren van de voortgang aan de Stuurgroep en het uitvoeren van corrigerende acties zodat het project binnen de overeengekomen toleranties blijft.

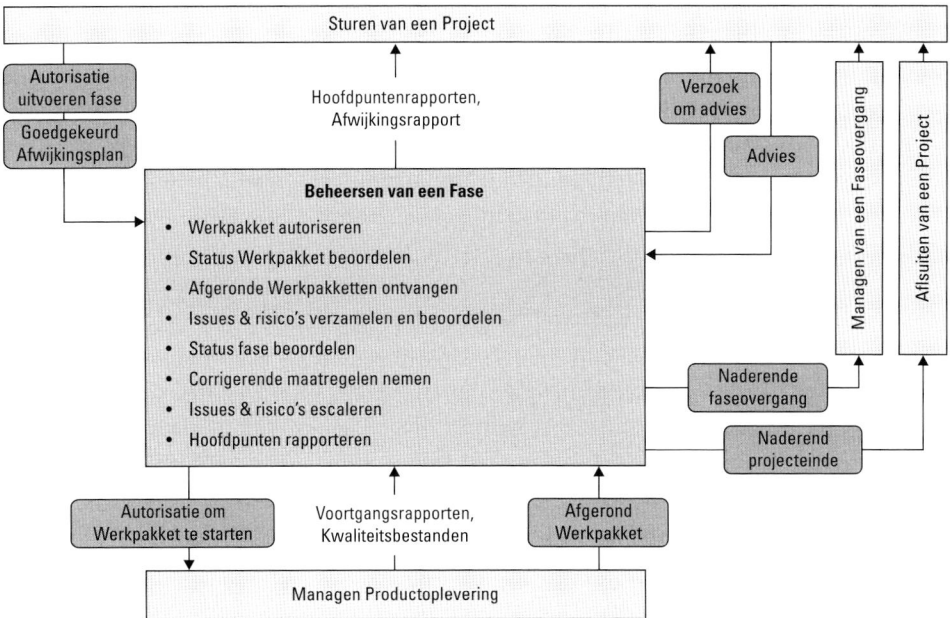

Figuur 14.1 Beheerscirkel in Beheersen van een Fase (Based on PRINCE2 material of AXELOS Limited)

■ 14.1 BASISPRINCIPES

Dit proces beschrijft de dagelijkse werkzaamheden van de Projectmanager gedurende de uitvoering van een fase. Zodra het besluit is genomen om de werkzaamheden van die fase uit te voeren en de benodigde inzet van mensen en middelen is vrijgegeven, moet het management zich richten op:

- Het opleveren van de afgesproken faseproducten conform de overeengekomen kwaliteitseisen en binnen de overeengekomen toleranties.
- Het beheersen van risico's en issues.
- Het bewaken van de afgesproken Business Case.
- Het beheersen van de scope om zo ongecontroleerde wijzigingen te voorkomen.

Indien wijzigingen door partijen gewenst zijn, dan moeten de consequenties van deze wijzigingen door de Projectmanager grondig worden onderzocht en moet de Stuurgroep deze wijzigingen autoriseren.

■ 14.2 CONTEXT

Het proces Beheersen van een Fase start zodra de Stuurgroep het Faseplan van de betreffende fase heeft goedgekeurd en het betreffende werk heeft vrijgegeven in de activiteit 'Fase- of Afwijkingsplan autoriseren'. Deze activiteit initieert de activiteit 'Werkpakketten autoriseren' voor het vrijgeven van het initiële Werkpakket in de betreffende fase.

In het proces Beheersen van een Fase stuurt de Projectmanager de Teammanager aan, wiens werkzaamheden zijn beschreven in het proces Managen Productoplevering. De koppeling tussen de beide processen is vastgelegd in de activiteiten 'Werkpakketten autoriseren', 'status Werkpakket beoordelen' en 'afgeronde Werkpakketten ontvangen'.

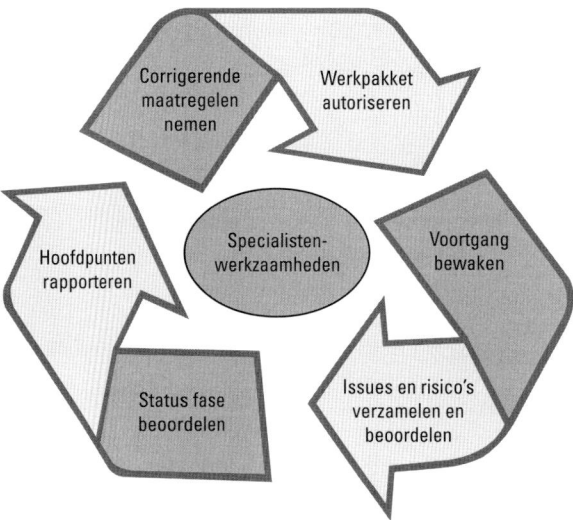

Figuur 14.2 Beheersen van een Fase (Based on PRINCE2 material of AXELOS Limited)

Tijdens de activiteiten 'issues en risico's verzamelen en beoordelen' en 'status fase beoordelen' kan de Projectmanager de Stuurgroep om advies vragen. Tijdens 'rapporteren hoofdpunten' rapporteert de Projectmanager periodiek aan de Stuurgroep via Hoofdpuntenrapporten. Als de Projectmanager verwacht dat de overeengekomen toleranties worden overschreden, rapporteert de Projectmanager dit in 'issues en risico's escaleren' met een Afwijkingsrapport aan de Stuurgroep.

Vanuit de activiteit 'status fase beoordelen' initieert de Projectmanager de processen Managen van een Faseovergang (MF) en Afsluiten van een Project (AP).

■ 14.3 PROCESBESCHRIJVING

Binnen het proces Beheersen van een Fase zijn de volgende activiteiten te onderscheiden:
- Werkpakket autoriseren.
- Status Werkpakket beoordelen.
- Issues en risico's verzamelen en beoordelen.
- Status van de fase beoordelen.
- Corrigerende maatregelen nemen.
- Hoofdpunten rapporteren.
- Issues en risico's escaleren.
- Afgeronde Werkpakketten ontvangen.

> De projectleider van de architect heeft de dagelijkse leiding over de bouw. Hij moet ervoor zorgen dat het huis op tijd en binnen budget en conform de eisen wordt opgeleverd. Hij geeft de opdrachten aan de verschillende aannemers. Hij bewaakt hun voortgang. Hij stelt zeker dat onderdelen die worden opgeleverd ook echt klaar en geaccepteerd zijn. Hij bewaakt risico's en issues. Hij controleert ook de voortgang van de gehele uitvoering, en neemt corrigerende maatregelen als het werk te langzaam gaat of niet voldoet aan de eisen. En hij rapporteert naar de architect en het stel over de voortgang en escaleert wijzigingsverzoeken en andere aandachtspunten.

Werkpakket autoriseren

In een project is alle inzet gericht op het binnen overeengekomen grenzen opleveren van de resultaten. Het is dus van belang dat er zo efficiënt en effectief mogelijk wordt gewerkt. Werkzaamheden mogen daarom alleen beginnen als de Projectmanager dit expliciet is overeengekomen in een Werkpakket met de verantwoordelijke Teammanager.

Een (beschrijving van het) Werkpakket bevat onder meer de producten die moeten worden gerealiseerd, de kwaliteitseisen waaraan moet worden voldaan, de geraamde kosten, de benodigde inzet van mensen en middelen, de duur van de werkzaamheden, de relaties met andere producten en hoe tussentijds moet worden gerapporteerd. Van de op te leveren producten moeten zo mogelijk aparte Productbeschrijvingen beschikbaar worden gesteld.

Vervolgens zal de Projectmanager het Werkpakket met de Teammanager bespreken, om zeker te stellen dat de Teammanager het Werkpakket begrijpt. Het is van belang dat de Teammanager eigenaar wordt van het Werkpakket. De Projectmanager moet het

Teamplan met de Teammanager reviewen om zeker te stellen dat het Teamplan aansluit op het Faseplan.

Vaak zal blijken dat kleine aanpassingen nodig zijn op wat vooraf was vastgesteld in het Faseplan, omdat de situatie ondertussen veranderd is en nieuwe problemen en risico's zich voordoen. De Projectmanager moet zijn Faseplan hierop aanpassen (binnen de toleranties).

De input voor deze activiteit zijn de autorisatie uitvoering fase, het Fase- of Afwijkingsplan inclusief de relevante Productbeschrijvingen en de informatie vanuit de activiteit 'corrigerende maatregelen nemen'. Daarnaast moet gekeken worden naar de PID voor de relevante strategieën en beheersinstrumenten. De activiteit 'Werkpakket autoriseren' levert de formele overdracht op van het Werkpakket aan de Teammanager.

Naar aanleiding van de bespreking met de Teammanager worden het Fase- of Afwijkingsplan, de Risico-, Issue-, en Kwaliteitsregisters en de betreffende Configuratieitems-records geactualiseerd.

De activiteiten van de Teammanager als ontvangende partij worden beschreven in proces MP.

Status Werkpakket beoordelen

Om het project te kunnen managen moet de Projectmanager weten wat de voortgang van de verschillende Werkpakketten is in relatie tot het Faseplan. Het kan voorkomen dat een Projectmanager in een fase alleen maar gericht is op het blussen van branden, en daarmee het zicht verliest op wat gerealiseerd moet worden. Een goede voortgangsbewaking zorgt ervoor dat de focus gericht blijft op de op te leveren producten en diensten in de fase.

De Projectmanager bewaakt de voortgang van de afzonderlijke Werkpakketten op basis van de Voortgangsrapporten en de voortgangsbesprekingen met de Teammanagers. Verder maakt de Projectmanager gebruik van de registraties in het Kwaliteitsregister, de Configuratie-item-records en de Issue- en Risicoregisters.

De voortgangsrapportage omvat:
- De voortgang van de werkzaamheden.
- De gemaakte kosten en de inzet van mensen en middelen.
- De uitgevoerde kwaliteitsbeoordelingen.
- De opgeleverde producten.
- De te besteden tijd, te maken kosten en benodigde inzet van mensen en middelen.
- De aandachtspunten die voor de voortgang van de fase van belang zijn.

Met behulp van deze gegevens wordt het Fase- of Afwijkingsplan bijgewerkt. De Projectmanager is verantwoordelijk voor de bewaking van de voortgang, veelal geholpen door

Projectsupport. Projectsupport neemt vaak de status van het werk op en registreert de voortgang van het werk in het Faseplan. Indien er een aparte Configuratiebeheerder is, verzorgt deze de update van de configuratiedatabase en levert hij zo nodig een Productstatusoverzicht op aan de Projectmanager.

Issues en risico's verzamelen en beoordelen
Issues en risico's kunnen zich op ieder moment in het project voordoen. Iedereen kan issues en risico's aandragen. Voor elk issue die wordt geregistreerd in het Issueregister moet een apart Issuerapport worden opgesteld. Issues die informeel kunnen worden afgehandeld, moeten worden vastgelegd in het Dagelijks Logboek.

Apart van de issues kunnen ook nieuwe risico's worden geïdentificeerd. Nieuwe risico's moeten in het Risicoregister worden opgenomen.

Het verzamelen en registreren van issues en risico's gebeurt normaalgesproken ad hoc. Voordat een beslissing kan worden genomen over welke corrigerende actie moet worden genomen, moet eerst de impact ervan op het project worden onderzocht door de Projectmanager.
Daarnaast moeten alle openstaande issues en risico's periodiek worden onderzocht. Dit gebeurt tijdens de activiteit 'status van de fase beoordelen'. Issues en risico's worden geëscaleerd binnen de activiteit 'issues en risicos escaleren'. Corrigerende maatregelen worden genomen binnen de activiteit 'corrigerende maatregelen nemen'. Zeer urgente issues en risico's moeten direct worden opgepakt.

Status van de fase beoordelen
Door het regelmatig beoordelen van de status van het werk wordt het project op koers gehouden. Bijsturen is mogelijk door regelmatig de beoordeling van de status van het werk te vergelijken met het goedgekeurde Faseplan. Op basis daarvan wordt besloten of volgende Werkpakketten kunnen worden gestart, of dat er corrigerende maatregelen moeten worden genomen. Zo nodig moeten issues en risico's worden geëscaleerd. Deze activiteit levert verdere informatie op voor de activiteit 'hoofdpunten rapporteren'. Op basis van 'status fase beoordelen' worden ook de processen Managen van een Fase-overgang en Afsluiten van een Project geïnitieerd. Zo nodig wordt het Leerpuntenlogboek bijgewerkt.

De Projectmanager is verantwoordelijk voor het beoordelen van de status van de fase. Hij kan zich daarbij laten ondersteunen door Projectsupport, door de configuratiebeheerder, door degenen die verantwoordelijk zijn voor de Projectborging en indien gewenst, door de leden van de Stuurgroep.

De status van de fase wordt beoordeeld op basis van de informatie uit de activiteit 'status Werkpakket beoordelen' en op basis van de resultaten uit de activiteit 'issues en risico's verzamelen en beoordelen'. Input zijn ook advies en beslissingen van de Stuurgroep, zoals het al dan niet goedkeuren van Wijzigingsverzoeken (vanuit 'ad hoc sturing geven').

Bij het beoordelen van de status van de fase maakt de Projectmanager gebruik van het bijgewerkte Faseplan, het Projectplan, de Business Case, de Issue- en Risicoregisters, het Kwaliteitsregister, het Productstatusoverzicht en de Configuratie-item-records.

Corrigerende maatregelen nemen
Het bijsturen van het project en het doorvoeren van wijzigingen moet op een gestructureerde wijze plaatsvinden. Binnen de afgesproken toleranties heeft de Projectmanager regelruimte. Het bijsturen wordt geïnitieerd vanuit de activiteit 'status fase beoordelen'.

De Projectmanager verzamelt de benodigde informatie over de afwijking, analyseert het effect van de afwijking, vergelijkt mogelijke opties, bekijkt de consequenties van die opties, selecteert de meest optimale optie en neemt uiteindelijk de corrigerende maatregel. Het Faseplan wordt overeenkomstig aangepast, inclusief de betreffende Issue- en Risicoregisters en Configuratie-item-records.

De Projectmanager maakt bij het nemen van corrigerende maatregelen gebruik van het actuele Faseplan, de Configuratie-item-records, de Issue- en Risicoregisters en de statusinformatie uit de activiteit 'status fase beoordelen'. Ook issues en risico's uit het Dagelijkse Logboek kunnen input opleveren voor het nemen van corrigerende maatregelen. Deze activiteit levert verzoeken om advies aan de Stuurgroep, aanleidingen voor het opstarten van werkzaamheden, een geactualiseerd Faseplan, bijgewerkte Configuratie-item-records en een geactualiseerd Issue- en/of Risicoregister op.

Hoofdpunten rapporteren
Een belangrijk instrument om de Stuurgroep en andere belanghebbenden betrokken te houden bij het project is door het verstrekken van een goede rapportage. Het houdt hen geïnformeerd en stelt de Stuurgroep in staat zijn verantwoordelijkheid te nemen. De Projectmanager gebruikt hiervoor een Hoofdpuntenrapport. De frequentie van het Hoofdpuntenrapport is vastgesteld in het proces IP en ligt vast in de PID.

De Projectmanager maakt bij deze activiteit gebruik van de Voortgangsrapporten van de Teammanagers, het geactualiseerde Faseplan, de Issue- en Risicoregisters, het Kwaliteitsregister, het Productstatusoverzicht, het Leerpuntenlogboek en het voorgaande Hoofdpuntenrapport. De Projectmanager verspreidt het nieuwe Hoofdpuntenrapport conform hetgeen is overeengekomen in de Communicatiemanagementstrategie.

Issues en risico's escaleren
Als de afgesproken toleranties dreigen te worden overschreden, moet de Projectmanager dit zo snel mogelijk escaleren naar de Stuurgroep via een Afwijkingsrapport. Aangezien het opstellen van een Afwijkingsrapport enige tijd in beslag kan nemen, is het raadzaam om de Stuurgroep eerst mondeling of via een korte notitie op de hoogte te stellen.

De Projectmanager analyseert de oorzaak en geeft aan wat de gevolgen van de afwijkingen zijn voor het project. In het Afwijkingsrapport beschrijft de Projectmanager welke herstelopties mogelijk zijn om de 'schade' aan het project te beperken, welke consequenties deze opties hebben voor het project en geeft een aanbeveling welke optie de meest gunstige lijkt. Daarbij wordt zowel gekeken naar de consequenties voor het Faseplan, het Projectplan, de risico's als de Business Case.

De Projectmanager maakt bij het escaleren van issues en risico's gebruik van het Faseplan, het Projectplan, de PID, de Business Case, het Issueregister en het Risicoregister. De activiteit levert een Afwijkingsrapport op dat door de Stuurgroep wordt beoordeeld. Het Issue- en Risicoregister wordt overeenkomstig geactualiseerd.

Afgeronde Werkpakketten ontvangen
Voordat decharge verleend kan worden voor opgeleverde Werkpakketten, zal altijd formeel moeten worden getoetst of het werk is afgerond, geaccepteerd en overgedragen.

Deze activiteit registreert de succesvolle oplevering van het Werkpakket, zoals dat is overhandigd door de Teammanager (of leverancier bij uitbesteed werk) vanuit het proces Managen van Productoplevering. Deze registratie is input voor de activiteit 'status Werkpakket beoordelen'.

De Projectmanager moet controleren dat:
- Alle kwaliteitsbeoordelingen zijn uitgevoerd en dat aan alle kwaliteitscriteria is voldaan.
- Alle op te leveren producten zijn geaccepteerd door de bevoegde personen.
- Alle registraties in het Kwaliteitsregister zijn bijgewerkt.
- Alle Configuratie-item-records zijn bijgewerkt.
- Alle afgeronde producten aan het configuratiemanagement zijn overgedragen.

Na goedkeuringvan de op te leveren producten liggen deze vast en kunnen niet zonder expliciete goedkeuring en via Wijzigingsbeheer worden aangepast.

Als het Werkpakket door externen werd uitgevoerd, dan is het aftekenen van het opgeleverde Werkpakket door de Projectmanager meestal een voorwaarde om een factuur te mogen sturen en om de factuur betaald te krijgen.

■ 14.4 OVERZICHT ACTIVITEITEN

In tabel 14.1 zijn de input en output en de verantwoordelijkheden van alle activiteiten van het proces Beheersen van een Fase weergegeven.

Tabel 14.1 Overzicht activiteiten van het proces Beheersen van een Fase

Input triggers	Input managementproducten	Activiteiten	Output managementproducten	BP	OP	SG	PM	TM	PB	PS	Output triggers
Corrigerende actie Nieuw Werkpakket Fase autorisatie Afwijkingsplan goedgekeurd	Faseplan Configuratie-item-records Productbeschrijvingen (FP) Projectbeheersinstrumenten (PID) KM-, CM-strategie (PID) Teamplan	Werkpakket autoriseren	Geactualiseerd Faseplan (u) Werkpakket(s) (c) Configuratie-item-records (u) Kwaliteitsregister (u) Issue-, Risicoregister (u)				P P A A P	(R) (A) (R) (R)	R R R R R	P P	Autorisatie opleveren Werkpakket
-	Faseplan Configuratie-item-records Voortgangsrapport(ages) Werkpakket(s) Teamplan(nen) Kwaliteit-, Issue-, Risicoregister	Status Werkpakket beoordelen	Faseplan (u) Configuratie-item-records (u) Issue-, Risicoregister (u)				P A P	(R)	R R R	P	-
Nieuw issue Nieuw risico	Faseplan Business Case (PID) Projectplan (PID) CM / Comm. Mngt. Strategie (PID)	Issues en risico's Verzamelen en beoordelen	Dagelijks logboek (u) Issuerapport (c) Issue-, Risicoregister (u)				P P P		R R		Verzoek om advies
Corrigerende actie Stuurgroepadvies	Faseplan Kwaliteit-, Issue-, Risicoregister Issuerapport Leerpuntenlogboek Voortgangsrapport(ages) Business Case (PID) Projectplan (PID) Batenreviewplan (PID)	Status fase beoordelen	Faseplan (u) Risico-, Issueregister (u) Issuerapport (u) Leerpuntenlogboek (u) Productstatusoverzicht (c)				P P P P A		R R R R	P	Corrigerende actie Nieuw Werkpakket Verzoek om advies Tolerantie bedreiging Naderende faseovergang Naderende projecteinde
Corrigerende maatregel	Dagelijks Logboek Issuerapport Issue-, Risicoregister Faseplan Configuratie-item-records	Corrigerende Maatregelen nemen	Dagelijks Logboek (u) Issuerapport (u) Issue-, Risicoregister (u) Faseplan (u) Configuratie-item-records (u)				P P P P A	(R)	R R R R		Corrigerende maatregel Verzoek om advies
-	Voortgangsrapport(ages) Kwaliteit-, Issue-, Risicoregister Leerpunten-, Dagelijks logboek Productstatusoverzicht Faseplan Hoofdpuntenrapportage (afgelopen periode) Communicatiemanagementstrategie (PID)	Hoofdpunten rapporteren	Hoofdpuntenrapportage (c)				P		R		-
Dreigende overschrijding tolerantiezoeken tegyedocumentatieie	Business Case (PID) Projectplan (PID) Faseplan Issuerapport Issue-, Risicoregister	Issues en risico's escaleren	Afwijkingsrapport (c) Issuerapport (u) Issue-, Risicoregister (u)		(A)	(A)	P P P		R R R		Geëscaleerde afwijking
Gecompleteerde Werkpakketten	Faseplan Configuratie-item-records Kwaliteitsregister	Afgeronde Werkpakketten ontvangen	Faseplan (u) Configuratie-item-records (u)				P A	(R)	R R	P	-

Voor legenda, zie tabel 11.1.

15 Managen Productoplevering (MP)

Het doel van het proces Managen Productoplevering (MP) is het beheersen van de relatie tussen de Projectmanager en Teammanager(s) door formele eisen te stellen aan acceptatie, uitvoering en oplevering van het projectresultaat.

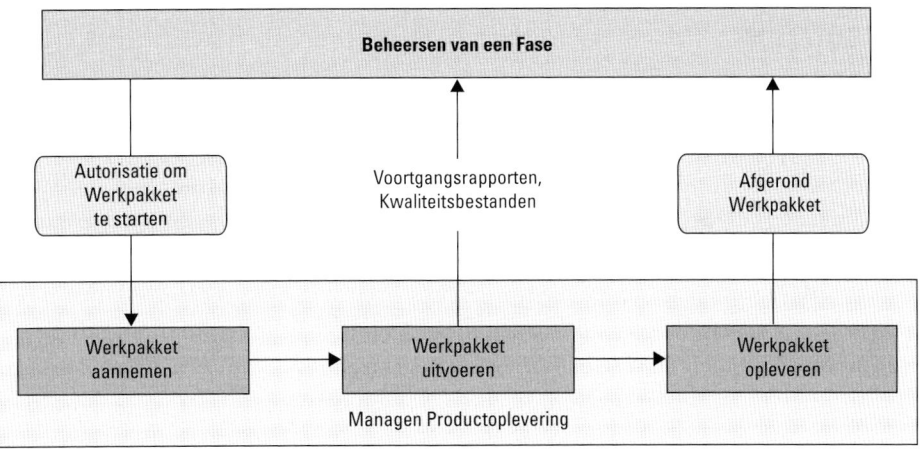

Figuur 15.1 Managen Productoplevering (Based on PRINCE2 materialof AXELOS Limited)

■ 15.1 BASISPRINCIPES

Het proces Managen Productoplevering beschrijft de werkzaamheden van de Teammanager waarbij de Projectmanager de Teammanager werkzaamheden opdraagt op basis van Werkpakketten. De werkrelatie tussen de Projectmanager en de Teammanager kan het best worden omschreven als die met een 'preferred supplier'. Het maakt daarbij niet uit of de Teammanager daadwerkelijk een heel team heeft, of dat de Teammanager zelf de werkzaamheden uitvoert. Het maakt ook niet uit of de Teammanager van de eigen, interne organisatie is of van een externe organisatie.

De doelstellingen van het proces Managen Productoplevering zijn:
■ Het werk dat wordt uitgevoerd is overeengekomen en geautoriseerd.

- Het voor teammanagers duidelijk is wat moet worden opgeleverd, tegen welke kosten, met welke inzet van mensen en middelen en voor wanneer.
- De geplande producten worden opgeleverd conform de overeengekomen specificaties en binnen de overeengekomen toleranties.
- Voldoende voortgangsinformatie wordt verstrekt aan de Projectmanager op overeengekomen momenten om zeker te stellen dat de verwachtingen worden gemanaged.

Als de Teammanager geen verantwoordelijkheid kan dragen voor de realisatie van het Werkpakket, dan kan de Projectmanager slechts taken delegeren en blijft de Projectmanager zelf verantwoordelijk voor de realisatie van het Werkpakket. De Teammanager is dan eigenlijk gewoon teamlid en de Projectmanager heeft in feite een dubbelrol als Projectmanager en Teammanager. Het kan ook voorkomen dat de Projectmanager verschillende Teammanagers aanstuurt voor het realiseren van verschillende Werkpakketten, maar dat voor één of meerdere Werkpakketten de Projectmanager zelf de rol van Teammanager invult.

15.2 CONTEXT

Worden in het proces BF de werkzaamheden van de Projectmanager beschreven, zo worden in het proces MP de werkzaamheden van de Teanmanager beschreven. Binnen het proces Managen Productoplevering gaat het erom dat de Teammanager het Werkpakket accepteert vanuit een gemeenschappelijk beeld van wat moet worden opgeleverd, de uitvoering managet en tot slot de overeengekomen producten oplevert aan de Projectmanager. De werkzaamheden die worden beschreven in het proces MP kunnen ook worden uitgevoerd zonder gebruik te maken van de PRINCE2-methode. De onderscheiden processen BF en MP maken een beheerste splitsing mogelijk tussen degenen die wel en die niet met de PRINCE2-methode werken.

15.3 PROCESBESCHRIJVING

Binnen het proces Managen Productoplevering zijn de volgende activiteiten te onderscheiden:
- Werkpakket aannemen.
- Werkpakket uitvoeren.
- Werkpakket opleveren.

> Firma TEGEL heeft de opdracht gekregen voor het tegelwerk. Hun projectleider (Teammanager volgens PRINCE2) heeft met de Projectmanager voor de start van het werk de opdracht goed doorgesproken. Wat moet worden uitgevoerd, wat zijn de eisen en wanneer moet het klaar zijn? Hij heeft hun eigen planning daarop aangepast. Zodra een deel van het werk klaar is laat hij het inspecteren, zoals afgesproken met de Projectmanager. Iedere dag geeft hij aan hem ook de

> stand van het werk door. Zodra al het werk af is zorgt hij ervoor dat alle inspectierapporten en certificaten zijn overgedragen en meldt dan het werk gereed aan de Projectmanager.

Werkpakket aannemen
Voordat met de uitvoering van de werkzaamheden kan worden gestart, moet er eerst overeenstemming zijn tussen de Projectmanager en de Teammanager over het Werkpakket dat moet worden uitgevoerd. Het kan niet zo zijn dat de Projectmanager de Teammanager eenvoudig opdraagt wat de Teammanager moet uitvoeren. De Teammanager heeft namelijk een eigen verantwoordelijkheid ten aanzien van de technische en zakelijke haalbaarheid van het uit te voeren werk. De Teammanager is verantwoording verschuldigd aan de Seniorleverancier, die namens de leverancier contractafspraken heeft gemaakt met de klant voor het realiseren van de op te leveren producten (voor de beschrijving van een Werkpakket zie Bijlage A).

Om echt te begrijpen wat de impact van het Werkpakket is, moet de Teammanager een Teamplan opstellen en de bijbehorende risico's evalueren. Het is handig om de Teammanager al bij het opstellen van het Faseplan te betrekken. Op deze wijze wordt maximaal rekening gehouden met de aspecten die bij het realiseren van het betreffende Werkpakket van belang zijn en kan het Teamplan op hoofdpunten al worden vastgesteld. Bij het aannemen van het Werkpakket hoeft de Teammanager dan alleen nog maar het Teamplan te actualiseren. De Teammanager bespreekt het Teamplan en de daaraan verbonden risico's met de Projectmanager.

De input voor deze activiteit is het PID en het Werkpakket zoals opgesteld door de Projectmanager. Tijdens het proces wordt het Teamplan opgesteld/geactualiseerd en het Werkpakket geaccepteerd. De data voor de kwaliteitsbeoordelingen in het Kwaliteitsregister worden gereviewd en zo nodig aangepast. Nieuwe risico's worden geëscaleerd naar de Projectmanager.

Werkpakket uitvoeren
De activiteit 'Werkpakket uitvoeren' beschrijft de werkzaamheden van de Teammanager om het Werkpakket te kunnen realiseren.

De werkzaamheden van de Teammanager omvatten:
- Het realiseren van de producten volgens de kwaliteitscriteria beschreven in de betreffende Productbeschrijvingen.
- Het managen van raakvlakken en afhankelijkheden.
- Het (laten) uitvoeren van de werkzaamheden binnen de afgesproken toleranties van tijd, geld en kwaliteit.
- Het escaleren van nieuwe issues, risico's en leerpunten naar de Projectmanager.
- Het in overleg met de Projectmanager managen van de risico's tijdens de uitvoering.
- Het zo nodig doorvoeren van overeengekomen wijzigingen.
- Het laten testen van de op te leveren producten en het verkrijgen van de bijbehorende goedkeuringen en acceptaties.

- Het overdragen van de kwaliteitsbestanden aan Projectsupport en het laten bijwerken van het Kwaliteitsregister en de Configuratie-item-records door Projectsupport.
- Het bewaken en beheersen van de voortgang van het Werkpakket, het actualiseren van het Teamplan en het afstemmen met de Projectborging.
- Het periodiek rapporteren van de voortgang door middel van het Voortgangsrapport van het Werkpakket aan de Projectmanager.

Er wordt gebruikgemaakt van het geautoriseerde Werkpakket en de bijbehorende Productbeschrijvingen, het Kwaliteitsregister en de Configuratie-item-records Deze activiteit levert een geactualiseerd Teamplan op, alsmede de overeengekomen kwaliteitsbestanden en Voortgangrapportages.

Werkpakket opleveren
De activiteit 'Werkpakket opleveren' beschrijft het overdragen van het Werkpakket aan de Projectmanager en het verkrijgen van decharge voor het betreffende Werkpakket.

De werkzaamheden van de Teammanager bij de activiteit Werkpakket opleveren zijn:
- Het controleren of alle overeengekomen acties uit het Kwaliteitsregister zijn uitgevoerd.
- Het controleren of alle op te leveren producten zijn goedgekeurd en geaccepteerd.
- Het controleren of alle kwaliteitsbestanden zijn overgedragen aan Projectsupport en of het Kwaliteitsregister en de Configuratie-item-records zijn bijgewerkt.
- Het actualiseren van het Teamplan om aan te geven dat het werkpakket is afgerond.
- Het overdragen van de opgeleverde producten en het informeren van de Projectmanager.
- Het verkrijgen van decharge voor het opgeleverde Werkpakket.

Aan het einde van deze activiteit is er een afgerond Werkpakket gereed voor goedkeuring door de Projectmanager.

15.4 OVERZICHT ACTIVITEITEN

In tabel 15.1 zijn de input en output en de verantwoordelijkheden van alle activiteiten van het proces Managen Productoplevering weergegeven.

15 Managen Productoplevering (MP)

Tabel 15.1 Overzicht activiteiten van het proces Managen Productoplevering

Input triggers	Input managementproducten	Activiteiten	Output managementproducten	Verantwoordelijkheden							Output triggers
				BP	OP	SG	PM	TM	PB	PS	
Autorisatie opleveren Werkpakket	Werkpakket PID Kwaliteitsregister	Werkpakket aannemen	Teamplan (c) Werkpakket (a)			(A)* (A)*	(A) (P)	P A	RR		*Nieuw risico*
-	Werkpakket Configuratie-item-record Teamplan PID	Werkpakket uitvoeren	Specialistenproduct(en) (c) Goedkeuringsbestanden (o) Kwaliteitsregister (u) Configuratie-item-record (u) Teamplan (u) Voortgangsrapport (c)		(A)	(A)	(R) (R) (A) (A) (R) (R)	PP R R P P	R R R R R R	R P P	*Nieuw risico* *Nieuw issue*
-	Werkpakket Kwaliteitsregister Configuratie-item-record	Werkpakket opleveren	Werkpakket (u) Teamplan (u)				(A) (R)	P P	R R		*Afgerond Werkpakket*

* Seniorleverancier
Voor legenda, zie tabel 11.1.

16 Managen van een Faseovergang (MF)

Het doel van het proces Managen van een Faseovergang (MF) is om de Stuurgroep van de juiste informatie te voorzien, zodat deze het succes van de huidige fase kan beoordelen, het Faseplan van de komende fase kan goedkeuren, het herziene Projectplan kan beoordelen, de rechtvaardiging van het project kan bevestigen en de risico's kan accepteren.

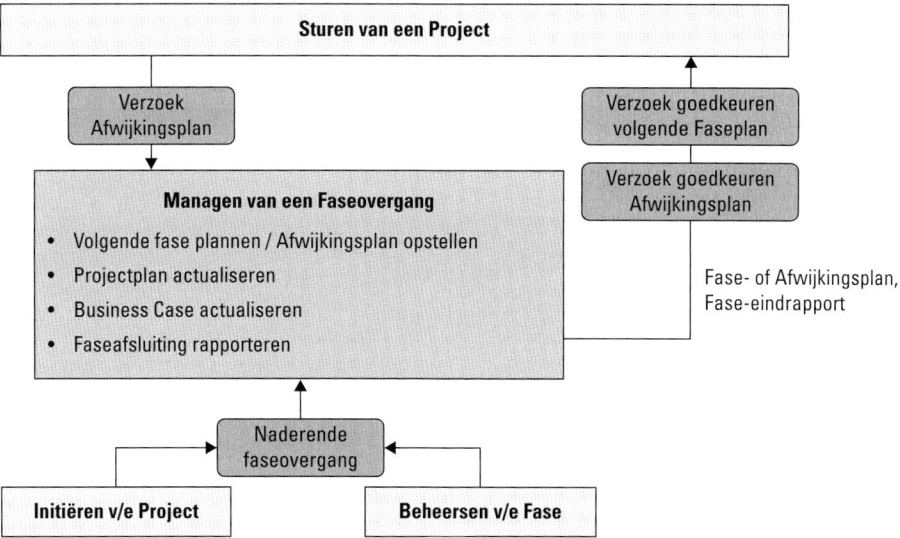

Figuur 16.1 Managen van een Faseovergang (Based on PRINCE2 material of AXELOS Limited)

■ 16.1 BASISPRINCIPES

Het proces Managen van een Faseovergang beschrijft de werkzaamheden van de Projectmanager ter voorbereiding van de besluitvorming door de Stuurgroep bij een managementfaseovergang.

De doelstellingen van het proces Managen van een Faseovergang zijn:
- De Stuurgroep de zekerheid geven dat alle producten van de voorgaande fasen zijn opgeleverd.
- Het opstellen van het Faseplan voor de volgende fase.
- Het actualiseren van de Projectinitiatiedocumentatie.
- Het aanleveren van de informatie aan de Stuurgroep om de blijvende levensvatbaarheid van het project te kunnen beoordelen, met de bijbehorende risico's.
- Het vastleggen van de leerpunten van de afgelopen fase.
- Het verzoeken om autorisatie van de start van de volgende managementfase.

Als de Stuurgroep verzoekt een Afwijkingsplan op te stellen wordt in dit proces het Afwijkingsplan opgesteld in plaats van het volgende Faseplan. De Projectmanager verzoekt de Stuurgroep dan om het huidige Faseplan of Projectplan door dit Afwijkingsplan te mogen vervangen.

16.2 CONTEXT

Het proces Managen van een Fase is gebaseerd op het uitgangspunt dat er ten minste twee managementfasen in een project zijn, namelijk de initiatiefase en één of meerdere uitvoeringsfasen.

Het proces Managen van een Faseovergang wordt geïnitieerd vanuit het proces Initiëren van een Project in de initiatiefase en vanuit het proces Beheersen van een Fase voor de te onderscheiden uitvoeringsfasen. Indien de Stuurgroep de Projectmanager vraagt een Afwijkingsplan op te stellen, wordt het proces Managen van een Faseovergang geïnitieerd vanuit het proces Sturen van een Project.

Het proces Managen van een Faseovergang geeft de input voor de Fase-eindbeoordeling van de Stuurgroep in het proces Sturen van een Project. In de laatste uitvoeringsfase is er uiteraard geen proces Managen van een Faseovergang.

16.3 PROCESBESCHRIJVING

Binnen het proces Managen van een Faseovergang zijn de volgende activiteiten te onderscheiden:
- Volgende fase plannen.
- Projectplan actualiseren.
- Business Case actualiseren.
- Faseafsluiting rapporteren.
- Afwijkingsplan opstellen.

> Zodra de offerte van de aannemer is ontvangen, moet de beslissing genomen worden of er daadwerkelijk met de bouw zal worden gestart. Tot nu toe was het alleen een papieren kwestie. Valt de offerte binnen het budget? Wanneer is het werk klaar? Wat zijn de risico's en is het voorliggende plan nog de beste optie? Nu kunnen er nog andere keuzes worden gemaakt. Dadelijk niet meer.
>
> Om het jonge stel in staat te stellen een goede beslissing te nemen zal de projectleider van de architect het nodige papierwerk moeten overleggen. Ook zal even teruggekeken moeten worden naar de afgelopen fase. Is daarin alles volgens plan gegaan en zo nee, waarom niet. Voor de architect is het ook belangrijk om decharge te krijgen over de afgelopen fase, voordat met de volgende fase wordt begonnen.

Volgende fase plannen

Het Faseplan voor de volgende fase wordt opgesteld. In het Faseplan moeten alle specialisten- en managementproducten worden opgenomen die in de komende fase moeten worden gerealiseerd. Voor deze producten moeten Productbeschrijvingen met de kwaliteitscriteria worden opgesteld. Het Faseplan moet ook de beheersaspecten bevatten, zoals de data van de verschillende rapportages. Ten slotte moet het Faseplan alle testen en andere kwaliteitsactiviteiten voor de fase bevatten, inclusief de hiervoor benodigde inzet van mensen en middelen.

De Projectmanager moet alle kwaliteitsactiviteiten afstemmen met Projectborging. Voor alle op te leveren producten moet worden vastgesteld wie de kwaliteitsreviews zullen uitvoeren en wie de op te leveren producten zal accepteren.

Bij de activiteit 'volgende fase plannen' moet de Projectinitiatiedocumentatie worden geactualiseerd en dan vooral de aanpassingen ten aanzien van de kwaliteitscriteria, strategieën en beheersinstrumenten. De Configuratie-items-records voor de nieuwe producten moeten worden opgesteld en die van de bestaande producten moeten zo nodig worden geactualiseerd. Het Kwaliteitsregister moet worden bijgewerkt met de ingeplande kwaliteitsactiviteiten voor de volgende fase. De Issue- en Risicoregisters moeten worden geactualiseerd.

Mocht het nodig zijn om het projectmanagementteam te wijzigen, dan kan dat het best gebeuren tijdens een faseovergang. Indien opportuun zullen ook de projectmanagementstructuur en de betreffende rolbeschrijvingen moeten worden bijgewerkt.

Projectplan actualiseren

De Stuurgroep gebruikt het Projectplan gedurende het gehele project om de voortgang van het project te beoordelen. Het is daarom van belang dat het Projectplan bij iedere faseovergang wordt geactualiseerd. Daarmee krijgen de leden van de Stuurgroep inzicht in de laatste stand van het project en kan een vooruitblik worden gegeven over het vervolg. Het bijgewerkte Projectplan is tevens een basis voor het actualiseren van de Business Case. Een toelichting op de eventuele wijzigingen van het Projectplan wordt opgenomen in het Fase-eindrapport.

Bij het actualiseren van het Projectplan wordt gebruikgemaakt van het bijgewerkte Faseplan voor de huidige fase, het Faseplan voor de volgende fase of het Afwijkingsplan, het laatste Projectplan, de projectaanpak, de Kwaliteitsmanagementstrategie, het Issueregister en het Risicoregister.

Het actualiseren van het Projectplan kan aanleiding geven tot het actualiseren van de projectaanpak, de Productbeschrijvingen, de Kwaliteitsmanagementstrategie, het Issueregister en het Risicoregister. Ook kan het nodig zijn om het Faseplan voor de volgende fase of het Afwijkingsplan aan te passen. In een dergelijke situatie moet de activiteit 'Projectplan actualiseren' of 'Afwijkingsplan opstellen' opnieuw worden doorlopen.

Business Case actualiseren
Gedurende het gehele project is een focus op de Business Case noodzakelijk. Tijdens iedere faseovergang moet opnieuw worden gekeken of de Business Case nog valide is. Belangrijke aspecten hierbij zijn het actualiseren van de kosten, de planning, de (negatieve) baten en de belangrijkste risico's van het project. Bij het actualiseren van de Business Case moet ook worden gekeken naar de relevante punten in het Issueregister en in het Risicoregister.

Als de Business Case onder druk komt te staan, zal de Stuurgroep dit moeten afstemmen met het bedrijfs- of programmamanagement. Het bedrijfs- of programmamanagement bepaalt uiteindelijk of het project nog voldoende levensvatbaar is en of het project nog kan/moet worden doorgezet.

De Projectmanager is niet eindverantwoordelijk voor de Business Case, maar heeft wel de gedelegeerde verantwoordelijkheid voor het bewaken van de Business Case. De Projectmanager kan daarbij worden geassisteerd door de Projectborging vanuit de business. Het bewaken of de voorziene baten kunnen worden gerealiseerd, is de primaire verantwoordelijkheid van de Seniorgebruiker.

De levensvatbaarheid van de Business Case is sterk afhankelijk van de risico's die verbonden zijn aan het realiseren van het projectresultaat en de uiteindelijke baten. Tijdens de activiteit Business Case actualiseren moet dan ook altijd een aparte risicoanalyse worden uitgevoerd.

Input voor de activiteit Business Case actualiseren zijn - naast de laatste Business Case en het Risicoregister - het Projectplan, het Batenreviewplan en het Issueregister. Deze activiteit levert een geactualiseerde Business Case en Risicoregister op. Het kan tevens leiden tot het actualiseren van het Baten-reviewplan en het Issueregister.

In het geval er al baten kunnen worden gerealiseerd tijdens het project, moeten in de review van de Business Case de al gerealiseerde baten worden meegenomen.

Faseafsluiting rapporteren

Over iedere afgeronde fase moet verantwoording worden afgelegd. Dit gebeurt op basis van het Fase-eindrapport. Dit rapport moet zo kort mogelijk voor het einde van de fase worden opgesteld.

In het Fase-eindrapport worden de eindresultaten van de fase in tijd, kosten en opgeleverde producten beschreven en vergeleken met het oorspronkelijke Faseplan en de overeengekomen toleranties. Verder wordt in dit rapport inschatting gegeven van de te realiseren doelen voor de volgende fase en voor het gehele project, en wordt een samenvatting gegeven van de bijgewerkte Business Case en van de lopende issues en risico's. Ook wordt in dit rapport het teamfunctioneren geëvalueerd en wordt een overzicht gegeven van de activiteiten die zijn uitgevoerd in het kader van de kwaliteitsbeheersing. Ten slotte worden de leerpunten van de afgelopen fase in het Fase-eindrapport vastgelegd: wat ging goed, wat kan en wat moet beter, inclusief aanbevelingen voor het bedrijfs- of programmamanagement.

Bij een gefaseerde oplevering moet in het Fase-eindrapport worden bevestigd dat beheer en onderhoud is ingeregeld om de op te leveren producten en diensten in gebruik te nemen. Tevens moeten dan aanbevelingen voor vervolgacties voor de op te leveren producten in het rapport worden meegenomen.

De Projectmanager stuurt het Fase-eindrapport met het Faseplan voor de volgende fase naar de Stuurgroep ter beoordeling en goedkeuring, samen met het verzoek voor autorisatie om met de uitvoering van de volgende fase te mogen starten. De Projectmanager informeert ook de andere partijen, zoals is vastgelegd in de Communicatiemanagementstrategie.

Deze activiteit maakt gebruik van het huidige Faseplan, het geactualiseerde Projectplan, de Business Case en het Batenreviewplan, de verschillende logboeken en registers, de Communicatiemanagementstrategie en het volgende Fase- of Afwijkingsplan. Deze activiteit levert het Fase-eindrapport op en het officiële verzoek van de Projectmanager om met de uitvoering van de volgende fase of het Afwijkingsplan te mogen starten. In deze activiteit wordt zo nodig een Leerpuntenrapport en aanbevelingen voor vervolgacties opgesteld.

Afwijkingsplan opstellen

Zodra één of meerdere toleranties van een fase en/of van het gehele project dreigt te worden overschreden, moet de Projectmanager dit door middel van een Afwijkingsrapport escaleren naar de Stuurgroep. Op basis van dit Afwijkingsrapport besluit de Stuurgroep hoe verder te gaan met het project of het project zelfs te stoppen. De Stuurgroep geeft de Projectmanager dan de opdracht om het gekozen scenario uit te werken in een Afwijkingsplan en de besluitvorming voor een formele go/no go-beslissing van de Stuurgroep voor te bereiden. De Projectmanager start daarop het proces Managen van een Faseovergang.

In dit ingelaste proces Managen van een Faseovergang wordt als eerste een Afwijkingsplan opgesteld voor het resterende deel van de huidige fase. Voor het overige wordt het originele proces Managen van een Faseovergang gevolgd. Het Afwijkingsplan is in opzet en detaillering gelijk aan het plan dat het vervangt, met een referentie naar het betreffende Afwijkingsrapport.

Bij het opstellen van een Afwijkingsplan is het belangrijk dat bekend is wat de actuele status is van de Configuratie-items. Tevens moet worden nagegaan of nog steeds dezelfde producten moeten worden opgeleverd en of de kwaliteitsverwachtingen en acceptatiecriteria van de klant niet zijn gewijzigd. De nog uit te voeren werkzaamheden van de huidige fase moeten worden opgenomen in het Afwijkingsplan.

De activiteit 'Afwijkingsplan opstellen' maakt gebruik van de Projectinitiatiedocumentatie, het huidige Faseplan, de verschillende registers, het Afwijkingsrapport en het verzoek van de Stuurgroep om het Afwijkingsplan op te stellen op basis van een specifiek scenario. Deze activiteit levert het Afwijkingsplan op. De Projectinitiatiedocumentatie, de Configuratie-item-records en de Issue- en Risicoregisters moeten worden bijgewerkt, alsook het Kwaliteitsregister met de uit te voeren testen volgens het Afwijkingsplan.

■ 16.4 OVERZICHT ACTIVITEITEN

In tabel 16.1 zijn de input en output en de verantwoordelijkheden van alle activiteiten van het proces Managen van een Faseovergang weergegeven.

16 Managen van een Faseovergang (MF)

Tabel 16.1 Overzicht activiteiten van het proces Managen van een Faseovergang

Input triggers	Input managementproducten	Activiteiten	Output managementproducten	Verantwoordelijkheden							Output triggers
				BP	OP	SG	PM	TM	PB	PS	
Naderende faseovergang	Projectplan Leerpuntenlogboek Configuratie-item-records Issue-, Risicoregister Kwaliteitsregister PID	Volgende fase plannen	Volgende Faseplan (c) Productbeschrijvingen (Volgende Faseplan) (c/u) Configuratie-item-records (c/u) Risico-, Issueregister (u) Kwaliteitsregister (u) PID (u)	(C)	(A) (A) (A)	(A) (A) (A)	P P A P A P	(R) (R) (R)	R R R R R R	P P	-
-	Projectplan Volgende Faseplan Afwijkingsplan Issue-, Risicoregister PID	Projectplan actualiseren	Projectplan (PID) (u) Issue-, Risicoregister (u)		(A)	(A)	P P		R R		-
-	Business Case (PID) Projectplan (PID) Batenreviewplan Risicomanagementstrategie (PID) Risico-, Issueregister	Business Case actualiseren	Business Case (PID) (u) Batenreviewplan (u) Risicomanagementstrategie (PID) (u) Risico-, Issueregister (u)	(C) (C)	(A) (A) (A)	(R) (R) (A)	P P P P		R R R R		-
-	Huidig Faseplan Issue-, Risico-, Kwaliteitsregister Leerpuntenlogboek Business Case (PID) Batenreviewplan Communicatiemanagement-strategie (PID)	Faseafsluiting rapporteren	Productstatusoverzicht (c) Fase-eindrapport (c) Leerpuntenrapport (indien nodig) (FER) (c) Aanbevelingen voor vervolgacties (indien nodig) (FER) (c)		(A) (A) (A)	(A) (A) (A)	A P P P		R R R	P	*Verzoek om goedkeuren volgende Faseplan* *Verzoek om goedkeuren Afwijkingsplan*
Verzoek om Afwijkingsplan	Huidig Faseplan Afwijkingsrapport Configuratie-item-records Issue-, Risicoregister Kwaliteitsregister PID	Afwijkingsplan opstellen	Afwijkingsplan (c) Productbeschrijvingen (Afwijkingsplan) (c/u) Configuratie-item-records (c/u) Risico-, Issueregister (u) Kwaliteitsregister (u) PID (u)	(C)	(A) (A)	(A) (A)	P P A P A P	(R) (R)	R R R R R R	P P	-

Voor legenda, zie tabel 11.1.

17 Afsluiten van een Project (AP)

Het doel van het proces Afsluiten van een Project (AP) is het creëren van een bewust moment waarop de acceptatie van het projectresultaat wordt bevestigd en wordt vastgesteld dat de doelstellingen volgens de originele Projectinitiatiedocumentatie en de goedgekeurde wijzigingen zijn gerealiseerd, of dat het project verder niets meer kan bijdragen.

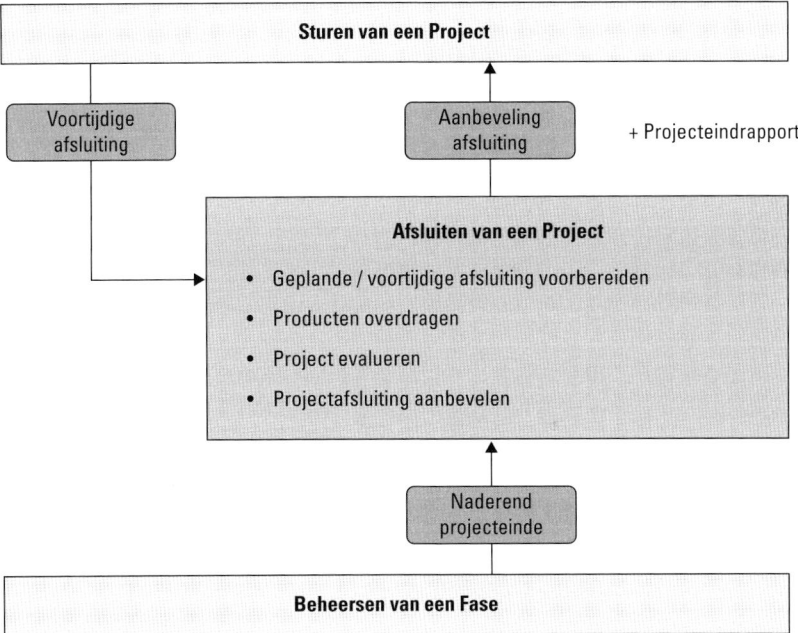

Figuur 17.1 Afsluiten van een Project (Based on PRINCE2 material of AXELOS Limited)

■ 17.1 BASISPRINCIPES

De doelstellingen van het proces Afsluiten van een Project zijn om zeker te stellen dat:
- Het projectresultaat wordt geaccepteerd en overgedragen.
- Beheer en onderhoud van het projectresultaat is ingeregeld.

- Het project op een beheerste wijze wordt afgebouwd en de projectorganisatie wordt ontbonden.
- Uitstaande risico's en issues worden opgepakt en aanbevelingen voor vervolgacties zijn opgesteld.
- De al gerealiseerde baten worden beoordeeld en de Business Case en het Batenrealisatieplan worden geactualiseerd.
- De projectuitvoering wordt gereviewd.

Een project heeft naast een duidelijk startpunt, ook een bewust eindpunt nodig. Zonder een goede afsluiting van het project zal een groot deel van het opgebouwde draagvlak en de acceptatie van de resultaten van het project alsnog verloren gaan. Het proces Afsluiten van een Project beschrijft de werkzaamheden die de Projectmanager moet uitvoeren, zodat de Stuurgroep het project op een goede manier kan afsluiten.

■ 17.2 CONTEXT

Het proces Afsluiten van een Project (AP) wordt in het algemeen gestart vanuit het proces Beheersen van een Fase (BF). Als blijkt dat er geen valide Business Case meer is, wordt het proces AP geïnitieerd door een direct besluit van de Stuurgroep zelf. Dit kan gebeuren vanuit de activiteiten 'autoriseren van een project', 'Fase- of Afwijkingsplan autoriseren' of 'ad hoc sturing geven'.

De verschillende activiteiten van het proces Afsluiten van een Project kunnen parallel aan elkaar worden uitgevoerd. De activiteiten van het proces Afsluiten van een Project moeten afzonderlijk worden ingepland in het Faseplan van de laatste uitvoeringsfase.

Het proces Afsluiten van een Project geeft de input voor de projecteindbeoordeling van de Stuurgroep in de activiteit 'projectafsluiting autoriseren'.

■ 17.3 PROCESBESCHRIJVING

De activiteiten van het proces Afsluiten van een Project bestaan uit:
- Geplande afsluiting voorbereiden.
- Voortijdige afsluiting voorbereiden.
- Producten overdragen.
- Project evalueren.
- Projectafsluiting aanbevelen.

> Als de bouw van het huis klaar is, laat de projectleider het huis inspecteren door het stel, en zorgt hij ervoor dat de formele overdracht plaatsvindt. Restpunten worden genoteerd. Handleidingen en voorschriften voor onderhoud en beheer worden verstrekt. Tekeningen met daarin ingetekend

> alle kabels en leidingen worden afgegeven. Daarnaast zorg hij ervoor dat de aannemer het terrein schoon oplevert en al zijn spullen afvoert. Verder zal de projectleider een eindverslag maken met de oorspronkelijke bouwsom en al het meer- en minderwerk. Ten slotte zal intern nog een evaluatierapport moeten worden opgesteld, waar het architectenbureau bij de volgende opdracht rekening mee moet houden.

Geplande afsluiting voorbereiden

Bij het afsluiten van een project is het belangrijk dat alle informatie aanwezig is om het project ook echt te kunnen beëindigen en dat er geen openstaande acties en losse eindjes meer zijn. Met behulp van een Productstatusoverzicht kan worden nagegaan of alle op te leveren producten voldoen aan de kwaliteitscriteria of dat afwijkingen zijn afgedekt door goedgekeurde concessies en of alle producten zijn geaccepteerd door de bevoegde personen. De Projectmanager bevestigt vervolgens dat het totaal van de op te leveren producten voldoet aan de gedefinieerde acceptatiecritica zoals vastgelegd in de Projectproductbeschrijving. Het Projectplan wordt bijgewerkt met de resultaten van de laatste fase.

Daarnaast moeten het projectteam en de projectorganisatie worden afgebouwd en de projectlocatie ontruimt en zo nodig in de oude staat worden teruggebracht. Vraag de Stuurgroep om goedkeuring, om aan de belanghebbende partijen te kunnen doorgeven dat de ingezette mensen en middelen worden vrijgegeven. Een dergelijke instructie is vaak al in een vrij vroeg stadium noodzakelijk, om een soepele overgang van mensen en middelen mogelijk te maken. Dit is uiteraard niet zonder risico. Het is daarom aan te bevelen om het tijdstip en de inhoud van deze instructie goed af te stemmen met de Stuurgroep en andere belanghebbende partijen.

Naast deze formele kant moet de Projectmanager ook oog hebben voor de informele kant. Veel Projectmanagers besteden wel aandacht aan het opbouwen van een team, maar vergeten aandacht te besteden aan een goede afbouw van de projectorganisatie. Het afbouwen van het team is in deze net zo belangrijk als het opbouwen van een team.

Teamleden zullen elkaar vaak na het project (tenminste voor een tijd) niet meer zien, terwijl er wel een band is opgebouwd. Wisseling van werk leidt verder vaak tot onzekerheid. Allemaal redenen voor stress. Een goede afsluiting helpt hierbij. Tevens is een goede afsluiting een goede opmaat voor de samenwerking in toekomstige projecten.

Voortijdige afsluiting voorbereiden

Ondanks dat een voortijdige afsluiting een andere aanleiding heeft dan een geplande afsluiting is het doel hetzelfde, namelijk een goede basis leggen om het project te kunnen afsluiten. Waarbij de geplande afsluiting wordt getriggerd door het opleveren van alle beoogde resultaten, wordt de voortijdige afsluiting getriggerd door het wegvallen van de toegevoegde waarde van het project (Business Case).

De Projectmanager registreert de beslissing om het project voortijdig af te sluiten in het Issueregister. Het Projectplan wordt bijgewerkt en het Productstatusoverzicht wordt opgevraagd om vast te stellen welke producten al geaccepteerd zijn, welke producten nog niet zijn gerealiseerd en welke producten al in ontwikkeling zijn. In overleg met de Stuurgroep moet worden bepaald hoe hiermee om te gaan. Wat moet nog binnen het project worden afgerond? Wat moet worden overgedragen aan de klantorganisatie en welke producten moeten eventueel worden overgedragen aan andere projecten?

Voor de resterende werkzaamheden zullen ramingen moeten worden opgesteld. Zo nodig zal hiervoor een Afwijkingsplan moeten worden opgesteld. Vraag om goedkeuring, om aan de belanghebbende partijen te kunnen doorgeven dat de ingezette mensen en middelen worden vrijgegeven.

Producten overdragen
De Projectmanager moet ervoor zorgen dat het projectresultaat wordt geaccepteerd door zowel de eindgebruikers, als degenen die verantwoordelijk worden voor het beheer en onderhoud van het projectresultaat, voordat het projectresultaat wordt overgedragen door de leverancier aan de klantorganisatie. Zorg dat deze acceptatie en overdracht worden bevestigd. Vooral als producten zijn ontwikkeld door externe partijen, is een formele acceptatie en overdracht essentieel.

Verklaring van acceptatie – De Projectmanager moet zorgen dat het projectresultaat door betrokken partijen wordt geaccepteerd. Het is verstandig om een verklaring van acceptatie door de partijen afzonderlijk te laten ondertekenen.

Vooraf moet de Projectmanager nagaan of de noodzakelijke beheer- en onderhoudsorganisatie voor de op te leveren projectresultaten aanwezig is. Als dat niet het geval is, moet de Projectmanager dit vroegtijdig escaleren naar de Stuurgroep.

Configuratie-item-records – Als onderdeel van het projectresultaat moeten vaak ook de Configuratie-item-records aan de klantworden overgedragen. Zij zullen immers de relevante gegevens van de opgeleverde producten in hun configuratiemanagementdatabase moeten opnemen om deze producten gedurende de gebruiksperiode te kunnen beheren.

Aanbevelingen voor vervolgacties – Aanbevelingen voor vervolgacties moeten worden beschreven voor alle nog niet uitgevoerde werkzaamheden en voor alle uitstaande issues en risico's. Vrijwel geen project wordt afgesloten zonder dat er uitstaande acties overblijven en zonder dat er aanbevelingen zijn te geven hoe om te gaan met het projectresultaat in gebruik. Meestal worden wijzigingsverzoeken aan het eind van het project doorgeschoven naar de beheerfase. Al deze issues mogen niet verloren gaan. Belangrijke issues kunnen zelfs aanleiding zijn om na de oplevering van het project een nieuw project te starten.
De aanbevelingen voor vervolgacties kunnen worden vastgelegd in een afzonderlijk rapport, maar kunnen ook deel uitmaken van het Projecteindrapport.

Batenreviewplan – Naast aanbevelingen voor vervolgacties zal het Batenreviewplan moeten worden geactualiseerd. Wanneer zullen de (resterende) baten kunnen worden gemeten, op welke wijze en door wie? Wat is de huidige nulmeting? Hoe zullen de prestaties van het projectresultaat worden gereviewd?

Project evalueren

Is geleverd wat is afgesproken en zo niet, hoe komt dat dan? Hoe hebben we het project uitgevoerd en zouden we het de volgende keer weer zo doen of juist niet? Beide vragen moeten worden gesteld op het einde van een project.

Projecteindrapport – De beantwoording van de vraag: 'Is er geleverd wat is afgesproken en zo niet, hoe komt dat dan?' geeft een verantwoording van het project. Deze verantwoording wordt vastgelegd in het Projecteindrapport. Het Projecteindrapport wordt door de Projectmanager opgesteld voor de Stuurgroep, maar wordt door de Stuurgroep ook gebruikt voor zijn verantwoording naar het bedrijfs- of programmamanagement.

In het Projecteindrapport wordt de stand van zaken aan het eind van het project vergeleken met wat oorspronkelijk was afgesproken in de Projectinitiatiedocumentatie (inclusief tussentijds geaccordeerde veranderingen). Verder wordt in een Projecteindrapport een beoordeling opgenomen van de prestaties van het projectteam en wordt een overzicht opgenomen van de opgeleverde producten, uitgevoerde kwaliteitsbeoordelingen en geregistreerde afwijkingen van de specificaties. Tevens wordt in het Projecteindrapport de laatste stand van zaken gegeven van de Business Case. Mochten er bij de afsluiting van het project al enige baten op basis van de opgeleverde producten zijn gerealiseerd, dan worden ook deze baten vermeld in het rapport.

In geval van een vroegtijdige afsluiting van het project zal ook de reden van de vroegtijdige afsluiting van het project in het Projecteindrapport moeten worden opgenomen.

Mensen vergeten snel wat er allemaal gebeurd is en waarom de zaken gelopen zijn zoals ze zijn gelopen. En ook waar ze allemaal zelf bij betrokken zijn geweest en wat zij tussentijds al dan niet hebben goedgekeurd. Als de Projectmanager dit niet zelf vastlegt, dan doet een ander dat, of wat nog erger is, dan gebeurt het helemaal niet. Het effect hiervan kan veel negatiever uitpakken dan als de Projectmanager dit rapport zelf opstelt. Het is daarbij aan te bevelen dit rapport zo op te stellen, dat ook de individuele leden van de Stuurgroep dit rapport kunnen gebruiken als rapportage naar hun eigen management.

Leerpuntenrapport – De beantwoording van de vraag 'Hoe hebben we het project aangestuurd en zouden we het de volgende keer weer zo moeten doen of juist niet?' biedt leerpunten voor het bedrijfs- of programmamanagement voor het opzetten en uitvoeren van toekomstige projecten. Deze leerpunten worden vastgelegd in het Leerpuntenrapport.

Naast vastlegging van de leerpunten in het Leerpuntenlogboek is het aan te bevelen aan het einde van een project nog een aparte procesevaluatie voor het gehele project te houden. Daarbij kunnen de leerpunten van de laatste managementfase worden meegenomen, maar kunnen ook alle voorgaande leerpunten nogmaals worden geëvalueerd. Soms komen daarbij nieuwe leerpunten op tafel die niet eerder zijn genoteerd of blijken eerdere leerpunten in de bredere context van het hele project toch te moeten worden bijgesteld. Een leerpuntenevaluatie aan het einde van het project is ook een goed middel om het project voor het projectteam af te sluiten.

In een Leerpuntenrapport moet zowel de evaluatie van de management-, kwaliteits- als de specialistische werkzaamheden worden opgenomen (wat ging goed en wat kan of moet beter). Het is daarbij belangrijk dat ook de bijzondere omstandigheden van het project worden vermeld, om ervoor te zorgen dat de evaluatie in deze context kan worden beoordeeld. Aanbevelingen voor volgende projecten moeten concreet worden geformuleerd. Ten slotte moeten in dit rapport de nacalculatiegegevens van bestede tijd, inzet en kosten en een evaluatie van de uitgevoerde kwaliteitsreviews worden opgenomen.
De leerpunten kunnen voor verschillende organisaties binnen de bedrijfsorganisatie van belang zijn. Het kan daarom noodzakelijk zijn om de leerpunten op te delen voor de verschillende organisatie-onderdelen.

Het Leerpuntenrapport kan een op zichzelf staand rapport zijn, maar kan ook deel uitmaken van het Projecteindrapport.

Projectafsluiting aanbevelen
Als alle voorbereidende werkzaamheden, overdrachts- en evaluatieactiviteiten zijn uitgevoerd, kunnen de logboeken en registers worden afgesloten en kan het projectdossier worden opgeschoond en gearchiveerd. Daarbij is het van belang dat de informatie makkelijk vindbaar en beschikbaar blijft voor toekomstige audits. Tot slot verzoekt de Projectmanager de Stuurgroep het project af te sluiten en decharge te verlenen. De aanbeveling tot afsluiting doet de Projectmanager door een concept-aankondiging van afsluiting naar de Stuurgroep te sturen (zie ook paragraaf 13.3).

De Projectmanager informeert de Stuurgroep en andere belanghebbenden op deze wijze over de op handen zijnde afsluiting van het project. Belanghebbende partijen kunnen worden geidentificeerd met behulp van de Communicatiemanagementstrategie. De Projectmanager moet deze communicatie vooraf afstemmen met de Stuurgroep. Communicatie op dit punt kan door de Stuurgroep ook prima worden gebruikt als marketinginstrument. De Stuurgroep blijft binnen het project eindverantwoordelijk voor alle externe communicatie.

■ 17.4 OVERZICHT ACTIVITEITEN

In tabel 17.1 zijn de input en output en de verantwoordelijkheden van alle activiteiten van het proces Afsluiten van een Project weergegeven.

17 Afsluiten van een Project (AP)

Tabel 17.1 Overzicht activiteiten van het proces Afsluiten van een Project

Input triggers	Input managementproducten	Activiteiten	Output managementproducten	Verantwoordelijkheden							Output triggers
				BP	OP	SG	PM	TM	PB	PS	
Naderende projecteinde	Productstatusoverzicht Projectplan (PID)	Geplande afsluiting voorbereiden	Productstatusoverzicht (c) Projectplan (PID) (u)				A P		R R	P	-
Voortijdige afsluiting	Projectplan (PID)	Voortijdige afsluiting voorbereiden	Productstatusoverzicht (c) Projectplan (PID) (u) Inschatting additionele werkzaamheden (c) Issueregister (u)		(A)	(A)	A P P P		R R R R	P	-
-	Issue-, Risicoregister Configuratiemanagementstrategie (PID) Configuratie-item-record Batenreviewplan (PID)	Producten overdragen	Acceptatiebestanden (o) Configuratie-item-record (u) Aanbevelingen voor vervolgacties (PER) (c) Batenreviewplan (u)	(C)	(A) (A) (A)	(A) (A) (R)	P A P P		R R R R	P	-
-	PID Issue-, Risico-, Kwaliteitsregister Business Case (PID) Aanbevelingen voor vervolgacties (PER) Leerpuntenlogboek	Project evalueren	Business Case (PID) (u) Projecteindrapport (c) Leerpuntenrapport (PER) (c)	(C)	(A) (A) (A)	(A) (A) (A)	P P P		R R R		-
-	Communicatie-managementstrategie (PID)	Projectafsluiting aanbevelen	Issue-, Risico-, Kwaliteitsregister (afsluiten) Dagelijks Logboek (afsluiten) Leerpuntenlogboek (afsluiten) Concept aankondiging van afsluiting (c)		(A)	(A)	P P P P		R R R		*Aanbeveling tot afsluiting*

Voor legenda, zie tabel 11.1.

DEEL III PRINCE2 IN CONTEXT

III Op maat maken

Een van de vier geïntegreerde elementen van PRINCE2 is het op maat maken van de methode.

PRINCE2 kan pas succesvol zijn als het 'verstandig' wordt toegepast. Het aanpassen van de methode aan het type project en de projectomgeving is daarom cruciaal. Als dat niet gebeurt, is de kans groot dat de methode erg administratief wordt ingericht, wat de effectiviteit van het project niet ten goede komt.

Vaak zijn projecten onderdeel van een programma of een portfolio of worden gemanaged binnen een multi-projectomgeving. Omdat het niet voor iedereen duidelijk is wat onder deze begrippen wordt verstaan, wordt het eigenlijke hoofdstuk 'Op maat maken' voorafgegaan door een apart hoofdstuk 'Omgeving project' waarin deze verschillende omgevingen kort worden toegelicht

18 Omgeving project (Extra)

Projecten kunnen worden geïnitieerd als onderdeel van een lijnorganisatie, een programma of binnen een portfolio van programma's en projecten. Het is daarbij belangrijk afspraken te maken over de betekenis van deze termen om te voorkomen dat misverstanden ontstaan. In dit hoofdstuk worden deze begrippen uitgelegd.

18.1 PROJECT VERSUS PROGRAMMA

In het eerste hoofdstuk van dit boek is de volgende definitie van een project gegeven:

> Een project is een tijdelijke organisatie die is opgezet met als doel één of meer zakelijke producten op te leveren volgens een overeengekomen Business Case.

De Opdrachtgever is na oplevering van projectresultaat verantwoordelijk voor het exploiteren van het projectresultaat en het verzilveren van de baten. Dit is niet de verantwoordelijkheid van het project.

In een programma daarentegen moeten ook de veranderingen worden doorgevoerd en de baten worden verzilverd als onderdeel van het programma. Een programma wordt gedefinieerd als (Hedeman en Vis van Heemst, 2009):

> Een programma is een tijdelijke organisatie, ingericht om een geheel van projecten en (lijn)activiteiten te coördineren, aan te sturen en te bewaken om de veranderingen door te voeren en de baten te realiseren die een bijdrage leveren aan één of meer strategische doelen van een organisatie.

Een programma is een tijdelijke managementstructuur tussen de projecten en de bedrijfsorganisatie in, die ervoor moet zorgen dat op een gestructureerde wijze één of meer bedrijfsdoelstellingen worden gerealiseerd. Over het algemeen zijn de resultaten van meerdere projecten nodig om de organisatie in staat te stellen specifieke bedrijfsdoelstellingen te realiseren. De doorlooptijd van een programma is daarom langer dan de doorlooptijd van de individuele projecten.

In de bedrijfsorganisatie moeten de uiteindelijke baten worden gerealiseerd. De organisatie moet worden voorbereid op het doorvoeren van de veranderingen, de resultaten van de projecten moeten worden geïmplementeerd en de organisatie moet met de nieuwe bekwaamheden aan het werk. De nieuwe wijze van werken moet 'business as usual' wordent en de bedrijfsdoelstellingen moeten met deze nieuwe mogelijkheden ook echt worden gerealiseerd.

Bij een programma zal de afweging moeten worden gemaakt wanneer de investeringen in de verandering en de daarmee op te brengen baten nog rechtvaardigen dat er nog een aparte (programma)organisatie bestaat. In de praktijk zal er een moment komen dat het niet meer nodig is om het managen van de veranderingen apart te organiseren vanuit een programma, maar dat dit beter kan worden teruggelegd in de lijnorganisatie. Het programma moet dan worden ontbonden. Dat is anders dan bij een project, waar de oplevering van het projectresultaat automatisch het einde van het project inluidt.

Aangezien doelstellingen vaak jaar op jaar moeten worden gerealiseerd, bestaat het gevaar dat een programma na het de eerste keer realiseren van de bedrijfsdoelstellingen wordt doorgezet en uiteindelijk een permanente structuur wordt. Een programma moet bewust worden gestopt.

■ 18.2 MULTI-PROJECTMANAGEMENT

Multi-projectmanagement is het managen van een groep van projecten die geen andere onderlinge samenhang heeft dan dat binnen deze projecten gebruikgemaakt wordt van dezelfde mensen en middelen.

Projecten gaan uit van een klant-leveranciersomgeving. De leverancier realiseert de eigenlijke resultaten van het project voor de klant en stelt hiervoor de mensen en middelen beschikbaar. Multi-projectmanagement is dan ook de verantwoordelijkheid van het bedrijfsmanagement van de leveranciersorganisatie.

Multi-projectmanagement omvat onder andere:
- De ontwikkeling en implementatie van gemeenschappelijke methoden en technieken.
- De ontwikkeling en implementatie van een gemeenschappelijke rapportagestructuur.
- Gemeenschappelijke inkoop van producten en diensten en inhuur van derden.
- Het inrichten van een gemeenschappelijk bedrijfsbureau.
- Verbeteren van de inzet van mensen en middelen door gebruik te maken van 'pools'.

Vaak worden in een leveranciersorganisatie meerdere projecten uitgevoerd voor eenzelfde Opdrachtgever en ontstaat er op deze wijze een afhankelijkheid. Ook kan worden gestuurd op het feit of projecten ontstaan vanuit een bepaalde markt of vanuit een bepaalde competentie die men verder wil ontwikkelen. Ook deze aansturing moet worden gemanaged binnen multi-projectmanagement.

18.3 MANAGEN VAN EEN PROJECTENPORTFOLIO

Portfoliomanagement omvat het managen van een groep van projecten en programma's die gezamenlijk de nieuwe bekwaamheden ('capabilities') opleveren die nodig zijn om de gemeenschappelijke bedrijfsdoelstellingen te realiseren.

Op basis van de te realiseren bedrijfsdoelstellingen en de beschikbare capaciteit wordt bepaald welke projecten en programma's worden uitgevoerd en wordt de uitvoering van de projecten en programma's bewaakt en op elkaar afgestemd. Portfoliomanagement is dan ook een verantwoordelijkheid van het bedrijfsmanagement van de klantorganisatie.

Ook binnen programma's moeten projecten worden gemanaged die gezamenlijk nieuwe bekwaamheden ('capabilities') moeten opleveren. Dat is in feite ook een soort portfolio. Binnen de verschillende managementmethoden is echter afgesproken om portfoliomanagement exclusief als term te reserveren voor het managen van projecten en programma's op bedrijfsniveau. Voor het managen van een samenhangend geheel van projecten in een programma spreekt men over een projectendossier of een projectenkalender.

19 Op maat maken van een project

■ 19.1 INLEIDING

Basisprincipes
In principe is geen project gelijk. Je hebt grote en kleine projecten, eenvoudige en complexe projecten, en een oneindig aantal verschillende producten die moeten worden opgeleverd. Ook de projectomgeving kan verschillen: verschillende culturen, andere belanghebbenden, een of meerdere organisaties en aansturing vanuit het bedrijfs- of programmamanagement. Geen project is gelijk. Elk project moet 'op maat' worden gemaakt.

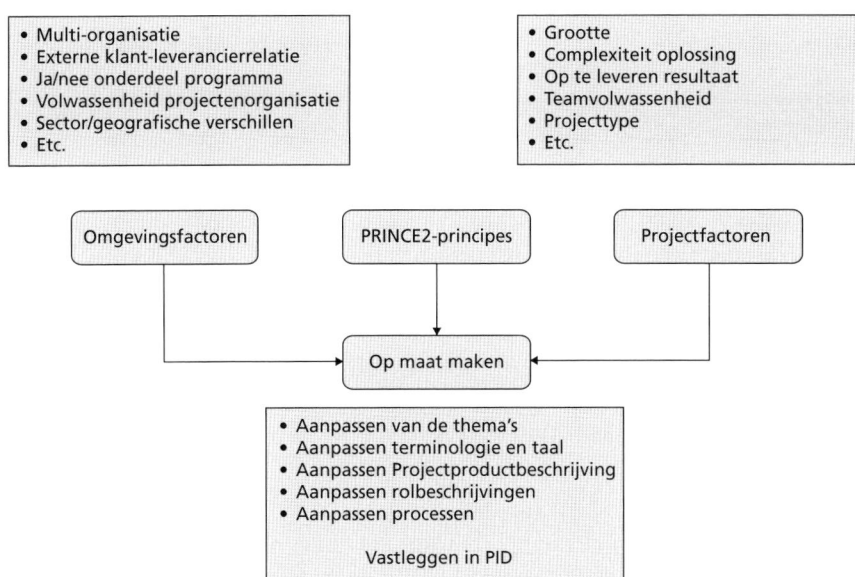

Figuur 19.1 Invloeden voor Op maat maken (Based on PRINCE2 material of AXELOS Limited)

Bij het op maat maken kan grofweg een onderscheid worden gemaakt tussen omgevingsfactoren en projectfactoren. Deze factoren kunnen impact hebben op de aanpak en de inrichting van het project en de selectie van de Projectmanager. Het is belangrijk om per project en soms zelfs per fase te kijken naar de specifieke kenmerken van het project en de omgeving (zie figuur 19.1). De Projectmanager moet het project daarop inrichten. PRINCE2 biedt de vrijheid om de projectinrichting aan te passen aan elke gevraagde situatie. PRINCE2 is een generieke methode voor projectmanagement, die gebruikt kan worden voor het inrichten en managen van alle typen projecten.

Het op maat maken van een PRINCE2-project helpt met het inrichten, plannen, beheersen en besturen van het project en het gebruik van de processen en thema's.

Daartegenover staat het verankeren van PRINCE2 in de projectenorganisatie. Dit verwijst naar de borging van de PRINCE2-werkwijze door de hele organisatie heen. Tabel 19.1 geeft de verschillen aan tussen verankeren en op maat maken (zie tabel 19.1).

Tabel 19.1 Verankeren versus op maat maken (Based on PRINCE2 material of AXELOS Limited)

Verankeren	Op maat maken
• Door de organisatie die PRINCE2 wil implementeren	• Door het PMT om de methode aan te passen aan de omstandigheden

• Focus op:
  – Verantwoordelijkheden processen
  – Aanpassen regels/richtlijnen
  – Standaarden (templates/definities)
  – Training & ontwikkeling
  – Integratie met bedrijfsprocessen
  – Voorschrijven technieken/applicaties
  – Borging van de processen
	• Focus op:
	  – Eigenaarschap project
	  – Aanpassen van de thema's
	  – Opnemen speciale begrippen/taal
	  – Aanpassen Productbeschrijvingen van de managementproducten
	  – Aanpassen rolbeschrijvingen
	  – Toesnijden processen op het bovenstaande

• Ondersteuning door PRINCE2-volwassenheidsmodel	• Ondersteuning door PRINCE2-methode

Bij het op maat maken van de projectinrichting moet worden gekeken naar alle aspecten van het project, dus naar alle thema's en processen van PRINCE2. Wat kan wel gebruikt worden en wat niet? Kunnen processen worden gecombineerd (denk aan OP en IP bij een klein project)? Hoe sluit de terminologie aan op de bestaande bedrijfstermen? Welke rollen kunnen worden gecombineerd bij één persoon? Hoe wordt aansluiting verkregen tussen de programma- en de projectorganisatie? Welke managementproducten en templates kunnen het best worden gebruikt?

In dit hoofdstuk wordt ingegaan op een aantal specifieke situaties en hoe PRINCE2 hierbij gebruikt kan worden. Doel van het op maat maken van de methode moet altijd zijn dat juist dát wordt gedaan wat het project nodig heeft om succesvol te zijn ... niets meer en niets minder!

Context
Projecten staan nooit op zichzelf en worden altijd in samenhang met hun omgeving uitgevoerd. Of het nou gaat om omgevingsfactoren of projectfactoren. In figuur 19.1 zijn

enkele voorbeelden opgenomen van deze factoren. Bij het op maat maken gaat het dan ook om de toepassing van PRINCE2 in aansluiting op de totale situatie.

PRINCE2 kent een aantal principes, thema's en processen, maar ook een specifieke terminologie, managementproducten en rollen. De principes zijn universele uitgangspunten voor projectmanagement en in die zin moeten zij in een PRINCE2-project altijd worden toegepast. De thema's zijn die aspecten van projectmanagement die continu en integraal moeten worden geadresseerd, gedurende de gehele levensloop van een project. Deze aspecten moeten voor ieder project opnieuw worden toegesneden op het specifieke project en op de specifieke omstandigheden. Veelal is dit terug te vinden in de verschillende projectstrategieën. Afhankelijk van de risico's zal in het ene project het risicomanagement veel formeler worden ingericht dan in het andere project.

De PRINCE2-processen bestaan uit samenhangende activiteiten die op bepaalde momenten in de levensloop van het project moeten worden uitgevoerd. Het is dus niet verstandig om deze activiteiten weg te laten of over te slaan. De kunst zit 'm juist in het toepassen van deze procesactiviteiten, met de aandacht die het verdient. Het is dus meer een kwestie van hoe uitgebreid en formeel een activiteit moet worden uitgevoerd of juist in welke mate activiteiten kunnen worden samengevoegd en/of impliciet kunnen worden meegenomen, dan om activiteiten geheel weg te laten.

Ditzelfde geldt voor de rollen binnen PRINCE2 (zie ook Bijlage B). Uitgangspunt is dat de juiste persoon de juiste rol met geëigende taken, verantwoordelijkheden en bevoegdheden krijgt en dat het voor iedereen duidelijk is wat deze rollen, taken, verantwoordelijkheden en bevoegdheden zijn, en niet of voor iedere partij een ondertekende rolbeschrijving voorhanden is. Dat kan nodig zijn in kritische projecten met externe partijen, maar dat zal in veel andere projecten eerder averechts werken.

De terminologie van PRINCE2 is één van de grote pluspunten om het als standaardmethode toe te passen. Door allemaal dezelfde termen te gebruiken en te weten wat die inhouden, zijn er veel minder misverstanden en is overdracht van werk makkelijker. Daarmee wordt niet gezegd dat altijd de PRINCE2-terminologie moet worden aangehouden. Als iedereen in een organisatie al jaren gewend is om het te hebben over een projectcontract in plaats van een Projectvoorstel, terwijl daarmee hetzelfde wordt bedoeld, is het waarschijnlijk verstandig om die bestaande term te blijven gebruiken.

Dit geldt in principe ook voor de toepassing van managementproducten. Het is soms verstandiger om bestaande documenten of lay-outs te blijven gebruiken en deze aan te passen op basis van de opzet van de managementproducten van PRINCE2, dan deze geheel te vervangen. Controleer wel of alle onderdelen worden meegenomen. Die staan er niet voor niets. Kies bewust als je onderdelen weglaat.

> Het is altijd verstandig om aan alle onderdelen aandacht te besteden. Maak een bewuste keuze óf en zo ja, in welke mate het nodig is om het onderdeel apart te beschrijven. Voorkom dikke plannen waarin alle aspecten tot in detail zijn beschreven, terwijl het niet bijdraagt aan het succes van het project. Dit kost onnodig energie, tijd en geld.
>
> En bedenk: er bestaan geen bureaucratische methoden ... alleen het bureaucratisch toepassen van methoden. Bureaucratie is een keuze!

Het bovenstaande voorbeeld eindigt met het belangrijkste uitgangspunt bij het op maat maken van PRINCE2: KIES BEWUST!

■ 19.2 PROJECTEN BINNEN PROGRAMMA'S

Zoals eerder is aangegeven, kent een programma één of meerdere projecten en lijnactiviteiten. Denk bijvoorbeeld aan het inrichten en opstarten van een warenhuis als een programma, waarbij allerlei projecten nodig zijn om het warenhuis in te richten. Het doel van het programma wordt dan geformuleerd in termen van winstcijfers, hoeveelheden klant en (per tijdseenheid) et cetera. Projecten zouden dan kunnen zijn: het inrichten van de winkel, het aanleggen van de parkeerplaatsen, het inhuren van het personeel enzovoort. De doelen worden echter niet door de projecten gerealiseerd maar door de lijn. Zij maken de uiteindelijke omzet.

Bij het op maat maken van een project als onderdeel van een programma, moeten thema's, processen en managementproducten daarop worden aangepast. Voor programmamanagement wordt gerefereerd aan 'Managing Successful Programmes' (MSP) van AXELOS Limited.

Binnen een programma zal er meestal al een goed overzicht zijn van wat er op hoofdlijnen moet gebeuren. Het projectmandaat zal al grotendeels de informatie bevatten die nodig is om het Projectvoorstel op te stellen. Soms wordt het complete Projectvoorstel al aangeleverd door het programma. Echter, dit Projectvoorstel moet niet zomaar worden geaccepteerd. Het blijft belangrijk om elke keer opnieuw te controleren of de aangeleverde gegevens consistent en realistisch zijn. Dat is de verantwoordelijkheid van de Projectmanager.

De Business Case van het project wordt op basis van de standaarden van het programma gedefinieerd. Soms wordt de Business Case al door het programma meegegeven of kan de project Business Case worden beperkt door te verwijzen naar de Business Case van het programma. De verantwoordelijkheid voor het realiseren en monitoren van de baten van het project ligt bij het programma. Het Batenreviewplan van het project kan onderdeel uitmaken van het Batenrealisatieplan van het programma.

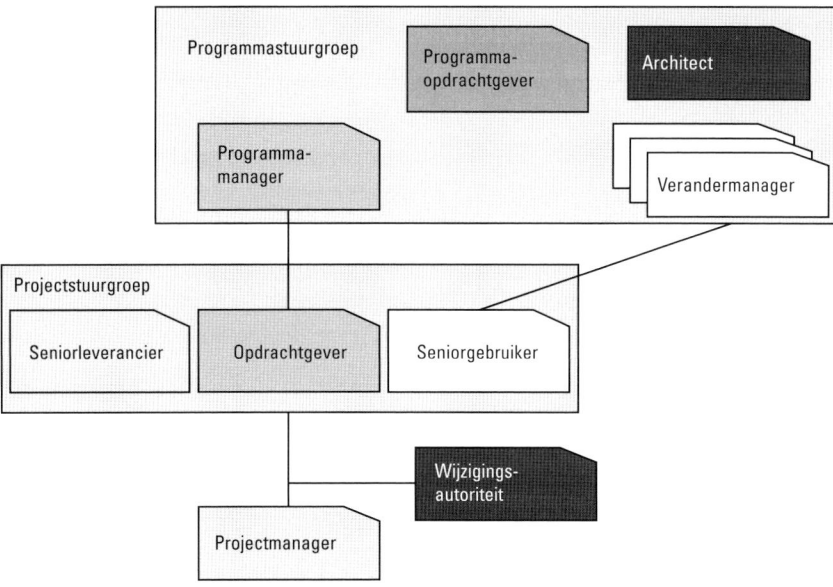

Figuur 19.2 Aansluiting programma- en projectorganisatie (Based on PRINCE2 material of AXELOS Limited)

Soms wordt de rol van de projectopdrachtgever door de programmamanager ingevuld. Vaak zal een van de verandermanagers in het programma de rol van Seniorgebruiker in het project vervullen. De ontwerpautoriteit, ofwel de architect van het programma, kan de rol van Projectborging of Wijzigingsautoriteit in het project op zich nemen (zie figuur 19.2).

Bij het vaststellen van de projectstrategieën moeten de programmastrategieën als uitgangspunt worden genomen. Zo is de bewakings- en beheersstrategie van het programma leidraad voor de rapportage- en bewakingsactiviteiten van het project.

Bij het inrichten van het project gaat het erom dat een goede aansluiting ontstaat tussen de programma- en projectorganisatie. Meestal wordt een gemeenschappelijke Projectsupport en Projectborging ingericht. Soms vervult de kwaliteitsborging van het programma een rol in de Projectborging.

In het Projectplan moeten afhankelijkheden met andere projecten van het programma worden meegenomen. Daarnaast bepaalt het programma de projecttoleranties en het aantal en de lengte van de fasen. Bij elke projectoverschrijdende verandering zal afstemming met het programmamanagement moeten worden gezocht en zal het programmamanagement de beslissing moeten nemen.

■ 19.3 SCHAAL VAN HET PROJECT

De schaal van een project heeft niet alleen te maken met de grootte van het project, maar ook met de context, de complexiteit, het risico en het belang van het project. Van alle PRINCE2-principes moet worden nagegaan hoe deze kunnen worden toegepast (zie tabel 19.2). Het gebruik van PRINCE2 kan het afbreukrisico voor het project verlagen. Als een element van PRINCE2 minder serieus wordt genomen, levert dit een risico op voor het succes van het project.

Tabel 19.2 Verschillende complexiteiten van projecten (Based on PRINCE2 material of AXELOS Limited)

Complexiteit van project	Kenmerk	PRINCE2 gebruik
Hoog	Programma • Bedrijfstransformatie	• MSP
	Hoog complex project • Erg risicovol, hoge kosten, belangrijk, zichtbaar • Meerdere organisatie(-eenheden) • Internationaal	• Meerdere uitvoeringsfasen • Uitgebreide Stuurgroep • Aparte TM's + Project Support • Afzonderlijke managementproducten
	Normaal project • Gemiddeld risicovol, kosten, belangrijk, zichtbaar • Externe klant-leveranciersrelatie • Meerdere locaties	• Één of meerdere uitvoeringsfasen • Standaard Stuurgroep • Aparte TM's + Project Support optioneel • Enkele managementproducten gecombineerd
	Eenvoudig project • Weinig risicovol, kosten, belangrijk, zichtbaar • Enkelvoudige organisatie • Op één locatie	• Één uitvoeringsfase • Eenvoudige Stuurgroep • PM combineert ook TM+ Project Supportrol • Samengestelde managementproducten
Laag	Taak • Enkelvoudige Opdrachtgever, geen Stuurgroep • PM voert ook zelf het werk uit • Kosten worden betaald vanuit het operationele budget • Directe bedrijfsrechtvaardiging/-instructie	• Opleveren van een Werkpakket

Grote versus kleine projecten

Middelgrote en grote projecten kennen naast de initiatiefase meerdere uitvoeringsfasen. Bij kortlopende, niet-complexe projecten met beperkte risico's kan het project uit slechts twee managementfasen bestaan: de initiatiefase en de uitvoeringsfase. Bij kleine en eenvoudige projecten kunnen soms de processen Opstarten van een Project en Initiëren van een Project worden samengevoegd (zie figuur 19.3).

Bij heel eenvoudige, kleine, informele projecten kunnen de processen Opstarten van een Project en Initiëren van een Project soms samen in één gesprek worden afgehandeld. Dit kan bijvoorbeeld mogelijk zijn bij een kleine interne verhuizing binnen één afdeling of iets dergelijks. Het is dan wel verstandig om de beslissingen vast te leggen in een gespreksnotitie.

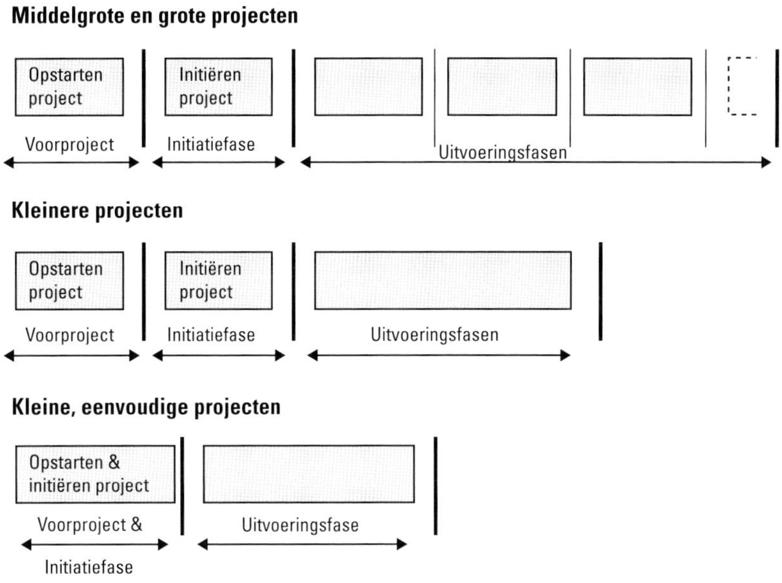

Middelgrote en grote projecten

Opstarten project	Initiëren project				
Voorproject	Initiatiefase	Uitvoeringsfasen			

Kleinere projecten

Opstarten project	Initiëren project	
Voorproject	Initiatiefase	Uitvoeringsfasen

Kleine, eenvoudige projecten

Opstarten & initiëren project	
Voorproject & Initiatiefase	Uitvoeringsfase

Figuur 19.3 Fasering projecten

Kleine projecten

Voor kleine projecten kan het proces Beheersen van een Fase in de volgende activiteiten worden samengevat:
- Toewijzen van werk dat moet worden uitgevoerd.
- Bewaken van de voortgang.
- Zorgen dat de afgesproken kwaliteit wordt gerealiseerd.
- Zorgen dat wijzigingen alleen worden doorgevoerd na goedkeuring.
- Bewaken van risico's.
- Rapporteren over de voortgang van het werk.
- In de gaten houden of planwijzigingen optreden.

Zelfs in de kleinste projecten moeten deze activiteiten worden uitgevoerd. Het is echter de vraag of de rapportage over deze activiteiten altijd met dikke rapporten gepaard moet gaan. In kleine en informele projecten kunnen heel eenvoudige rapportages volstaan of kunnen rapportages zelfs mondeling of via e-mail worden gegeven. Het projectmanagementteam moet zich echter wel realiseren dat mondelinge rapportages risico's met zich meebrengen. Er kan later een discussie ontstaan over wat is afgesproken. En wat gebeurt er als de Projectmanager tijdelijk uit de roulatie is of vertrekt?

Voor kleine projecten of voor projecten met slechts één team dat rechtstreeks rapporteert aan de Projectmanager, kan de afstemming tussen de Projectmanager en de Teammanager ook minder formeel zijn. Het werk van de Teammanager kan dan worden samengevat als:
- Afspraken maken over het werk dat gedaan moet worden.
- Het werk plannen.
- De uitvoering begeleiden.

- De voortgang in de gaten houden.
- Over de voortgang rapporteren.
- De producten laten toetsen.
- De resultaten vastleggen.
- De wijzigingen bijhouden.
- Ervoor zorgen dat de producten worden geaccordeerd.
- De producten opleveren aan de Projectmanager.

Voor kleine projecten kan het proces Afsluiten van een Project in de volgende activiteiten worden samengevat:
- Controleren of alles is opgeleverd en geaccepteerd.
- Nagaan of er geen losse einden zijn.
- Vastleggen uitstaande punten.
- Archiveren van het projectdossier voor latere beoordelingen.
- Afmelden van mensen en middelen.

Kleine projecten en bureaucratie

Het komt voor dat kleine projecten worden verstikt door te veel papieren en bureaucratie. De meeste procedures en sjablonen in organisaties die zijn ontwikkeld om projecten in te richten en te managen, zijn voor grote en complexe projecten. Voor organisaties die NEN-ISO gecertificeerd zijn, geldt dat management- en specialistische activiteiten aantoonbaar zijn uitgevoerd. Dat vraagt extra papierwerk en de bijbehorende handtekeningen. Dit is echter geen PRINCE2-vereiste.

De PRINCE2-methode kan dit alles versterken, omdat de methode erg compleet is en onderbouwd wordt met een groot aantal sjablonen. Vaak worden alle beschikbare PRINCE2-sjablonen ook voorgeschreven of gebruikt om voor het gevoel een maximale beheersing van het project te garanderen. Een overkill aan documenten is dan het gevolg. Dit kan de aandacht afleiden van wat er echt aan de hand is en kan aversie opleveren tegen alle documenten, ook als een document daadwerkelijk belangrijk is of tegen de methode als geheel. Een overkill aan documenten kost bovendien veel tijd en aandacht. Deze tijd en aandacht kunnen beter aan andere zaken worden besteed.

Alle PRINCE2-processen moeten in ieder project worden doorlopen. De vraag is echter of alle processen in een gegeven project zo belangrijk zijn dat specifieke procedures en sjablonen voor het uitvoeren van deze processen noodzakelijk zijn. Belangrijk is om in een project alleen die procedures en sjablonen te gebruiken, die in de gegeven omstandigheden echt noodzakelijk zijn en een toegevoegde waarde leveren voor het inrichten en managen van dat project. Voor kleine projecten kunnen bepaalde processen snel en informeel worden doorlopen en afgehandeld.

Projectmanager versus Teammanager

Kleine projecten bestaan meestal uit één projectteam. Er werken dan aan het project alleen leden van het projectteam zelf, die rechtstreeks aan de Projectmanager rapporteren. Daarbij kunnen zich twee situaties voordoen:

1 Er zijn afzonderlijke Werkpakketten te onderscheiden, maar deze Werkpakketten worden steeds uitgevoerd door één persoon. Deze personen zijn dan teamlid en Teammanager tegelijk. In dat geval zijn de Projectmanager en de Teammanager afzonderlijke personen.
2 De Projectmanager stuurt het teamlid niet aan op het niveau van Werkpakketten, maar op niveau van activiteiten. Dat is terecht als het teamlid nog niet voldoende senior is om het Werkpakket zelfstandig uit te voeren en de Projectmanager voldoende vakinhoudelijke expertise heeft over het uit te voeren werkgebied. In dat geval zijn Projectmanager en Teammanager één en dezelfde persoon. Ook de rol van Projectsupport kan dan door de Projectmanager zelf worden opgepakt.

Binnen kleine projecten kunnen beide situaties tegelijkertijd voorkomen. De tweede optie heeft echter het gevaar in zich dat het betrokken teamlid zich onvoldoende betrokken voelt en achterover gaat leunen: 'De Projectmanager vertelt toch wel wat ik moet doen. Het is zijn project/probleem en niet mijn project/probleem'. Dit ontstaat vooral als het teamlid (voor zijn eigen gevoel) wel voldoende expertise heeft om als Teammanager te functioneren, maar deze verantwoordelijkheid niet krijgt. Dit komt de teamvorming en het commitment binnen het team niet ten goede en versterkt alleen maar het risico dat de Projectmanager zich steeds meer gaat bemoeien met de inhoud. Te vaak bemoeit de Projectmanager zich al 'uit gewoonte' sterk met de inhoud van de werkzaamheden. Het kan zijn dat de Projectmanager niet gewend is om te sturen op basis van Werkpakketten en in de oude handelswijze blijft steken. Coaching door een senior Projectmanager is dan nodig om dergelijke situaties te voorkomen, of om uit dergelijke situaties te geraken.

Grote projecten
Er is in essentie geen verschil tussen een 'klein' project en een 'groot' project. Er moet nog steeds een product of dienst worden opgeleverd. Een groot project wordt echter aangemerkt als een project met meerdere deelprojecten, die ieder op zich weer worden aangestuurd als een project, bijvoorbeeld met een eigen Opdrachtgever, een eigen Stuurgroep en een eigen Projectmanager. Over het totaal van de verschillende Stuurgroepen is een overkoepelende Stuurgroep verantwoordelijk voor het totale project. De bouw van de spaceshuttle is een groot project, net als de bouw van de kanaaltunnel. Het resultaat dat wordt opgeleverd, is echter nog steeds een product. Het is aan de klant om het product te gebruiken en daarmee zijn doelstellingen te realiseren. Het is en blijft daarmee een project en geen programma.

Het verschil tussen een groot project en een veelheid van kleine projecten is dat in een groot project één onlosmakelijk verbonden totaalresultaat wordt opgeleverd en bij een veelheid van kleine projecten niet. Bij een groot project kan natuurlijk wel gebruik worden gemaakt van dezelfde methoden en technieken als die bij multi-projectmanagement en bij programmamanagement worden gebruikt. Zie hiervoor ook de frameworks MSP™ en MoP® van AXELOS.

19.4 LEVENSCYCLUSMODELLEN

Er zijn veel methoden die zich richten op de inhoudelijke aanpak van een project en op de oplevering en toetsing van specialistenproducten. Omdat PRINCE2 zich niet richt op de inhoud maar op het management van projecten is het mogelijk om binnen de managementschil van PRINCE2 op deze specialistische levenscyclusmodellen aan te sluiten. Dit kan door:
- Managementfasen aan te laten sluiten op de ontwikkelingslevenscyclus (bijvoorbeeld ontwerpen, bouwen, testen, overdragen).
- De toleranties af te stemmen op de filosofie van de gebruikte specialistische methoden, zoals het vastzetten van de tolerantie voor tijd, kosten en kwaliteit bij een Agile-aanpak.
- Specialistische rollen in het Projectmanagementteam te integreren. Belangrijk is om daarbij duidelijk te zijn wie welke taken, verantwoordelijkheden en bevoegdheden heeft.
- Synchroniseren van de managementproducten. Het is in dergelijke gevallen belangrijk om hiaten of dubbelingen te voorkomen. Ook hier gaat het om het maken van een bewuste keuze voor een eenduidige aanpak.

19.5 VERSCHILLENDE SOORTEN PROJECTEN

Het managen van projecten is in essentie overal gelijk. In de praktijk blijkt echter dat het managen van projecten per sector of per situatie behoorlijk kan verschillen.
Voorbeelden van verschillende soorten projecten en situaties zijn:
- Commerciële klant-leveranciersprojecten.
- Multi-organisatieprojecten.
- Ontwikkelende projecten.
- Haalbaarheidsprojecten.
- Projecten in de private of publieke sector.

Commerciële klant-leveranciersprojecten
Het Opstarten van een Project wordt getriggerd door het verzoek van de klant om een offerte. Als eerste wordt er dan een contract afgesloten voor de initiatiefase. Op het eind van de initiatiefase wordt vervolgens een (raam)contract afgesloten voor de uitvoering. Per fase kan vervolgens een vervolgopdracht aan de leverancier worden verstrekt.

Als er meteen een contract voor het gehele project (initiatie en uitvoering) moet worden afgesloten, is het aan te raden de eerste fase (de initiatiefase) uit te voeren op basis van uren maal tarief en pas na goedkeuring van de Projectinitiatiedocumentatie het contract definitief te accorderen.

De klant en de leverancier hebben ieder hun eigen Business Case. Als één van de Business Cases niet meer geldt, komt het project in de problemen en zal het hoogstwaarschijnlijk mislopen, zelfs als de Business Case van de andere partij nog steeds valide is.

En wie is de Seniorleverancier? Is dat de manager van de eigen dienstverlener zoals de eigen ICT of Facilitaire Dienst of kan die rol het best worden ingevuld door de externe leverancier? Beide alternatieven kunnen werken. Belangrijk is daarbij of er een volwassen eigen dienstverlener is en of later het beheer van het projectresultaat door de eigen dienstverlener wordt ingevuld of door de externe leverancier.

Bij meerdere leveranciers kan het best worden gewerkt met een leveranciersoverleg, waarbij de seniorleverancier de voorzitter is. Tijdens de inkoopfase kan een ervaren persoon van de inkoopafdeling de rol van Seniorleverancier vervullen totdat de externe leverancier is geselecteerd.

De Projectmanager zal in de meeste gevallen door de klant worden benoemd, terwijl een projectleider van de leverancier de rol van Teammanager vervult. Dat hoeft trouwens niet. Als echter een projectleider van de leverancier de rol van Projectmanager vervult, zal de projectborging door de klant stringenter moeten worden ingevuld.

Voor onderdelen van het uit te voeren werk kan een werkpakketbeschrijving functioneren als basis voor het af te sluiten contract. Het Teamplan van de externe leverancier kan dan niet openbaar zijn voor de klant. Een goed Voortgangsrapport vormt dan de basis waarop de Projectmanager het betreffende Werkpakket moet bewaken en beheersen.

Het Risicoregister kan ook vertrouwelijk zijn, aangezien sommige risico's alleen betrekking hebben op één partij. Als er een gezamenlijk Risicoregister wordt bijgehouden, dan moet expliciet worden aangegeven wie de eigenaars van de individuele risico's zijn.

De wijzigingsprocedure moet aansluiten op de inkoopprocedures van de klant en de goedkeuringsprocedures van de leverancier. De manier waarop er over de voortgang van het project of de fase wordt gerapporteerd, moet aansluiten op de eisen van de besturing van de beide organisaties.

Multi-organisatie projecten
Er is eerder al aangegeven dat een project altijd in een lijn- of programmaorganisatie is opgehangen. Het kan echter ook zijn dat er twee of meerdere van elkaar onafhankelijke organisaties het project initiëren, zoals bij joint ventures en interdepartementale of publiek-private samenwerkingen. In zo'n situatie wordt het eigenaarschap gedeeld door meerdere organisaties. Het wordt aangeraden om dergelijke projecten in te richten met een programmabesturing als een bovenliggende structuur boven het eigenlijke project en vast te houden aan een enkelvoudig opdrachtgeverschap voor het project zelf.

Ontwikkelende projecten

Projecten starten steeds vaker zonder een vooraf strak gedefinieerde uitkomst, maar met specificaties die zich tijdens het project ontwikkelen. De specificaties die zijn opgesteld tijdens de initiatiefase, zijn dan slechts voldoende om een raming te maken van het benodigde budget en de benodigde tijd. In iedere fase, bij iedere faseovergang, worden dan de noodzakelijke specificaties voor de volgende fase gedefinieerd en worden de specificaties van het projectresultaat aangescherpt om de blijvende zakelijke rechtvaardiging van het project zeker te stellen. Dergelijke projecten worden geheel ondersteund door de PRINCE2-methode, waar op het einde van iedere managementfase een Faseplan voor de volgende fase wordt opgesteld en het Projectplan en de Business Case worden geactualiseerd.

Haalbaarheidsprojecten

Een haalbaarheidsstudie kan nodig zijn om de situatie te onderzoeken en opties tegen elkaar af te wegen. Een dergelijke studie is een project op zichzelf, aangezien een dergelijk studie een zakelijk product oplevert met een eigen zakelijke rechtvaardiging om deze studie uit te voeren.

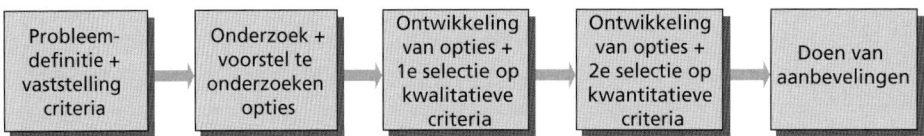

Figuur 19.4 Voorbeeld fasering haalbaarheidsstudie (Based on PRINCE2 material of AXELOS Limited)

Een haalbaarheidstudie kent een eigen levenscyclus en levert een adviesrapport op met daarin in ieder geval de aanbeveling voor het vervolg. Na de probleemdefinitie (initiatiefase) wordt eerst de situatie onderzocht en mogelijke opties benoemd. Vervolgens worden de opties uitgewerkt en kwalitatief beoordeeld om te komen tot een eerste selectie. De haalbare alternatieven worden vervolgens in detail uitgewerkt en dan ook kwantitatief vergeleken. Ten slotte volgt het uiteindelijke rapport met de conclusies en aanbevelingen (zie figuur 19.4). Op basis van de uitkomsten van een dergelijke haalbaarheidsstudie kan vervolgens een uitvoeringsproject worden opgestart.

Projecten in een private of publieke sector

Publieke en private projecten kunnen behoorlijk verschillen. Ondanks de soms grote verschillen, is het gebruik van een Business Case gelukkig vrijwel overal geaccepteerd. De vraag 'is het verstandig in dit project te investeren' moet altijd worden gesteld.

De Business Case wordt in de private sector meestal gebaseerd op een return on investment. In de publieke sector is er nog vaak sprake van een politieke besluitvorming, maar ook in die besluitvorming staat steeds vaker de vraag centraal: 'wat is de toegevoegde waarde?' Is het realistisch en willen we zo veel geld uitgeven voor de voorgestelde oplossing of zijn er andere, minder dure oplossingen voor handen? Ook bij de overheid groeien de bomen niet meer tot in de hemel en ook daar kan het geld slechts eenmaal worden uitgegeven.

Zowel in de publieke als private sector is het cruciaal dat de verschillende belanghebbenden bij het project worden betrokken. De keuze of dit vorm wordt gegeven middels een Stuurgroep is meer afhankelijk van de cultuur en de omvang van de organisatie en het belang, de grootte en complexiteit van het project, dan van de sector. In de publieke sector worden nog wel eens andere overlegorganen ingericht, waarvan de verantwoordelijkheden en vooral de bevoegdheden vooraf onduidelijk zijn. Dat is een situatie die altijd moet worden vermeden.

Gezien de publieke verantwoordelijkheid zie je in de publieke sector wel dat de verschillende rapportages en besluiten vaker formeel moeten worden vastgelegd dan in de private sector. Binnen de methode PRINCE2 is dit geheel naar de behoefte van de klant in te vullen.

Bijlage A Opzet managementproducten

In deze bijlage wordt de opzet van de managementproducten beschreven, zoals deze door de methode PRINCE2 worden gedefinieerd. De managementproducten worden in alfabetische volgorde beschreven.

Voor ieder type managementproduct geldt dat deze, indien nodig, aangepast aan en toegesneden op de specifieke eisen en omgeving van het project moet worden.

De managementproducten zijn te onderscheiden in baselineproducten, bestanden en rapporten (zie figuur A.1).

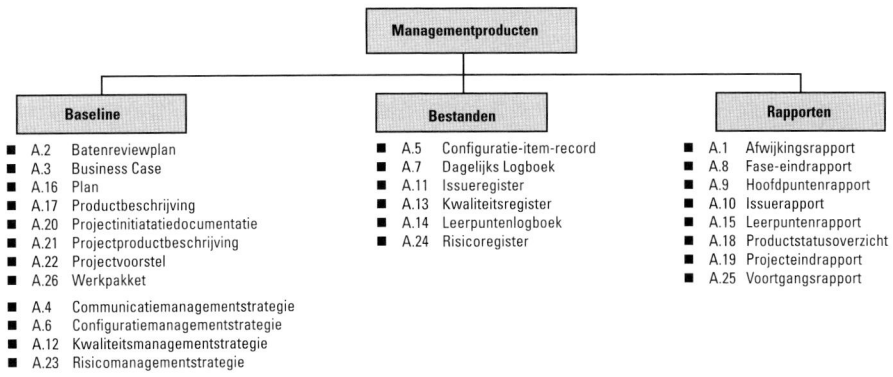

Figuur A.1 Overzicht Managementproducten

Baselineproducten:
- Deze managementproducten beschrijven het project en kunnen alleen na goedkeuring en via een formele wijzigingsprocedure worden aangepast.

De (presentatie)vorm van deze producten kan verschillen. Meestal worden deze producten echter gepresenteerd in de vorm van een tekstdocument, een spreadsheet of een presentatie. Soms worden deze producten ook gepresenteerd in de vorm van een mindmap of als onderdeel van een (software) ondersteuningstool. Soms zijn het afzonderlijke documenten. Een andere keer worden de verschillende documenten samengevoegd tot één document.

Bestanden:
- Dit zijn managementproducten die informatie bevatten over de voortgang van het project.

Deze producten worden regelmatig geactualiseerd. Deze producten worden meestal weergegeven in de vorm van een tekstdocument, spreadsheet of volgens een speciaal ontworpen sjabloon en geprint vanuit een database. De verschillende registers kunnen zo nodig worden samengevoegd. Het Dagelijks Logboek kan een kladblok zijn, maar ook een elektronische agenda of een PDA.

Rapporten:
- Met de rapporten wordt de actuele status van diverse aspecten van het project vastgelegd.

Ook hier geldt dat er vele (presentatie)vormen mogelijk zijn voor de verschillende rapportages. Belangrijk is dat de lezer snel en helder geïnformeerd wordt over de situatie en/of verlangde actie(s) op dat moment. Deze producten kunnen net als de bestanden tekstdocumenten of spreadsheets zijn, maar ook speciaal ontworpen sjablonen, geprint vanuit een databestand. Vaak wordt gebruikgemaakt van eenvoudige signaleringsfuncties, zoals een stoplichtsignalering. De rapportage kan ook mondeling worden gegeven tijdens een presentatie of vergadering, maar kan ook via e-mail lopen.

De inhoud van de verschillende managementproducten wordt meestal gebaseerd op eerdere managementproducten die reeds zijn opgesteld of op informatie die beschikbaar wordt gesteld door het bedrijfs- of programmamanagement. Voor een overzicht van de relaties tussen de verschillende managementproducten, zie figuur A.2.

■ A.1 AFWIJKINGSRAPPORT

Doel:
Een Afwijkingsrapport wordt door de Projectmanager opgesteld als de afgesproken toleranties van een Project- of Faseplan dreigen te worden overschreden. Het Afwijkingsrapport geeft de Stuurgroep inzicht in de mogelijke opties en aanbevelingen over mogelijkheden hoe verder te gaan. Het afwijkingsrapport wordt gemaakt tijdens het proces Beheersen van een Fase.

Samenstelling:
- Titel.
- Oorzaak van de afwijking.
- Consequenties van de afwijking, voor zowel het project als het bedrijfs- en programmanagement.
- Mogelijke opties, met voor iedere optie de consequenties voor de Business Case, risico's en toleranties.
- Aanbevelingen, inclusief de onderbouwing.
- Leerpunten voor het lopende project en toekomstige projecten.

Afgeleid van / Managementproduct	A.1 Afwijkingsrapport	A.2 Batenreviewplan	A.3 Business Case	A.4 Communicatiemanagementstrategie	A.5 Configuratie-item-record	A.6 Configuratiemanagementstrategie	A.7 Dagelijks Logboek	A.8 Fase-eindrapport	A.9 Hoofdpuntenrapport	A.10 Issuerapport	A.11 Issueregister	A.12 Kwaliteitsmanagementstrategie	A.13 Kwaliteitsregister	A.14 Leerpuntenlogboek	A.15 Leerpuntenrapport	A.16 Plan (Project-, Fase-, Team-, Afwijkings-)	A.17 Productbeschrijving	A.18 Productstatusoverzicht	A.19 Projecteindrapport	A.20 Projectinitiatiedocumentatie	A.21 Projectproductbeschrijving	A.22 Projectvoorstel	A.23 Risicomanagementstrategie	A.24 Risicoregister	A.25 Voortgangsrapport	A.26 Werkpakket
Workshops en informele gesprekken				X		X						X								X	X	X				
Werkpakket					X			X		X				X											X	■
Voortgangsrapport	X								X	X				X											■	
Teamplan en urenregistratie	X												X			■									X	
Risicoregister	X		X		X			X	X	X				X	X	X			X					■		
Risicomanagementstrategie				X												X							■	X		
Projectvoorstel			X									X		X		X						■	X			
Rapportagebeschrijving		X										X								X	■					
Projectplan	X							X								■			X							
Projectinitiatiedocumentatie				X					X						X				X	■						
Projectmandaat			X											X							X			X		
Productstatuslijst																		■								
Productdecompositiestructuur					X												X									
Product beschrijving																	■									
Bedrijfskwaliteitsmanagementsysteem (QMS)						X																				
Leerpuntenrapport								X				X		X	■				X							
Leerpuntenlogboek										X				■	X											
Kwaliteitsverwachting van de klant						X						X														
Kwaliteitsregister	X				X			X	X	X			■	X	X	X			X							
Kwaliteitsmanagementstrategie				X								■	X			X	X		X					X		X
Issueregister	X		X		X			X	X		■			X	X	X										
Issuerapport										■	X															
Hoofdpuntenrapport	X								■	X				X												
Gedachten, gesprekken, observaties							X			X	X			X												
Fase-eindrapport								■		X									X							
Faseplan	X				X			X	X	X			X	X				X						X		X
Dagelijks Logboek							■							X												
Configuratiemanagementstrategie				X	X	■										X	X	X								X
Configuratie-itemrecord					■																					
Communicatiemanagementstrategie				■					X	X	X				X	X										
Business Case		X	■																X				X			
Bedrijfscommunicatie-standaarden				X																						
Bedrijfs- en Programmamanagement standaarden en plannen				X								X										X	X			
Belanghebbendeanalyse				X																						
Batenreviewplan		■						X											X							
Afwijkingsrapport	■							X											X							
Advies van de Stuurgroep	X																									

Figuur A.2 Relaties managementproducten

Kwaliteitscriteria:
- Is de huidige status van de voortgang en de bestedingen eenduidig en nauwkeurig aangegeven?
- Is de oorzaak van de afwijking duidelijk aangegeven en zijn alle consequenties duidelijk beoordeeld en beschreven?
- Zijn bij de beschrijving van de consequenties de gevolgen voor de Business Case en het Projectplan meegenomen?
- Zijn opties geanalyseerd en is in de aanbeveling van de Projectmanager ook aangegeven waarop hij dit baseert?
- Is het Afwijkingsrapport op de juiste wijze en tijdig beschikbaar gesteld?

■ A.2 BATENREVIEWPLAN

Doel:
Het op een gestructureerde manier vastleggen van hoe en wanneer zal worden vastgesteld of de baten die de Opdrachtgever met het projectresultaat wilde realiseren, ook daadwerkelijk worden behaald. Het Batenreviewplan wordt opgesteld in het proces Initiëren van een Project. Het Batenreviewplan wordt geactualiseerd bij iedere faseovergang en tijdens het proces Afsluiten van een Project.

Samenstelling:
- Welke baten moeten worden gemeten.
- Wie verantwoordelijk is voor de verwachte baten.
- Hoe en wanneer de verwachte baten het best kunnen worden gemeten en vaststellen van de beginsituatie van waaruit de baten kunnen worden gemeten.
- Benodigde inzet van mensen en middelen om de baten te kunnen beoordelen.
- Hoe de prestaties van de op te leveren producten zullen worden gemeten.

Kwaliteitscriteria:
- Zijn alle genoemde voordelen uit de Business Case meegenomen?
- Is er een beginsituatie bepaald (nulmeting)?
- Zijn de baten meetbaar?
- Is er vastgelegd wie nodig is of welke competenties noodzakelijk zijn voor de metingen en wanneer de metingen worden uitgevoerd?
- Zijn de geraamde inspanningen en kosten realistisch?
- Is er overwogen of eventuele negatieve baten ook moeten worden gemeten?

■ A.3 BUSINESS CASE

Doel:
De Business Case geeft de zakelijke rechtvaardiging voor het project weer. De Business Case geeft antwoord op de vragen: Waarom doen we dit project? Welke investeringen zijn hiervoor nodig? Wat zijn de verwachte baten? De redenen om het project uit te

voeren, worden gegeven in het Projectmandaat. In het proces Opstarten van een Project worden de hoofdlijnen van de Business Case vastgesteld. In de Initiatiefase wordt de Business Case aangescherpt. De Business Case wordt gedurende Beheersen van een Fase gebruikt om de impact van risico's en issues te beoordelen. Tijdens Managen van een Faseovergang en Afsluiten van een Project wordt de Business Case geactualiseerd.

Samenstelling:
- Managementsamenvatting met ten minste de belangrijkste baten en de terugverdientijd van de investering.
- Redenen om het project uit te voeren en hoe het project bijdraagt aan de strategische doelen van de organisatie.
- Mogelijke opties die zijn overwogen (nuloptie en een minimale en maximale variant) plus de argumentatie waarom daarvoor niet is gekozen.
- Te verwachten voordelen ten opzichte van de huidige situatie, kwalitatief en kwantitatief plus de toleranties voor iedere bate.
- Te verwachten nadelen, zoals hogere onderhouds- en exploitatiekosten.
- Investeringen en bijbehorende aannames (extract van Projectplan) plus exploitatiekosten en financieringsafspraken.
- Tijdsplanning project (extract van Projectplan) en economische levensduur investering.
- Investeringsanalyse plus wijze van financiering.
- Belangrijkste risico's en het geaggregeerd risiconiveau met de eventuele tegenmaatregelen.
- Advies ten aanzien van zakelijke rechtvaardiging en mogelijk te nemen acties.

Kwaliteitscriteria:
- Liggen de redenen om het project uit te voeren in lijn met de bedrijfs- en programmadoelstellingen?
- Is duidelijk wat de gewenste optie is en waarom?
- Zijn de baten duidelijk gedefinieerd en gekwantificeerd en leveren ze ook echt financiele voordelen op en is duidelijk hoe deze gerealiseerd gaan worden?
- Sluit de Business Case aan op het Projectplan?
- Is duidelijk wat een succesvolle uitkomst van het project is?
- Is duidelijk hoe de noodzakelijke investeringen worden gefinancierd?
- Zijn ook mogelijke bedrijfsrisico's meegenomen, inclusief voorgestelde tegenmaatregelen?
- Is de Business Case opgesteld conform de bedrijfsstandaarden?

■ A.4 COMMUNICATIEMANAGEMENTSTRATEGIE

Doel:
Met behulp van deze strategie wordt alle interne en externe communicatie van en naar de belanghebbenden vastgelegd. Alle belanghebbenden hebben op deze manier inzicht in met welke frequentie en via welke middelen communicatie tussen hen en het project

plaatsvindt. Dit faciliteert de 'verbondenheid' van de belanghebbenden met het project. De Communicatiemanagementstrategie wordt opgesteld in het proces Initiëren van een Project.

Samenstelling:
- Introductie, inclusief het doel, de doelstellingen en de scope. Tevens wordt vastgelegd wie verantwoordelijk is voor het opstellen van de strategie.
- Communicatieprocedures en eventuele afwijkingen van de organisatiestandaarden.
- Gebruikte ondersteunende producten en middelen.
- Bestanden die gebruikt en bewaard worden.
- Rapportages die opgesteld worden, inclusief het doel, de frequentie en de geadresseerden.
- Tijdsplanning van de diverse communicatieactiviteiten.
- Rollen en verantwoordelijkheden, inclusief die van eventuele betrokkenen uit het bedrijfs- en programmamanagement.
- Belanghebbendenanalyse:
  - Identificatie van alle betrokken partijen.
  - Huidige en gewenste relatie plus onderlinge relaties en verhoudingen.
  - Kernboodschap.
- Informatiebehoefte voor iedere belanghebbende:
  - Informatie aan te leveren door het project.
  - Informatie aan te leveren aan het project.
  - Wie de informatie levert en voor wie die bestemd is.
  - Hoe, hoe vaak en op welke wijze wordt gecommuniceerd.
- Beschrijving hoe uitvoering en effectiviteit van de strategie gecontroleerd worden.

Kwaliteitscriteria:
- Zijn alle belanghebbenden geïdentificeerd en zijn hun communicatiebehoeften meegenomen?
- Is met alle belanghebbenden overeenstemming bereikt ten aanzien van inhoud, frequentie en wijze van communicatie?
- Is een algemene communicatiestandaard overwogen?
- Indien het project een onderdeel is van een programma: zijn de communicatielijnen en -structuren tussen project en programma duidelijk vastgelegd?
- Zijn de verschillende communicatiemiddelen en frequenties op elkaar afgestemd? Zijn tijd, kosten en capaciteit voor het uitvoeren van de communicatiewerkzaamheden voorzien en gereserveerd in de diverse plannen?
- Is er voorzien in een beoordeling of de wijze van communicatie effectief is?

■ A.5 CONFIGURATIE-ITEM-RECORD

Doel:
De Configuratie-item-record bevat alle noodzakelijke informatie van het betreffende configuratie-item (CI) en de onderlinge relaties met andere configuratie-items. De

Configuratie-item-records worden opgesteld als onderdeel van de Configuratiemanagementstrategie in het proces Initiëren van een Project. De Configuratie-item-records worden inhoudelijk gevuld tijdens het opstellen van de betreffende plannen en geactualiseerd in de loop van het project.

Samenstelling:
- Projectidentificatienummer.
- Identificatienummer CI.
- Huidig versienummer CI.
- Productnaam CI.
- Eigenaar CI na oplevering.
- Gebruikers CI na oplevering.
- Fase wanneer het CI gemaakt wordt.
- Bron, bijvoorbeeld zelf geproduceerd of leverancier.
- Producent CI: naam persoon of groep verantwoordelijk voor realisatie of inkoop.
- Datum vrijgave, bijvoorbeeld voor productie.
- Status CI, bijvoorbeeld in ontwikkeling, in test.
- Datum laatste wijziging.
- Type CI, bijvoorbeeld component, product, release.
- Categorie CI, bijvoorbeeld hardware of software.
- Varianten CI, bijvoorbeeld andere taal.
- Locatie opslag, bijvoorbeeld directory of magazijn.
- Kopiehouders (indien van toepassing).
- Referentie naar gerelateerde CI's.
- Referentie naar relevante issues en risico's.
- Referentie naar overige relevante correspondentie en documentatie.

Kwaliteitscriteria:
- Geven de Configuratie-items-records de status van de CI's correct weer?
- Zijn alle Configuratie-items-records op een juiste wijze opgeslagen in de configuratiedatabase en is deze voldoende beveiligd?
- Sluiten de versienummers van de Configuratie-items-records aan op de CI's die in omloop zijn?
- Is de historie van de CI's vastgelegd?
- Is er een proces beschreven waar wijzigingen van de Configuratie-item-records geautoriseerd worden en zijn deze geautoriseerde wijzigingen vastgelegd?

■ A.6 CONFIGURATIEMANAGEMENTSTRATEGIE

Doel:
Het op een eenduidige en gestructureerde wijze vastleggen van hoe de producten van het project worden beheerd en beschermd. De Configuratiemanagementstrategie wordt opgesteld tijdens het proces Initiëren van een Project.

Samenstelling:
- Introductie, inclusief het doel, de doelstellingen en de scope. Tevens wordt vastgelegd wie verantwoordelijk is voor het opstellen van de strategie.
- Configuratiemanagementprocedure en eventuele afwijkingen van de organisatiestandaarden.
- Issue- en wijzigingsprocedure en eventuele afwijkingen van de organisatiestandaarden.
- Gebruikte ondersteunende producten en middelen.
- Gebruikte bestanden (Issueregister, configuratiemanagementdatabase).
- Rapportages (Issuerapport, Productstatusoverzicht).
- Planning van de configuratiemanagement-, issue- en wijzigingsactiviteiten.
- Rollen en verantwoordelijkheden, inclusief die van eventueel betrokken personen uit het bedrijfs- of programmamanagement en de eventuele Wijzigingsautoriteit met het toegekende wijzigingsbudget.
- Categorieën om de ernst en de prioriteit van de issues te kunnen classificeren.
- Samenhang met andere bestaande relevante configuratiemanagementsystemen.
- Beschrijving hoe uitvoering en effectiviteit van de strategie gecontroleerd worden.

Kwaliteitscriteria:
- Zijn de verantwoordelijkheden duidelijk voor zowel de klant als de leverancier?
- Zijn de gemeenschappelijke identificatiecodes vastgesteld?
- Zijn de afspraken voor versiebeheer en voor uitgifte en distributie duidelijk?
- Biedt de strategie de Projectmanager alle noodzakelijke productinformatie?
- Zijn de procedures getoetst aan de bedrijfs- en programmastandaarden?
- Is de strategie in verhouding met de grootte en complexiteit van het project?
- Zijn de juiste mensen beschikbaar voor het administreren van het gekozen configuratiemanagementsysteem?
- Is overwogen om bestaande configuratiemanagementsystemen te gebruiken?

■ A.7 DAGELIJKS LOGBOEK

Doel:
Het op een gestructureerde wijze vastleggen van alle relevante informatie en gebeurtenissen in het project die niet of niet direct worden afgedekt door andere documenten. Het Dagelijks Logboek functioneert vaak als het persoonlijke logboek van degene die dit bijhoudt. Het Dagelijks Logboek wordt ingericht tijdens het proces Opstarten van een Project.

Samenstelling:
Voor iedere registratie in het logboek:
- Datum registratie.
- Actie/waarneming/probleem/commentaar.
- Verantwoordelijke persoon.
- Geplande datum gereed.
- Resultaat.

Kwaliteitscriteria:
- Zijn de aantekeningen in het Dagelijks Logboek leesbaar en eenduidig/begrijpbaar als deze later worden geraadpleegd?
- Zijn alle relevante aantekeningen gebruikt voor vastlegging in de daarvoor bestemde managementproducten?
- Is overwogen wie er allemaal inzage moeten hebben in het Dagelijkse Logboek?
- Zijn datum, verantwoordelijke persoon en geplande datum gereed steeds ingevuld?

A.8 FASE-EINDRAPPORT

Doel:
Het Fase-eindrapport geeft inzicht in de voortgang en de actuele status van het project en is de verantwoording van de Projectmanager over de afgelopen fase. Op basis hiervan kan de Stuurgroep een gefundeerde beslissing nemen over het vervolg van het project (go/no go-beslissing voor de volgende fase) en decharge verlenen over de afgelopen fase of het project. Het fase-eindrapport wordt opgesteld in het proces Managen van een Faseovergang.

Samenstelling:
- Samenvatting en verantwoording van Projectmanager over de afgelopen fase.
- Beoordeling van de Business Case.
- Reeds gerealiseerde baten tot heden.
- Later te realiseren Baten.
- Verwachte netto-opbrengsten.
- Afwijkingen van de geaccordeerde Business Case.
- Geaggregeerd risiconiveau.
- Beoordeling in hoeverre geplande projectdoelstellingen zijn gerealiseerd.
- Beoordeling in hoeverre geplande fasedoelstellingen zijn gerealiseerd.
- Beoordeling teamprestatie.
- Beoordeling producten:
  - Kwaliteitsbestanden.
  - Goedkeuringsbestanden.
  - Afwijkingen van de specificaties.
  - Gefaseerde oplevering (indien relevant).
  - Samenvatting aanbevelingen van vervolgacties (indien relevant).
- Leerpuntenrapport (indien relevant).
- Samenvatting van huidige risico's en issues.
- Inschatting om voor het vervolg van het project en de volgende fase de geplande prestatiedoelstellingen binnen de gestelde toleranties te kunnen realiseren.

Kwaliteitscriteria:
- Geeft het rapport een duidelijk beeld van de voortgang versus het plan?
- Geeft het rapport een goede verantwoording van de afgelopen fase?
- Zijn afwijkende situaties beschreven, inclusief de consequenties voor het project?

- Is iedereen die verantwoordelijk is voor de Projectborging het eens met de inhoud van het rapport?

■ A.9 HOOFDPUNTENRAPPORT

Doel:
Het Hoofdpuntenrapport wordt opgesteld door de Projectmanager voor de Stuurgroep (en mogelijk voor andere belanghebbenden) om hen periodiek een overzicht op hoofdpunten te geven van de status, de voortgang en potentiële problemen van het project. Hoofdpuntenrapporten worden opgesteld tijdens de activiteit 'hoofdpunten rapporteren' in het proces Beheersen van een Fase.

Samenstelling:
- Datum uitgifte.
- Periode.
- Samenvatting huidige status.
- Afgelopen periode:
  - Werkpakketten (wacht op autorisatie, in uitvoering, afgehandeld).
  - Gerealiseerde producten.
  - Geplande producten niet gestart of opgeleverd.
  - Genomen corrigerende maatregelen.
- Volgende periode:
  - Werkpakketten (te autoriseren, in uitvoering, op te leveren).
  - Op te leveren producten.
  - Te nemen corrigerende maatregelen.
- Status Wijzigingsverzoeken (ingekomen, goedgekeurd/afgewezen, lopend).
- Status van de Project- en Fasetoleranties.
- Status belangrijkste issues en risico's.
- Leerpunten (indien relevant).

Kwaliteitscriteria:
- Geeft het rapport de huidige status van de periode juist weer?
- Is de inschatting voor de volgende periode reëel?
- Worden potentiële problemen goed voor het voetlicht gebracht?
- Is de informatie op tijd, relevant, accuraat en objectief?
- Is de diepgang en de frequentie van de rapportage juist?

■ A.10 ISSUERAPPORT

Doel:
Het vastleggen van de beschrijving, de impact en de beslissingen aangaande wijzigingsverzoeken, afwijking van de specificaties en problemen/punten van zorg.
Het Issuerapport wordt opgesteld tijdens de activiteit 'issues en risico's verzamelen en beoordelen' in het proces Beheersen van een Fase.

Samenstelling:
- Identificatienummer.
- Type issue (wijzigingsverzoek, afwijking van de specificatie, probleem/punt van zorg).
- Datum registratie.
- Indiener.
- Opsteller Issuerapport.
- Omschrijving issue.
- Impactanalyse.
- Aanbeveling.
- Prioriteit.
- Ernst.
- Beslissing.
- Goedgekeurd door.
- Beslissingsdatum.
- Sluitingsdatum.

Kwaliteitscriteria:
- Is het probleem of de vraagstelling duidelijk?
- Zijn alle consequenties bij de beoordeling van het issue meegenomen?
- Is het issue op de juiste wijze geregistreerd in het issueregister?
- Zijn de genomen besluiten helder en ondubbelzinnig vastgelegd?

A.11 ISSUEREGISTER

Doel:
Het op een gestructureerde manier vastleggen van alle issues die formeel moeten worden afgehandeld. Het Issueregister wordt ingericht tijdens het proces Initiëren van een Project en wordt geactualiseerd zodra nieuwe issues worden vastgelegd of de status van de uitstaande issues wijzigt.

Samenstelling:
Voor iedere registratie in het register:
- Identificatienummer.
- Type issue (Wijzigingsverzoek, afwijking van de specificatie, probleem/punt van zorg).
- Indiener.
- Opsteller Issuerapport.
- Datum registratie.
- Omschrijving issue, de reden en impact.
- Prioriteit.
- Ernst.
- Status.
- Sluitingsdatum.

Kwaliteitscriteria:
- Is de status van eventueel te nemen acties bekend?
- Heeft ieder projectissue een uniek referentienummer?
- Wordt de toegang tot het Issuelogboek beheerd?
- Wordt het Issuelogboek op een veilige plek bewaard?

A.12 KWALITEITSMANAGEMENTSTRATEGIE

Doel:
In de strategie staat beschreven hoe de kwaliteit van de te realiseren producten geborgd wordt, zodat voldaan wordt aan de Kwaliteitsverwachting van de klant. De Kwaliteitsmanagementstrategie wordt opgesteld in het proces Initiëren van een project.

Samenstelling:
- Introductie, inclusief het doel, de doelstellingen en de scope. Tevens wordt vastgelegd wie verantwoordelijk is voor het opstellen van de strategie.
- Kwaliteitsmanagementprocedures en eventuele afwijkingen van organisatiestandaarden:
  - Kwaliteitsplanning.
  - Kwaliteitsbeheersing:
    - Van toepassing zijnde kwaliteitsstandaarden.
    - Toe te passen sjablonen en formulieren.
    - Definities van het type kwaliteitsmethode (bijvoorbeeld inspectie, review, audit).
    - Toe te passen meetsytemen.
  - Kwaliteitsborging:
    - Kwaliteitsverantwoordelijkheden van de leden van de Stuurgroep.
    - Compliance audits.
    - Reviews van bedrijfs- en/of programmamanagement.
- Gebruikte ondersteunende producten en middelen.
- Gebruikte bestanden (bijvoorbeeld kwaliteitsregister).
- Rapportages, inclusief hun doel, frequentie en geadresseerden.
- Planning van de kwaliteitscontroles en andere kwaliteitsactiviteiten.
- Rollen en verantwoordelijkheden, inclusief die van eventueel betrokken personen uit het bedrijfs- of programmamanagement.

Kwaliteitscriteria:
- Is er duidelijk gedefinieerd hoe aan de Kwaliteitsverwachtingen van de klant zal worden voldaan?
- Is het duidelijk gedefinieerd hoe aan de productkwaliteitseisen van de klant worden voldaan en hoe deze worden beoordeeld?
- Zijn de verantwoordelijkheden voor het realiseren van de vereiste kwaliteit eenduidig gedefinieerd?

- Zijn de verantwoordelijkheden voor kwaliteit ook tot op het projectoverstijgende niveau gedefinieerd en dus onafhankelijk van het project en de Projectmanager?
- Sluit de strategie aan op het kwaliteitsbeleid van de betrokken organisaties?
- Voldoet de strategie aan de bedrijfs- en/of programmakwaliteitsstandaarden?
- Is de aanpak van kwaliteitsborging afgestemd op de toe te passen standaarden?

A.13 KWALITEITSREGISTER

Doel:
Het op een gestructureerde manier vastleggen van alle geplande en uitgevoerde kwaliteitsactiviteiten, zodat alle kwaliteitsactiviteiten een uniek referentienummer krijgen als verwijzing naar alle kwaliteitsbestanden en er een overzicht is van alle uitgevoerde en uit te voeren kwaliteitsactiviteiten. Het Kwaliteitsregister wordt gecreëerd tijdens het proces Initiëren van een Project, wordt geactualiseerd bij de vaststelling van de opeenvolgende plannen en bijgewerkt na iedere kwaliteitscontroleactiviteit.

Samenstelling:
Voor iedere registratie in het register:
- Identificatienummer.
- Productnummer en producttitel.
- Type kwaliteitsbeoordeling (bijvoorbeeld test, review, audit, pilot).
- Verantwoordelijke staf of persoon (namen, functie), bijvoorbeeld voor een Kwaliteitsreview: voorzitter, productvertegenwoordiger, reviewers, secretaris.
- Geplande, ingeschatte en uitvoeringsdata van data voor:
  - Kwaliteitsbeoordeling.
  - Goedkeuring.
- Resultaat (bijvoorbeeld goedgekeurd, gedeeltelijk goedgekeurd, afgekeurd).
- Kwaliteitsbestanden, zijnde de referenties naar inspectiedocumentatie (bijvoorbeeld testplannen of uit te voeren acties).

Kwaliteitcriteria:
- Is er een procedure die borgt dat alle uit te voeren kwaliteitscontroles ook daadwerkelijk in het Kwaliteitsregister worden opgenomen?
- Is de verantwoordelijkheid voor het bijhouden van het Kwaliteitsregister toegewezen aan een specifiek persoon?
- Is alle input uniek geïdentificeerd en gekoppeld aan een product?
- Zijn alle te nemen acties duidelijk en helder gecommuniceerd?
- Is het Kwaliteitsregister op een juiste wijze opgeslagen en is deze voldoende beveiligd?
- Zijn alle kwaliteitsactiviteiten afgestemd op de benodigde mate van controle?

■ A.14 LEERPUNTENLOGBOEK

Doel:
Het op een gestructureerde wijze vastleggen van de leerpunten gedurende het project. Deze leerpunten kunnen nuttig zijn voor het vervolg van het project en kunnen later ook input leveren voor het Leerpuntenrapport en zo voor volgende projecten. Het Leerpuntenlogboek wordt ingericht in het proces Opstarten van een Project. Het Leerpuntenlogboek moet minimaal worden geactualiseerd aan het einde van iedere fase.

Samenstelling:
Voor iedere registratie in het logboek:
- Type leerpunt:
  - Op projectniveau en toe te passen op onderhavig project.
  - Op bedrijfs- en/of programmamanagementniveau en door te geven aan bedrijfs- en/of programmamanagement.
  - Op zowel project als bedrijfs- en/of programmamanagementniveau.
- Beschrijving van de leerpunten (gebeurtenis, impact, aanleiding/triggers, waarschuwingindicators, wel of niet als risico geïdentificeerd).
- Datum.
- Indiener.
- Prioriteit.

Voor alle leerpunten moeten steeds de volgende vragen worden gesteld: 'Wat ging goed? Wat kan beter? En wat zijn de aanbevelingen'?

Kwaliteitscriteria:
- Zijn er afspraken gemaakt over door wie en wanneer het Leerpuntenlogboek geactualiseerd wordt?
- Wordt het Leerpuntenlogboek minimaal aan het einde van iedere fase geactualiseerd?
- Zijn de leerpunten uniek geïdentificeerd en is het duidelijk op welk product of proces ze betrekking hebben?
- Zijn alle leerpunten op een juiste wijze opgeslagen en voldoende beveiligd?

■ A.15 LEERPUNTENRAPPORT

Doel:
Het op een gestructureerde wijze vastleggen van alle relevante leerpunten van het project voor andere projecten, om deze op een gestructureerde wijze door te kunnen geven aan de betrokken organisatie. Het Leerpuntenrapport wordt opgesteld als onderdeel van de processen Managen van een Faseovergang en Afsluiten van een Project. Het verdient echter aanbeveling om, indien relevant, ook tussentijds Leerpuntenrapporten op te stellen en ter goedkeuring voor verspreiding aan de Stuurgroep aan te bieden.

Samenstelling:
- Managementsamenvatting.
- Scope van het rapport (fase of project).
- Beoordeling wat ging goed en wat kan/moet beter:
  - Projectmanagementmethode (inclusief het op maat maken van PRINCE2).
  - Gebruikte specialistische methoden.
  - Toegepaste projectmanagementstrategieën.
  - Beheersinstrumenten, inclusief het effect van maatwerk.
- Beoordeling van de verzamelde gegevens, bijvoorbeeld:
  - Nacalculatiegegevens.
  - Statistische gegevens over kwaliteitsactiviteiten.
  - Statische gegevens over issues en risico's.

Voor specifieke leerpunten kan het noodzakelijk zijn deze aan te vullen met details, zoals gebeurtenis, impact, aanleiding/triggers, waarschuwingindicatoren en wel of niet als risico geïdentificeerd.

Kwaliteitscriteria:
- Zijn alle beheersinstrumenten meegenomen in de beoordeling?
- Is een statistische evaluatie van de kwaliteitsbeoordelingen meegenomen in de beoordeling: hoeveel fouten zijn er nog geconstateerd nadat producten eenmaal waren goedgekeurd?
- Zijn de nacalculatiegegevens voor de realisatie van alle productie-, kwaliteits- en managementproducten opgenomen en vastgelegd?
- Zijn onverwachte risico's alsnog beoordeeld om hierop voorbereid te zijn in volgende projecten?
- Is het gehele Projectmanagementteam betrokken bij de evaluatie?
- Is er goedkeuring van Projectborging?

■ A.16 PLAN (PROJECT-, FASE-, TEAM- EN AFWIJKINGSPLAN)

Doel:
Een plan is een beschrijving van hoe en wanneer doelen bereikt gaan worden. Het beschrijft tegen welke inspanning en met welke middelen de producten worden gerealiseerd. PRINCE2 kent het Projectplan, het Faseplan, het Teamplan en het Afwijkingsplan. Het Teamplan is optioneel en kan qua samenstelling en inhoud van de overige plannen afwijken.

Samenstelling:
- Planbeschrijving, inclusief de scope van het plan en de planningsaanpak.
- Randvoorwaarden.
- Externe afhankelijkheden.
- Planaannames.
- Opgenomen leerpunten.

- Bewaking en beheersing.
- Tijd en budget, inclusief reserveringen voor risico's en wijzigingen.
- Toleranties (tijd, geld, scope en eventueel risico's).
- Bijlagen tijdsplanning, inclusief eventuele grafische weergave:
  - Gantt- of balkenschema's.
  - Productdecompositiestructuur.
  - Productstroomdiagram.
  - Netwerkplanning.
  - Overzicht van benodigde capaciteit voor de verschillende mensen en middelen.
- Overzicht van benodigde en toegewezen specifieke personen.
- Productbeschrijvingen.

Kwaliteitscriteria:
- Is het plan realistisch en haalbaar?
- Zijn eventuele schattingen gebaseerd op ervaringscijfers of onderbouwd door de uitvoerende perso(o)n(en)?
- Geeft het plan een goede beschrijving van de uit te voeren beheersactiviteiten, zoals overeengekomen in de Projectinitiatiedocumentatie?
- Kunnen de verantwoordelijke personen met de plannen het project aansturen en beheersen?
- Is het plan op het juiste detailniveau beschreven?
- Ondersteunt het plan de diverse strategieën en de projectaanpak?
- Omvat het plan reeds opgedane leerpunten en eventuele wettelijke verplichtingen?
- Voldoet het plan aan bedrijfs- en/of programmastandaarden?

A.17 PRODUCTBESCHRIJVING

Doel:
Een Productbeschrijving zorgt ervoor dat alle belanghebbenden hetzelfde beeld hebben van wat nodig is om een product te realiseren, aan welke eisen het product moet voldoen en hoe en door wie het product moet worden goedgekeurd. De Productbeschrijving wordt gemaakt zodra de noodzaak van het product is vastgesteld en wordt bevroren zodra het plan, waarin het betreffende product moet worden gerealiseerd, wordt goedgekeurd.

Samenstelling:
- Identificatienummer.
- Productnaam.
- Doel van het product.
- Samenstelling: lijst van de verschillende deelproducten.
- Bronnen, zoals:
  - Specificaties/tekeningen op basis waarvan het product moet worden gemaakt.
  - Materialen waarmee het product moet worden gemaakt.
  - Leverancier of andere partijen die het product moeten aanleveren.
- Vorm en presentatie: het formaat waaraan het product moet voldoen.

- Benodigde competenties om het product te vervaardigen.
- Kwaliteitscriteria.
- Kwaliteitstoleranties.
- Kwaliteitsmethode.
- Benodigde competenties om het product te kunnen beoordelen.
- Kwaliteitsverantwoordelijkheden:
  - Producent.
  - Reviewer(s).
  - Beslisser(s).

Kwaliteitscriteria:
- Is het duidelijk waarom het product nodig is?
- Is de Productbeschrijving voldoende gedetailleerd om een goed plan op te kunnen stellen voor de realisatie van het product en om de voortgang van de realisatie van het product te kunnen bewaken?
- Is duidelijk wie verantwoordelijk is voor de realisatie van het product en sluit dit aan op de projectmanagementstructuur en de Kwaliteitsmanagementstrategie?
- Zijn de kwaliteitscriteria eenduidig en meetbaar en zijn de criteria in overeenstemming met de van toepassing zijnde kwaliteitsstandaards en de overeengekomen acceptatiecriteria?
- Kan met het type kwaliteitsbeoordeling worden vastgesteld of aan de kwaliteitscriteria wordt voldaan?
- Heeft de Seniorgebruiker bevestigd dat de kwaliteitscriteria voldoende zijn?
- Heeft de Seniorleverancier bevestigd dat de kwaliteitscriteria haalbaar zijn?

A.18 PRODUCTSTATUSOVERZICHT

Doel:
Een rapportage van de status van de producten binnen een gespecificeerd werkgebied. Het bevat informatie over de huidige status, de historie en de doorgevoerde wijzigingen. Het werkgebied kan het gehele project, een fase of een Werkpakket betreffen. Het overzicht is vooral geschikt om de juistheid van de in gebruik zijnde versienummers van de producten te controleren. Het overzicht wordt afgeleid van de Configuratie-item-records.

Samenstelling:
- Scope van het overzicht (project, fase, werkpakket).
- Datum overzicht is opgesteld.
- Productstatus, bijvoorbeeld:
  - Productidentificatienummer.
  - Versienummer.
  - Status en datum laatste wijziging.
  - Eigenaar, kopiehouders, locatie, gebruiker(s).
  - Producent en datum dat het product beschikbaar is gesteld.
  - Geplande en werkelijke data goedkeuring Productbeschrijving.

- Geplande en werkelijke data beoordeling/goedkeuring product.
- Geplande datum volgende beoordeling/goedkeuring product.
- Lijst van gerelateerde producten.
- Lijst relevante issues en risico's.

Kwaliteitscriteria:
- Zijn de namen van alle producten gelijk aan de namen in de productdecompositiestructuur en de Configuratie-item-records?
- Komen de gegevens en de data overeen met hetgeen hierover is vastgelegd in het geactualiseerde Faseplan?

A.19 PROJECTEINDRAPPORT

Doel:
De Projectmanager legt met dit rapport op het eind van het project verantwoording af aan de Stuurgroep over het verloop van het project. In dit rapport wordt het opgeleverde resultaat vergeleken met het gewenste resultaat zoals is vastgelegd in de Projectinitiatiedocumentatie. Tevens biedt het de mogelijkheid om leerpunten en details over nog te verrichten werk, doorlopende risico's en potentiële productwijzigingen over te dragen aan degenen die verantwoordelijk zijn voor toekomstige ondersteuning. Het Projecteindrapport wordt gecreëerd tijdens het proces Afsluiten van een Project.

Samenstelling:
Rapportage van de Projectmanager omtrent projectresultaten (opgeleverde resultaten, tijd, geld).
- Beoordeling van de Business Case.
- Beoordeling van de gerealiseerde projectdoelstellingen.
- Beoordeling van de teamprestatie.
- Beoordeling van producten:
  - Kwaliteitsbestanden.
  - Goedkeuringsbestanden.
  - Afwijking van de specificaties.
  - Overdracht van het projectresultaat.
- Samenvatting aanbevelingen voor vervolgacties.
- Leerpuntenrapport.

Kwaliteitscriteria:
- Geeft het rapport een goede verantwoording van het verloop van het project?
- Zijn alle afwijkende situaties en de impact ervan volledig beschreven?
- Zijn alle issues afgehandeld of vastgelegd in de aanbevelingen voor vervolgacties?
- Zijn de aanbevelingen voor vervolgacties vergezeld met relevante ondersteunende documentatie?
- Is iedereen die verantwoordelijk is voor de Projectborging het eens met de inhoud van het rapport?

A.20 PROJECTINITIATIEDOCUMENTATIE (PID)

Doel:
De Projectinitiatiedocumentatie bevat alle informatie die de Stuurgroep nodig heeft om de uitvoering van het project te kunnen autoriseren. Het is de basis voor het managen van het project en het beoordelen van het projectsucces. Het is te beschouwen als een 'contract' tussen de Projectmanager en de Stuurgroep voor het project.

De Projectinitiatiedocumentatie geeft antwoord op de vragen:
- Wat wil men met het project bereiken?
- Waarom is het belangrijk om dit te bereiken?
- Waar wordt het project uitgevoerd?
- Wie zijn erbij betrokken en wat zijn de verantwoordelijkheden?
- Hoe en wanneer gaat een en ander gebeuren?

De Projectinitiatiedocumentatie wordt samengesteld tijdens het proces Initiëren van een Project als laatste activiteit.

Samenstelling:
- Projectdefinitie:
  - Achtergrond.
  - Projectdoelstellingen en gewenste uitkomst.
  - Scope en afbakening.
  - Randvoorwaarden en aannames.
  - Gebruikers en overige belanghebbenden.
  - Interfaces.
- Projectaanpak.
- Business Case.
- Projectmanagementteamstructuur en rolbeschrijvingen.
- Managementstrategieën (Kwaliteit-, Configuratie-, Risico- en Communicatie-).
- Projectplan.
- Beheersinstrumenten.
- Op maat maken PRINCE2.

Kwaliteitscriteria:
- Geeft de documentatie een goed en compleet beeld van het project?
- Beschrijft de documentie een valide en realiseerbaar project dat aansluit op de doelstellingen van het bedrijfs- of programmamanagement?
- Is de Projectmanagementteamstructuur compleet ingevuld met namen en functies?
- Wordt de projectmanagementorganisatie gevalideerd door goedgekeurde en ondertekende rolbeschrijvingen?
- Geeft de Projectmanagementstructuur aan, aan wie de Stuurgroep rapporteert?
- Sluiten de beheersinstrumenten aan op de omvang van het project, de bedrijfsrisico's en het belang van het project voor de organisatie?

- Geeft het rapport een duidelijke rapportage- en overlegstructuur en is deze adequaat voor een goede aansturing van het project?
- Zijn de afgesproken beheersinstrumenten adequaat voor de gewenste aansturing door de Stuurgroep, Projectmanager en Teammanagers?
- Zijn de afgesproken beheersinstrumenten ook toereikend voor degenen die verantwoordelijk zijn voor de Projectborging?
- Is duidelijk wie er verantwoordelijk is voor het bijhouden en vastleggen van de verschillende beheersinstrumenten?
- Zijn de doelen, aanpak en strategieën in lijn met de bedrijfsrichtlijnen op het gebied van sociale verantwoordelijkheid?
- Is de documentatie adequaat voor de grootte en complexiteit van het project? Voor kleinere projecten is een enkel document voldoende. Voor grotere projecten is een verzameling van documenten meer toepasselijk.

■ A.21 PROJECTPRODUCTBESCHRIJVING

Doel:
Vastleggen wat het project moet opleveren om door de klant geaccepteerd te worden. De Projectproductbeschrijving wordt gebruikt om tot overeenstemming te komen omtrent de scope en eisen van het project en het vaststellen van de kwaliteitsverwachting van de klant, inclusief acceptatiecriteria, methoden en verantwoordelijkheden. De Projectproductbeschrijving wordt gemaakt tijdens het proces Opstarten van een Project en verfijnd gedurende het proces Initiëren van een Project bij het opstellen van het Projectplan. De beschrijving is onderhavig aan de formele wijzigingprocedure en wordt dus tijdens het proces Managen van een Faseovergang getoetst en zo nodig geactualiseerd. Tijdens Afsluiten van een Project wordt een Projectproductbeschrijving gebruikt om te controleren of het project uiteindelijk datgene heeft opgeleverd wat verwacht was.

Samenstelling:
- Titel project.
- Doel van het projectproduct en wie het gaat gebruiken.
- Lijst van de belangrijkste op te leveren producten.
- Bronnen, zoals:
  - Projectmandaat of haalbaarheidsstudie.
  - Specificaties op basis waarvan het product moet worden gemaakt.
  - Bestaande producten die moeten worden verbeterd.
- Benodigde competenties om het product te vervaardigen.
- Kwaliteitsverwachting van de klant.
- Acceptatiecriteria.
- Projectkwaliteitstoleranties.
- Wijze waarop acceptatie zal worden vastgesteld.
- Verantwoordelijke voor het vaststellen van acceptatie.

Kwaliteitscriteria:
- Is het doel van het projectproduct duidelijk?
- Bevat de Projectproductbeschrijving de gehele scope van het project?
- Voldoen de acceptatiecriteria aan de wensen van alle belanghebbenden?
- Beschrijft de Projectproductbeschrijving hoe de gebruikers en onderhoud en beheer de opgeleverde producten zullen beoordelen? Dat wil zeggen:
  - Zijn alle criteria meetbaar en op zichzelf realistisch?
  - Zijn de criteria consistent en als combinatie realistisch?
  - Kunnen alle criteria worden getoetst binnen de projectlevenscyclus?
- Zijn bij het opstellen van de kwaliteitsverwachtingen van de klant de volgende zaken meegenomen:
  - De karakteristieken van de belangrijkste kwaliteitseisen.
  - Alle elementen van het te gebruiken kwaliteitsmanagementsysteem (QMS).
  - Alle overige standaarden die toegepast moeten worden.
  - Het niveau van klanttevredenheid wat bereikt moet worden.

■ A.22 PROJECTVOORSTEL

Doel:
Het Projectvoorstel maakt het de Stuurgroep en het bedrijfs- of programmamanagement mogelijk om na te gaan of het project voldoende levensvatbaar is. Het legt de fundering voor het proces Initiëren van een Project. Het Projectvoorstel wordt opgesteld tijdens het proces Opstarten van een Project.

Samenstelling:
- Projectdefinitie:
  - Achtergrond: context van het project en de aanleiding om het project te starten.
  - Projectdoelstellingen: de targets ten aanzien van de verschillende beheersaspecten.
  - Gewenst uitkomst: gewenste veranderingen die de Opdrachtgever met het op te leveren resultaat wil bereiken.
  - Scope: het geheel van op te leveren producten en uit te voeren activiteiten.
  - Afbakening: wat niet tot de scope van het project behoort.
  - Projecttoleranties ten aanzien van de verschillende beheersaspecten.
  - Beperkingen waaronder het project moet worden gerealiseerd.
  - Aannamen waarop het voorstel is gebaseerd.
  - Relaties met andere projecten: zowel afhankelijkheden ten aanzien van producten als de kritische inzet van mensen en middelen.
- Hoofdlijnen Business Case:
  - Een beschrijving van de bijdrage van het project aan de bedrijfsdoelstellingen, uitgedrukt (indien mogelijk) in meetbare eenheden.
  - Waarom gekozen is voor dit project in plaats van voor andere alternatieven.
  - Risico's: een inventarisatie van de belangrijkste risico's en het totale risico om het projectresultaat en de gewenste uitkomsten te realiseren.

- Projectproductbeschrijving:
    - Kwaliteitsverwachtingen van de klant (Seniorgebruiker en Opdrachtgever), zowel ten aanzien van het proces als ten aanzien van het projectresultaat.
    - Acceptatiecriteria: de eisen die de klant stelt aan het eindproduct.
- Projectaanpak.
- Projectmanagementstructuur.
- Rolbeschrijvingen.
- Referenties.

Kwaliteitscriteria:
- Is het Projectvoorstel kort maar toch volledig?
- Zijn de projectdoelstellingen SMART (Specifiek, Meetbaar, Acceptabel, Realistisch en Tijdgebonden)?
- Sluit het Projectvoorstel aan op het projectmandaat en op de eisen van de klant?
- Geeft het Projectvoorstel het management een stevige en volledige fundering om vast te stellen of het project valide is en om de projectinitiatie te autoriseren?
- Zijn verschillende mogelijkheden om het project uit te voeren onderzocht?
- Ligt de Projectaanpak in lijn met de bedrijfsrichtlijnen op het gebied van sociale verantwoordelijkheid?

A.23 RISICOMANAGEMENTSTRATEGIE

Doel:
Het op een eenduidige manier vastleggen van specifieke risicomanagementtechnieken en -standaarden, inclusief de verantwoordelijkheden voor een effectieve risicomanagementprocedure. De Risicomanagementstrategie wordt gemaakt tijdens het proces Initiëren van een Project.

Samenstelling:
- Introductie, inclusief het doel, de doelstellingen en het bereik. Tevens wordt vastgelegd wie verantwoordelijk is voor de strategie.
- Risicomanagementprocedure en eventuele afwijkingen van de organisatiestandaarden. De procedure omvat ten minste:
    - Identificeren van risico's.
    - Beoordelen van risico's.
    - Plannen van tegenmaatregelen.
    - Implementeren van tegenmaatregelen.
    - Communiceren.
- Gebruikte ondersteunende producten en middelen.
- Gebruikte bestanden (bijvoorbeeld Risicoregister).
- Rapportages, inclusief hun doel, de frequentie en de geadresseerden.
- Planning van de diverse risicomanagementactiviteiten.
- Rollen en verantwoordelijkheden, inclusief die van eventueel betrokken personen uit het bedrijfs- of programmamanagement.

- De schaalverdeling voor het bepalen van de kans en het effect van het risico.
- Risiconabijheid categorieën (bijvoorbeeld direct, in het project, na het project).
- Risicocategorieën (optioneel).
- Risicomaatregelcategorieën.
- Waarschuwingsindicatoren.
- Risicotoleranties: project- en eventuele faserisicotoleranties.
- Risicobudget (indien van toepassing).
- Beschrijving hoe uitvoering en effectiviteit van de strategie gecontroleerd worden.

Kwaliteitscriteria:
- Zijn de verantwoordelijkheden duidelijk voor zowel klant als leverancier?
- Is de risicomanagementprocedure eenduidig en begrijpelijk voor alle partijen?
- Zijn schaalverdelingen en verwachte voordelen van risico's ondubbelzinnig?
- Zijn de schaalverdelingen geschikt voor het gewenste beheersniveau?
- Zijn de risicorapportages helder vastgelegd?

A.24 RISICOREGISTER

Doel:
Het op een gestructureerde manier vastleggen van alle geïdentificeerde risico's inclusief de actuele status, historie en de te nemen tegenmaatregelen. Het Risicoregister wordt ingericht tijdens het proces Initiëren van een Project en wordt geactualiseerd zodra nieuwe risico's worden vastgelegd of als de status van de uitstaande risico's wijzigt.

Samenstelling:
- Voor iedere registratie in het register:
  - Risico-identificatie.
  - Indiener risico.
  - Datum registratie.
  - Risicocategorie.
  - Risicobeschrijving.
  - Waarschijnlijkheid risico.
  - Effect risico.
  - Verwachte geldwaarde risico.
  - Nabijheid van het risico.
  - Risicomaatregel(en).
  - Categorie risicomaatregel (per maatregel).
  - Risico-eigenaar.
  - Risico-actiehouder.
  - Actuele status van het risico.

Kwaliteitscriteria:
- Geeft het Risicoregister aan of acties zijn ondernomen?
- Heeft ieder risico een uniek referentienummer, inclusief een verwijzing naar de producten waar het betrekking op heeft?

- Heeft ieder risico een risico-eigenaar en zo nodig een risico-actiehouder?
- Is het Risicoregister op een juiste wijze opgeslagen en is deze voldoende beveiligd?

A.25 VOORTGANGSRAPPORT

Doel:
Het Voortgangsrapport is een periodieke rapportage van de Teammanager aan de Projectmanager en levert de Projectmanager informatie op over de voortgang en status van de werkzaamheden en de (tussen)resultaten van het door de Teammanager op te leveren Werkpakket. De Voortgangsrapportages worden opgesteld in het proces Managen Productoplevering.

Samenstelling:
- Datum uitgifte.
- Periode
- Vervolgacties voorgaande rapportages.
- Afgelopen periode:
  - Producten in uitvoering.
  - Gerealiseerde producten.
  - Uitgevoerde kwaliteitsactiviteiten.
  - Geïdentificeerde leerpunten.
- Volgende periode:
  - Producten in uitvoering.
  - Op te leveren producten.
  - Uit te voeren kwaliteitsactiviteiten.
- Status uitvoering Werkpakket ten opzichte van de beschikbare toleranties.
- Update issues en risico's Werkpakket.

Kwaliteitscriteria:
- Is de frequentie overeenkomstig de afspraken met de Projectmanager?
- Is de frequentie afgestemd op de grootte van de fase en het Werkpakket?
- Is de informatie op tijd, relevant, accuraat en objectief?
- Wordt al het onderhanden werk beschreven?
- Wordt gerapporteerd over alle uitstaande issues uit het voorgaande rapport?

A.26 WERKPAKKET

Doel:
Het eenduidig vastleggen van alle relevante informatie die nodig is om de verantwoordelijkheid voor het realiseren van een of meerdere producten in een project te kunnen overdragen van de Projectmanager aan een Teammanager of teamlid. Een Werkpakket wordt door de Projectmanager opgesteld in het proces Beheersen van een Fase.

Samenstelling:
- Datum.
- Verantwoordelijke voor de uitvoering.
- Omschrijving van het Werkpakket.
- Toe te passen technieken, processen en procedures.
- Interfaces gebruiksfase.
- Interfaces realisatiefase.
- Werkafspraken configuratiemanagement.
- Overeengekomen doelstellingen ten aanzien van inzet, kosten en start- en einddata en de belangrijkste mijlpalen van het Werkpakket.
- Toleranties.
- Beperkingen.
- Voortgangsrapportages.
- Wijzigingsbeheer en escalatieprocedure.
- Hoofdpunten Faseplan (extract of verwijzing).
- Productbeschrijvingen (extract of verwijzing).
- Goedkeuring: wie de op te leveren producten zal goedkeuren en hoe de Projectmanager hierover en over de afronding van het gehele Werkpakket zal worden geïnformeerd.

Kwaliteitscriteria:
- Is het Werkpakket SMART?
- Is het Werkpakket begrepen en geaccepteerd door de ontvanger?
- Zijn de Productbeschrijvingen gedefinieerd voor alle belangrijke op te leveren producten binnen het Werkpakket, inclusief de kwaliteitscriteria?
- Zijn de Productbeschrijvingen en de overige delen van het Werkpakket consistent?
- Is er overeenstemming over de toe te passen standaarden?
- Sluiten de standaarden aan op de van toepassing zijnde standaarden voor soortgelijke producten?
- Zijn alle afhankelijkheden geïdentificeerd?
- Zijn er afspraken over de voortgangsrapportages?
- Is er een escalatieprocedure voor issues en risico's opgenomen?
- Is er overeenstemming over wat er precies moet gebeuren?
- Is er overeenstemming over de beperkingen, de inzet van mensen en middelen, de te besteden kosten en de beschikbare tijd?
- Sluiten de afspraken in het Werkpakket aan op het Faseplan?
- Zijn de eisen voor een onafhankelijke toetsing vastgesteld en overeengekomen?

Bijlage B Rollen en verantwoordelijkheden

■ B.1 STUURGROEP

De Stuurgroep is naar het bedrijfs- of programmamanagement verantwoordelijk voor het succes van het project en heeft de autoriteit het project aan te sturen binnen de condities en toleranties zoals opgenomen in het projectmandaat. De Stuurgroep moet eenduidig sturing geven aan het project, de benodigde capaciteiten beschikbaar stellen en zorgen voor eenduidige besluitvorming. De Stuurgroep moet de Projectmanager zichtbaar ondersteunen en borgen dat het projectresultaat wordt opgeleverd binnen de afgesproken toleranties. De Stuurgroep moet het project afschermen van de omgeving. Tot slot is de Stuurgroep verantwoordelijk voor de communicatie met het bedrijfs- of programmamanagement en de andere belanghebbenden.

De individuele leden van de Stuurgroep kunnen de borging dat het project conform afspraak wordt uitgevoerd delegeren aan een afzonderlijk persoon, afzonderlijke personen of een afzonderlijke entiteit (Projectborging). De Stuurgroep kan de autoriteit om te beslissen over wijzigingsverzoeken en afwijkingen van specificaties delegeren aan een Wijzigingsautoriteit.

De leden van de Stuurgroep moeten de Opdrachtgever ondersteunen in de uitvoering van zijn rol. De Opdrachtgever kan een deel van zijn taken, verantwoordelijkheden en bevoegdheden delegeren aan de overige leden van de Stuurgroep.

Hiervan afgeleid is de Stuurgroep verantwoordelijk voor:

Opstart- en initiatiefase:
- Bevestigen van het projectmandaat en de projecttoleranties.
- Goedkeuren van het Projectvoorstel en het Initiatiefaseplan en autoriseren van de initiatie.
- Vaststellen van de verschillende classificaties voor issues en risico's.
- Aanwijzen van de Wijzigingsautoriteit en het goedkeuren van het wijzigingsbudget.
- Goedkeuren Projectinitiatiedocumentatie en het autoriseren van de uitvoering van het project.
- Goedkeuren van het Faseplan en het uitvoeren van de eerste uitvoeringsfase.

Uitvoering van het project:
- Verschaffen van een algehele sturing van het project en zekerstellen dat het project levensvatbaar blijft.
- Vaststellen fasetoleranties, goedkeuren Faseplannen inclusief de bijbehorende Productbeschrijvingen en autoriseren van de volgende fase.
- Zekerstellen dat risico's worden gemanaged.
- Goedkeuren wijzigingsverzoeken.
- Nemen van besluiten ten aanzien van geëscaleerde issues.
- Goedkeuren Fase-afwijkingsplannen.
- Communicatie met belanghebbenden.
- Goedkeuren afgeronde producten.

Op het eind van het project:
- Zekerstellen dat alle producten naar tevredenheid zijn opgeleverd en dat aan alle acceptatiecriteria is voldaan.
- Bevestigen van de acceptatie van het projectresultaat.
- Goedkeuren van het Projecteindrapport.
- Goedkeuren van de Leerpuntenrapporten en zekerstellen dat deze zijn doorgegeven aan de betreffende onderdelen van het bedrijfs- of programmamanagement.
- Zekerstellen dat acties op uitstaande issues en risico's zijn opgenomen in aanbevelingen voor vervolgacties en dat deze zijn doorgegeven aan de betreffende afdelingen.
- Zorgdragen dat het Batenreviewplan is geactualiseerd en overgedragen aan het bedrijfs- of programmamanagement.
- Autoriseren van het afsluiten van het project en het sturen van de aankondiging van projectafsluiting aan de betrokken belanghebbenden.

Leden van de Stuurgroep moeten:
- Voldoende autoriteit hebben om beslissingen te kunnen nemen.
- Voldoende autoriteit hebben om mensen en middelen te kunnen vrijmaken voor het project.
- In staat zijn de belangen van de klant, gebruikers en leveranciers te vertegenwoordigen.
- Bij voorkeur gedurende het gehele project beschikbaar zijn.

Kerncompetenties voor de leden van de Stuurgroep zijn:
- Besluitvaardig.
- Delegeren.
- Leiding geven.
- Onderhandelen en conflict oplossen.

B.2 OPDRACHTGEVER

De Opdrachtgever is eindverantwoordelijk voor het succes van het project, ondersteund door de Seniorgebruiker(s) en de Seniorleverancier(s) in de Stuurgroep. De Opdrachtgever moet zekerstellen dat het projectresultaat wordt opgeleverd binnen de gestelde toleranties en dat het projectresultaat de voorziene baten zal realiseren. De Opdrachtgever is verantwoordelijk voor de Business Case.

Hiervan afgeleid is de Opdrachtgever verantwoordelijk voor:
- Ontwerpen en benoemen van het projectmanagementteam.
- Toezien op het opstellen van het Projectvoorstel en de Business Case.
- Zekerstellen dat het project aansluit op de bedrijfs- of programmamanagementstrategieën.
- Zekerstellen van de financiering van het project.
- Goedkeuren van externe leveranciers in een commerciële klant-leveranciersverhouding.
- Initiëren en voorzitten van de stuurgroepvergaderingen.
- De Seniorgebruiker verantwoordelijk houden voor het realiseren van de baten en erop toezien dat de batenreviews worden gehouden.
- De Seniorleverancier verantwoordelijk houden voor de aanpak van de specialistische werkzaamheden en voor de kwaliteit van het projectresultaat.
- Bewaken en beheersen van de voortgang van het project op strategisch niveau en het bewaken en zekerstellen van de levensvatbaarheid van het project.
- Zekerstellen dat issues en risico's die een impact kunnen hebben op de Business Case worden geïdentificeerd, beoordeeld en beheerst.
- Nemen van besluiten over issues en risico's die worden geëscaleerd, met een focus op de blijvende levensvatbaarheid van het project.
- Escaleren van issues en risico's naar het bedrijfs- of programmamanagement als voorzien wordt dat projecttoleranties worden overschreden.
- Overdragen van de verantwoordelijkheid voor de batenreviews na de oplevering van het project aan het bedrijfs- of programmamanagement.

B.3 SENIORGEBRUIKER

De Seniorgebruiker vertegenwoordigt de belangen van al degenen die gebruik gaan maken van het projectresultaat. De Seniorgebruiker is ervoor verantwoordelijk dat de specificaties met bijbehorende acceptatie- en kwaliteitscriteria volledig en eenduidig worden opgesteld en dat het product voldoet voor gebruik. De Seniorgebruiker is verantwoordelijk voor het identificeren en definiëren van de baten en is verantwoordelijk naar het bedrijfs- of programmamanagement om aan te tonen dat de geprognosticeerde baten worden gerealiseerd.

De Seniorgebruiker is in het bijzonder verantwoordelijk voor:
- Specificeren van het gewenste resultaat.
- Goedkeuren van de Productbeschrijvingen van producten die voor gebruikers belangrijk zijn.
- Beoordelen of de op te leveren producten geschikt zijn voor gebruik.
- Zekerstellen dat de benodigde mensen en middelen beschikbaar zijn vanuit de gebruikers voor het opstellen van de specificaties en het beoordelen van de afgeronde producten.
- Oplossen van meningsverschillen tussen gebruikers over specificaties en prioriteiten.
- Zorgdragen voor de focus op het gewenste projectresultaat vanuit het perspectief van de gebruikers.
- (Mede)beslissen over issues en risico's, met een focus op het maximeren van de te realiseren baten.
- Zekerstellen van de Projectborging vanuit het perspectief van de gebruikers.
- Informeren en adviseren van het management van de gebruikers ten aanzien van alle projectgerelateerde aangelegenheden.
- Zekerstellen dat de verwachte baten worden gerealiseerd.
- Zorgen voor een actuele opgave van de gerealiseerde baten tijdens de batenreviews.
- Zekerstellen van de continuïteit van de bedrijfsvoering tijdens de implementatie van de opgeleverde producten en het doorvoeren van de overeengekomen veranderingen.

B.4 SENIORLEVERANCIER

De Seniorleverancier vertegenwoordigt de belangen van al degenen die de op te leveren producten van het project ontwerpen, ontwikkelen, faciliteren, produceren en implementeren. De Seniorleverancier is verantwoordelijk voor de kwaliteit van de op te leveren producten door de leveranciers en is verantwoordelijk voor de technische integriteit van het project.

De Seniorleverancier is in het bijzonder verantwoordelijk voor:
- Beoordelen en bevestigen van de levensvatbaarheid van de projectaanpak.
- Zekerstellen dat de voorstellen voor het ontwerp, de ontwikkeling, de productie, de ondersteuning en de implementatie realistisch zijn.
- Goedkeuren van Productbeschrijvingen van producten die voor de leveranciers belangrijk zijn.
- Het correct toepassen van de kwaliteitsprocedures tijdens de uitvoering van het werk.
- Adviseren bij de keuze van de beoordelingsmethoden.
- Zekerstellen dat de benodigde mensen en middelen vanuit de leveranciers beschikbaar zijn.
- Zekerstellen dat alle leveranciersaspecten worden geborgd in het project.
- Oplossen van meningsverschillen tussen leveranciers over specificaties en prioriteiten.
- (Mede) beslissen over issues en risico's, rekening houdend met de belangen van de leveranciers.

- Zekerstellen van de Projectborging vanuit het perspectief van de leveranciers.
- Informeren en adviseren van het management van de leveranciers ten aanzien van alle projectgerelateerde aangelegenheden.

■ B.5 PROJECTMANAGER

De Projectmanager is verantwoordelijk voor de dagelijkse leiding van het project namens de Stuurgroep. De primaire verantwoordelijkheid van de Projectmanager is om ervoor te zorgen dat het project de vereiste producten oplevert conform specificaties en binnen de overeengekomen toleranties, waarmee het bedrijfs- of programmamanagement in staat is de voorziene baten, gedefinieerd in de Business Case, te realiseren.

De Projectmanager is in het bijzonder verantwoordelijk voor:

Opstart- en initiatiefase:
- Opstellen van het Projectvoorstel, inclusief de Projectproductbeschrijving en het Initiatiefaseplan.
- Opstellen en implementeren van de verschillende strategieën.
- Opstellen van de Project-, Fase-, en Afwijkingsplannen en de bijbehorende Productbeschrijvingen.
- Opstellen en actualiseren van de Business Case en het Batenreviewplan.
- Opstellen van de (afzonderlijke onderdelen van de) Projectinitiatiedocumentatie.
- Inrichten en managen van de beheersmaatregelen voor het project.
- Inrichten en onderhouden van de verschillende logboeken en registers.
- Implementeren van de procedures voor issue- en configuratiemanagement.

Tijdens de uitvoering:
- Afstemmen met Projectborging en met de accountmanagers van de leveranciers.
- Aansturen en motiveren van het projectteam.
- Aansturen en toezicht houden op Projectsupport.
- Verzorgen van de informatie tussen projectteam en Stuurgroep.
- Autoriseren van de benodigde Werkpakketten.
- Bewaken en beheersen van de voortgang van het project en de inzet van mensen en middelen en het nemen van de benodigde corrigerende maatregelen.
- Afstemmen met het bedrijfs- of programmamanagement dat er geen lacunes of overlappingen zijn met gerelateerde projecten.
- Escaleren van de relevante issues en risico's.
- Opstellen van het benodigde Fase-eindrapport en het actualiseren van de PID.

Op het eind van het project:
- Zekerstellen dat onderhoud en beheer in de klantorganisatie is ingericht.
- Zekerstellen dat het projectresultaat wordt opgeleverd en wordt geaccepteerd door de eindgebruikers en door beheer en onderhoud.

- Afsluiten openstaande issues en risico's op het eind van het project en de acties daarvoor opnemen in de aanbevelingen voor vervolgacties.
- Opstellen van het Projecteindrapport.
- Opstellen van aanbevelingen voor vervolgacties en de benodigde Leerpuntenrapporten en overgedragen aan het bedrijfs- of programmamanagement.
- Afbouwen van het projectteam en overdragen van het projectdossier aan het bedrijfs- of programmamanagement.
- Toesturen van een aanbeveling tot afsluiting naar de Opdrachtgever.

De Projectmanager moet een groot aantal verschillende vaardigheden en competenties bezitten, een en ander afhankelijk van het type, de omvang en de context van het project.

Kerncompetenties voor een Projectmanager zijn:
- Planning.
- Tijdmanagement.
- Leiding geven en motiveren.
- Probleem oplossen.
- Aandacht voor details.
- Communicatie.
- Onderhandelen en conflicten oplossen.

B.6 TEAMMANAGER

De Teammanager is er primair verantwoordelijk voor dat de toegewezen producten worden opgeleverd conform specificaties en binnen de overeengekomen toleranties. De Teammanager rapporteert binnen het project aan de Projectmanager.

De Teammanager is in het bijzonder verantwoordelijk voor:
- Assisteren bij het opstellen van Fase- en Afwijkingsplannen.
- Opstellen van het Teamplan en het overeenkomen van het Werkpakket.
- Plannen, bewaken en beheersen van het overeengekomen werk.
- Bewaken en beheersen van de voortgang van het overeengekomen werk en de inzet van mensen en middelen en het nemen van de benodigde corrigerende acties.
- Afstemmen met de Projectborging en de Projectsupport.
- Zekerstellen dat kwaliteitsbeoordelingen worden gehouden, dat de kwaliteitsdocumenten worden overgedragen aan Projectsupport en dat de kwaliteitsresultaten correct worden opgenomen in het Kwaliteitsregister.
- Opstellen en verstrekken van de Voortgangrapportages.
- Adviseren van de Projectmanager over planafwijkingen en het doen van aanbevelingen voor corrigerende maatregelen.
- Identificeren en rapporteren van issues en risico's betreffende het werk.
- Assisteren van de Projectmanager bij het analyseren van de impact van issues en risico's en het opstellen van mogelijke tegenmaatregelen.
- Managen van toegewezen issue- en risicomaatregelen.
- Overdragen van de afgeronde Werkpakketten aan de Projectmanager.

De kerncompetenties voor een Teammanager zijn in grote lijnen gelijk aan die van een Projectmanager, al zal de Teammanager vaak beter in staat moeten zijn om ook direct operationeel het werk aan te sturen. Een en ander is uiteraard sterk afhankelijk van het type, de omvang en de context van het project.

■ B.7 PROJECTBORGING

De primaire verantwoordelijkheid van de Projectborging is om zeker te stellen dat het project wordt uitgevoerd conform afspraken en dat de belangen van de individuele leden van de Stuurgroep worden geborgd. De Projectborging moet onafhankelijk zijn van de Projectmanager en het projectteam.

De Projectborging vanuit de business is in het bijzonder verantwoordelijk voor:
- Assisteren in de ontwikkeling van de Business Case en het Batenreviewplan.
- Assisteren bij de selectie van de leden van het projectmanagementteam.
- Adviseren over de Risicomanagementstrategie.
- Nagaan of de opzet van de Business Case voldoet aan de bedrijfs- of programmastandaard.
- Beoordelen van de Business Case ten opzichte van de voortgang van het project.
- Nagaan of het project in lijn blijft met de bedrijfs- en programmamanagementstrategie.
- Bewaken van de financiering van het project.
- Zekerstellen dat oplossingen effectief zijn.
- Nagaan of de facturen van de leveranciers worden goedgekeurd voor betaling.
- Zekerstellen dat issues en risico's op de juiste wijze worden geïdentificeerd en gemanaged.
- Zekerstellen dat het geaggregeerde projectrisico binnen de risicotolerantie blijft.
- Beoordelen van issues en risico's op basis van hun impact op de Business Case.
- Afstemmen met vertegenwoordigers vanuit de gebruikers en leveranciers.
- Informeren van het projectmanagementteam over relevante veranderingen in de bedrijfs- of programmaorganisatie.
- Bewaken van de voortgang aan de hand van de plannen en overeengekomen toleranties.

De Projectborging vanuit de gebruiker is in het bijzonder verantwoordelijk voor:
- Adviseren over het betrekken van de gebruikers.
- Adviseren over de Communicatiemanagementstrategie.
- Zekerstellen dat de juiste personen betrokken zijn bij het opstellen van de Productbeschrijvingen en dat de gebruikersspecificaties accuraat, compleet en eenduidig zijn.
- Beoordelen of de gekozen oplossingen aansluiten op de behoefte van de gebruikers.
- Zekerstellen dat de kwaliteitsbeoordelingen correct worden uitgevoerd.
- Zekerstellen dat gebruikers zijn getraind en op juiste wijze zijn vertegenwoordigd in de kwaliteitsbeoordelingen.
- Adviseren over de impact van issues vanuit het gebruikersperspectief.
- Bewaken van de risico's vanuit het gebruikersperspectief.
- Zekerstellen dat de communicatie met de gebruikers effectief is.

De Projectborging vanuit de leverancier is in het bijzonder verantwoordelijk voor:
- Beoordelen van de Productbeschrijvingen.
- Adviseren over de Kwaliteits- en Configuratiemanagementstrategie.
- Adviseren over de projectaanpak en -methoden.
- Zekerstellen dat uitvoeringsstandaards worden gedefinieerd en correct worden opgevolgd.
- Zekerstellen dat er geen scope-creep optreedt.
- Zekerstellen dat de kwaliteitsprocedures worden opgevolgd.
- Adviseren over de impact van issues vanuit leveranciersperspectief.
- Bewaken van risico's vanuit uitvoeringsperspectief.

Projectborging moet voldoende aanzien en kennis van zaken hebben, zodat haar adviezen worden geaccepteerd door de betreffende partijen en bijdragen aan het succes van het project.

Kerncompetenties voor een projectborgingfunctionaris zijn:
- Diplomatiek.
- Gedegen.
- Aandacht voor details.
- Communicatie.

B.8　WIJZIGINGSAUTORITEIT

De primaire verantwoordelijkheid van de Wijzigingsautoriteit is om de wijzigingsverzoeken en de afwijkingen van specificaties te beoordelen namens de Stuurgroep. Voor bepaalde onderdelen van het project kan ook de Projectmanager optreden als Wijzigingsautoriteit.
De Wijzigingsautoriteit is in het bijzonder verantwoordelijk voor:
- Beoordelen en goed- of afkeuren van wijzigingsverzoeken en afwijkingen van specificaties binnen de kaders en het wijzigingsbudget overeengekomen met de Stuurgroep.
- Escaleren naar de Stuurgroep indien de kaders en/of het wijzigingsbudget dreigen te worden overschreden.

De Wijzigingsautoriteit moet de verschillende belanghebbenden kunnen vertegenwoordigen en dient over voldoende aanzien en kennis van zaken te beschikken, zodat haar besluiten ook worden geaccepteerd door de betreffende partijen en bijdragen aan het succes van het project.

Kerncompetenties voor een Wijzigingsautoriteit zijn:
- Besluitvaardigheid.
- Planning.
- Aandacht voor details.
- Probleem oplossen.

B.9 PROJECTSUPPORT

Projectsupport is de verantwoordelijkheid van de Projectmanager. Deze support omvat onder meer het geven van administratieve ondersteuning en advies en begeleiding bij het gebruik van projectmanagementprocedures en templates en eventuele applicaties aan het projectteam. Deze rol is niet optioneel. Is er geen aparte Projectsupport beschikbaar, dan zullen de betreffende activiteiten moeten worden uitgevoerd door de Projectmanager.

Mogelijke taken van Projectsupport zijn:
- Opzetten en onderhouden van projectdossiers en documentbeheerprocedures.
- Leveren van expertise in het opstellen van plannen en begrotingen.
- Opnemen status en prognoses over de voortgang van het project.
- Actualiseren van plannen met status en prognoses van het werk.
- Assisteren bij het samenstellen van plannen en rapporten.
- Notuleren en assisteren bij stuurgroepvergaderingen.
- Notuleren en assisteren bij kwaliteitsreviews en batenreviews.
- Inrichten en onderhouden van:
  - Kwaliteitsregister en archiveren van kwaliteitsdossiers.
  - Overige registers en logboeken namens de Projectmanager.
  - Procedures voor configuratiemanagement en wijzigingsbeheer.
  - Configuratie-item-records.
- Opstellen van de productcontrolelijsten en houden van configuratie-audits.
- Leveren van expertise in het gebruik van specialistische applicaties.

De projectsupportmedewerker moet kennis hebben van de specialistische applicaties en van de relevante bedrijfs- en programmastandaards. Verder is het belangrijk, dat de projectsupportmedewerker nauwgezet en georganiseerd is.

Bijlage C Voorbeeld Productgerichte planning

Scenario

Een huiseigenaar wil een tuinhuisje achter in de tuin. Het moet de opslagplaats worden van zijn tuingereedschap en hij moet er ook beschut wat werkzaamheden voor de tuin kunnen uitvoeren, zoals het verpotten van planten. De plaats waar het huisje moet komen, staat aangegeven op de tekening van de hovenier. Ter voorbereiding moet de plaats in de tuin bouwrijp gemaakt worden; de bestaande struiken en planten moeten worden verwijderd. Het tuinhuisje zelf is een kant-en-klaar bouwpakket van het tuincentrum. Voor het werken in de tuin zal ook nog wat extra gereedschap moeten worden gekocht. De specificaties heeft hij opgegeven. Het werk zal uitgevoerd worden door de tuinman. Het huisje zal worden gekocht door zijn neef, die bij het tuincentrum werkt.

Het tuinhuisje moet het liefst acht vierkante meter, maar ten minste zes vierkante meter zijn. Het tuinhuisje moet van tropisch hardhout zijn, eventueel Europees hardhout mag ook.

Om duidelijk zicht te hebben op de scope van het project en om het werk goed te kunnen plannen en op te kunnen dragen aan de tuinman, heeft de huiseigenaar een productgerichte planning opgesteld. Voor de aankoop van het tuinhuisje heeft hij een aparte Productbeschrijving opgesteld:
- Projectproductbeschrijving (zie tabel C.1).
- Productdecompositiestructuur (zie figuur C.1).
- Productbeschrijving Tuinhuisje gekocht (zie tabel C.2).
- Productstroomschema (zie figuur C.2).

Tabel C.1 Projectproductbeschrijving

Naam project	Tuinhuisje
Doel	• Opslag tuingereedschap • Beschut kunnen werken
Samenstelling	• Bouwrijpe tuinstrook • Tuinhuisje gekocht • Tuinhuisje geplaatst • Gekocht gereedschap
Bronnen	• Specificaties
Benodigde competenties	• Ervaring met het plaatsen van tuinhuisjes
Kwaliteitsverwachting van de klant	• Gebruiksklaar opgeleverd • Verlichting aangesloten • Er moet goed in gewerkt kunnen worden • Milieuvriendelijk, degelijk en onderhoudsarm
Acceptatiecriteria	• Alle gereedschap geplaatst • Geaarde leiding • Tuinhuisje 8m^2 • Tuinhuisje tropisch hardhout
Projectkwaliteitstoleranties	• Minimale grootte 6m^2 • Ten minste van Europees hardhout
Wijze van acceptatie	• Visuele inspectie
Verantwoordelijke voor acceptatie	• Huiseigenaar

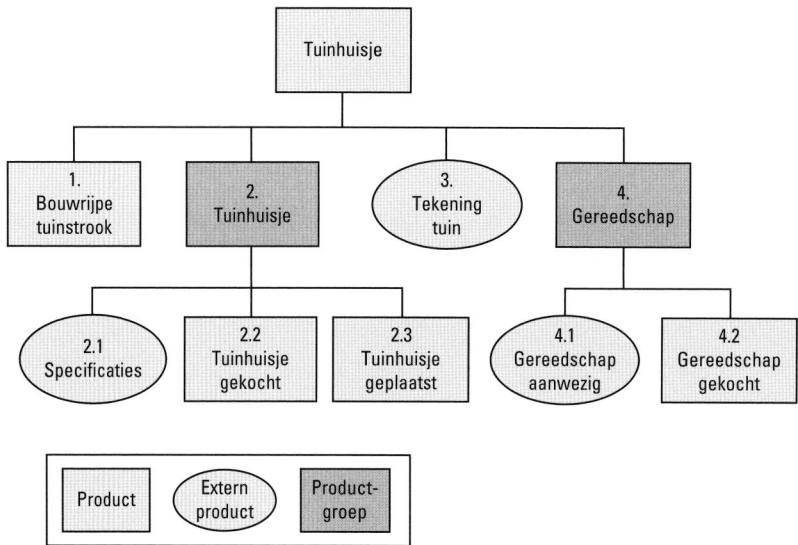

Figuur C.1 Productdecompositiestructuur Tuinhuisje

Tabel C.2 Productbeschrijving Tuinhuisje gekocht

Productnaam	• Tuinhuisje gekocht
Doel	• Tuinhuisje compleet voor plaatsing in de tuin
Samenstelling	• Bouwpakket tuinhuisje • Fundering • Verlichting plus bedrading
Bronnen	• Volgens specificaties • Te kopen bij tuincentrum
Vorm en presentatie	• Verpakt en afgeleverd op huisadres
Kwaliteitscriteria	• Tuinhuisje tropisch hardhout, houtklasse FSC • Grootte tuinhuisje 8m^2 • Funderingstegels ten minste 30x30x3cm • Geaarde leidingen voor de verlichting
Kwaliteitstolerantie	• Als alternatief eventueel Europees hardhout • Grootte tuinhuisje ten minste 6m^2
Kwaliteitsmethode	• Inspectie certificaten en documentatie • Visuele inspectie materiaal op aantallen en eventuele gebreken
Benodigde competenties	• Materiaalkennis tuinhuisjes
Kwaliteitsverantwoordelijkheden:	
• Producent	• Neef
• Beoordelaar(s)	• Tuinman
• Beslisser(s)	• Huiseigenaar

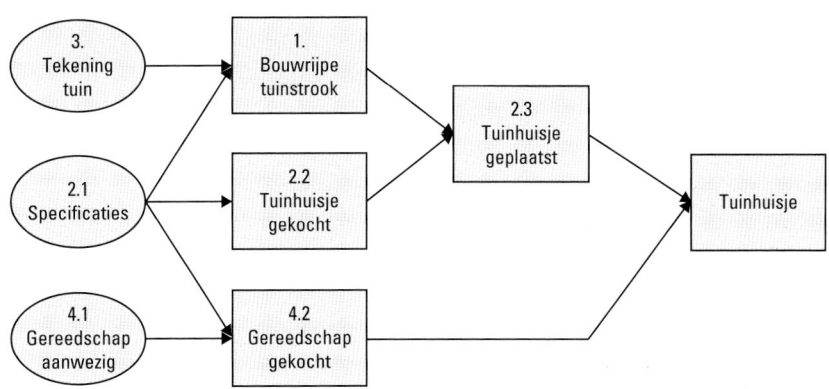

Figuur C.2 Productstroomschema

Bijlage D Projectthermometer

Onderstaande controlelijst kan worden gebruikt ter voorbereiding, bij de start en gedurende de looptijd van een project. Aan de hand van deze lijst kan gemakkelijk door de diverse PRINCE2-processen 'gelopen' worden om te controleren of er niets 'vergeten' is. De lijst is niet onuitputtelijk, maar geeft toch een reële inschatting of het project volgens de PRINCE2-methode is opgezet en wordt beheerst.

■ D.1   OPSTARTEN VAN EEN PROJECT

Vraag	Ja/Nee
Zijn alle rollen in het projectmanagementteam toegewezen en geaccepteerd?	
Hebben de leden van de Stuurgroep voldoende autoriteit, beschikbaarheid en draagvlak om het project te besturen?	
Zijn alle belangen en belanghebbenden voldoende vertegenwoordigd in/door de Stuurgroep?	
Zijn voor alle cruciale rollen in het project rolbeschrijvingen opgesteld en geaccepteerd?	
Zijn de leerpunten uit voorgaande vergelijkbare projecten erkend, toegepast en vastgelegd in een Leerpuntenlogboek?	
Indien er geen vergelijkbare projecten binnen de organisatie hebben plaatsgevonden, is er dan specifiek gezocht naar leerpunten buiten de organisatie?	
Is er een Projectvoorstel opgesteld?	
Is er een initiële Business Case op hoofdlijnen?	
Zijn de belangrijkste risico's geformuleerd en opgenomen in de Business Case?	
Is er een scoping-sessie gehouden met de gebruikers en andere belanghebbenden en is de Projectproductbeschrijving opgesteld?	
Zijn de kwaliliteitsverwachtingen en acceptatiecriteria eenduidig bepaald?	
Zijn de projecttoleranties voor tijd, geld, kwaliteit, scope, baten en risico's vastgesteld?	
Zijn er verschillende wijzen van realisatie overwogen en is hierin een bewuste keuze gemaakt?	
Zijn de interfaces met andere projecten helder beschreven?	
Is er een plan voor de initiatiefase opgesteld?	

■ D.2 PROJECTINITIATIE GOEDKEUREN

Vraag	Ja/Nee
Zijn het Projectvoorstel en het Initiatiefaseplan goedgekeurd door de Stuurgroep?	
Heeft de Stuurgroep de start van de initiatiefase geautoriseerd en de benodigde mensen en middelen toegewezen?	
Heeft de Stuurgroep de betrokken organisaties geïnformeerd?	

■ D.3 INITIËREN VAN EEN PROJECT

Vraag	Ja/Nee
Is de Risicomanagementstrategie gedefinieerd en gedocumenteerd?	
Is het Risicoregister ingericht en ingevuld?	
Is de Configuratiemanagementstrategie gedefinieerd en gedocumenteerd?	
Zijn de initiele Configuratie-item-records ingericht en ingevuld?	
Zijn de afspraken over de wijzigingsprocedure eenduidig vastgelegd?	
Is er een Wijzigingsautoriteit benoemd en een wijzigingsbudget vastgesteld?	
Is het Issueregister opgezet en ingevuld?	
Is de Kwaliteitsmanagementstrategie gedefinieerd en gedocumenteerd?	
Is het Kwaliteitsregister ingericht en ingevuld?	
Is de Communicatiemanagementstrategie gedefinieerd en gedocumenteerd?	
Is de projectbeheersing vastgesteld en ingericht?	
Zijn de diverse rapportages aan de Stuurgroep vastgelegd?	
Is er een eenduidige escalatieprocedure vastgesteld?	
Is er een Projectplan opgesteld en is deze SMART geformuleerd?	
Is de Projectproductbeschrijving geactualiseerd?	
Is er een productdecompositiestructuur opgesteld?	
Zijn er mijlpalen en beslispunten vastgelegd?	
Zijn de belangrijkste op te leveren producten in de diverse fasen gedefinieerd?	
Is er een compleet en eenduidig programma van eisen opgesteld? Zijn Productbeschrijvingen opgesteld voor de belangrijkste producten?	
Zijn projecttoleranties voor tijd, geld, scope en kwaliteit aangescherpt?	
Is het Projectmanagementteam aangepast aan de uitvoeringsfase en zijn zo nodig nieuwe rolbeschrijvingen opgesteld en geaccepteerd?	
Is een gedetailleerde Business Case opgesteld?	
Heeft de Seniorgebruiker de baten geïdentificeerd en gekwantificeerd en neemt de Seniorgebruiker ook de verantwoordelijkheid om aan te tonen dat de geprognosticeerde baten worden gerealiseerd?	
Zijn de baten ook financieel gekwantificeerd en is ook vastgesteld hoe en door wie de (financiële) baten zullen worden gerealiseerd?	
Zijn mogelijke negatieve baten opgenomen in de Business Case en zijn ook verantwoordelijke personen toegewezen om deze te beheersen?	

Vraag	Ja/Nee
Zijn risico's geïdentificeerd en geëvalueerd en zijn tegenmaatregelen vastgesteld en zijn deze vastgelegd in het Risicoregister?	
Zijn risico-eigenaren benoemd en is vastgesteld hoe de risico's zullen worden bewaakt?	
Zijn de risicotoleranties vastgesteld?	
Is er voor het afhandelen van risico's een risicobudget opgenomen?	
Zijn de belangrijkste project- en zakelijke risico's opgenomen in de Business Case?	
Is er een Batenreviewplan opgesteld?	
Is er een projectdossier ingericht (elektronisch en fysiek)?	
Is de Projectinitiatiedocumentatie samengesteld?	
Is er een Faseplan opgesteld voor de eerste uitvoeringsfase?	
Zijn toleranties voor de eerste uitvoeringsfase vastgesteld en overeengekomen?	
Zijn de kwaliteitsbeoordelingen voor de eerste uitvoeringsfase gepland en opgenomen in het Kwaliteitsregister?	
Is het Fase-eindrapport voor de initiatiefase opgesteld?	
Is er regelmatig overleg geweest tussen de Projectmanager en de leden van de Stuurgroep en andere belanghebbenden gedurende de initiatiefase?	
Is er draagvlak en 'commitment' voor het project en voor de op te leveren producten bij de gebruikers en andere belanghebbenden?	
Is Projectborging betrokken bij het opstellen van de Projectinitiatiedocumentatie en heeft ze die geaccordeerd?	
Zijn de projectmanagementprocessen en -procedures toegesneden op het project en de projectomgeving?	

■ D.4 PROJECT AUTORISEREN

Vraag	Ja/Nee
Is de Projectinitiatiedocumentie goedgekeurd door de Stuurgroep?	
Is bevestigd dat leerpunten uit voorgaande projecten zijn verwerkt?	
Zijn de verschillende strategieën beoordeeld en goedgekeurd?	
Is vastgesteld hoe de opvolging en de effectiviteit van de verschillende strategieën gedurende de uitvoering van het project zullen worden beoordeeld?	
Is zekergesteld dat de beheersinstrumenten adequaat zijn voor het project?	
Is de wijze waarop de verschillende belanghebbenden bij het project worden betrokken beoordeeld en geaccordeerd?	
Is bevestigd dat de risico's zijn beoordeeld en dat relevante acties zijn gepland?	
Is de haalbaarheid van het Projectplan bevestigd en goedgekeurd?	
Zijn de mijlpalen, beslispunten en rapportages beoordeeld en geaccordeerd?	
Zijn de opgenomen toleranties beoordeeld en geaccordeerd?	
Zijn alle rollen van en door het Projectmanagementteam bevestigd?	
Is de consistentie van de diverse thema's beoordeeld en goedgekeurd?	
Is de levensvatbaarheid van de Business Case beoordeeld en bevestigd?	

Vraag	Ja/Nee
Is het Batenreviewplan beoordeeld en bevestigd?	
Is het benodigde budget voor de uitvoering van het project geaccordeerd?	
Is de financiering voor het project veiliggesteld?	
Is het Faseplan voor de eerste uitvoeringsfase beoordeeld en goedgekeurd?	
Is de benodigde inzet van mensen en middelen voor de eerste uitvoeringsfase vrijgegeven?	
Is het Fase-eindrapport voor de initiatiefase geaccordeerd?	
Zijn de leden van de Stuurgroep ook daadwerkelijk eigenaar van het project?	
Heeft de Stuurgroep het bedrijfs- en programmamanagement en andere belanghebbenden ingelicht dat het project geautoriseerd is?	

■ D.5 BEHEERSEN VAN EEN FASE

Vraag	Ja/Nee
Is er een kick-off gehouden?	
Worden Werkpakketten opgesteld en geautoriseerd?	
Zijn alle Werkpakketten overeengekomen met de Teammanagers?	
Zijn de plannen gemaakt op een zodanig detailniveau dat werk gedelegeerd en gecontroleerd kan worden?	
Is elke medewerker op de hoogte van de voor hem van toepassing zijnde procedures, standaards en werkinstructies?	
Worden regelmatig Voortgangsrapporten opgesteld en/of voortgangsvergaderingen gehouden met de Teammanagers en zijn deze effectief?	
Zijn de intervallen van de rapportages afgestemd op de doorlooptijden van de op te leveren producten en kan op basis van deze rapportages effectief worden bijgestuurd op de voortgang van het werk?	
Wordt de status van het werk regelmatig bijgewerkt in het Faseplan?	
Wordt een Dagelijks Logboek bijgehouden?	
Is er een wijzigingsprocedure en werkt deze effectief?	
Worden (aanvullende) eisen van de gebruikers onder verantwoordelijkheid van de Senior-gebruiker tijdig, eenduidig en voldoende specifiek aangeleverd?	
Worden Afwijkingen van specificaties vastgelegd volgens een vastgestelde procedure en werkt deze procedure effectief?	
Is er een eenduidige Wijzigingsautoriteit?	
Wordt het Issueregister onderhouden/aangepast?	
Zijn er Issuerapporten voor alle formeel behandelde issues?	
Worden er geen ongeautoriseerde wijzigingen doorgevoerd?	
Vindt er geen scope-creep plaats?	
Worden bij goedgekeurde wijzigingen ook de betreffende Configuratie-item-records en de bijbehorende Productbeschrijvingen aangepast?	
Wordt de status van de Configuratie-item-records tijdig geactualiseerd?	
Ligt de status van alle producten en documenten vast en zijn alle belanghebbenden hiervan op de hoogte?	

Vraag	Ja/Nee
Wordt er altijd met de juiste documenten en producten in het project gewerkt?	
Kunnen onzekerheden vrijelijk worden bediscussieerd?	
Wordt bij de beoordeling van het werk proactief geanticipeerd op onzekerheden?	
Worden nieuwe risico's ook in het Risicoregister vastgelegd en geanalyseerd?	
Worden risico-eigenaren benoemd voor nieuwe risico's?	
Worden de risico's regelmatig beoordeeld en risicomaatregelen afgesproken?	
Wordt regelmatig de effectiviteit van het risicomanagement getoetst?	
Worden gerealiseerde producten getoetst aan de hand van de productbeschrijvingen?	
Worden bij de kwaliteitsreviews zowel de gebruikers als leveranciers betrokken?	
Wordt het Kwaliteitsregister onderhouden/aangepast?	
Worden de opgeleverde producten formeel overgedragen aan en geaccepteerd door de Projectmanager voordat deze producten worden vrijgegeven voor vervolgwerkzaamheden/gebruik?	
Wordt de voortgang regelmatig getoetst tegen de overeengekomen toleranties?	
Zijn de benodigde mensen en middelen beschikbaar en borgt de Seniorleverancier deze inzet ook?	
Worden corrigerende maatregelen vastgelegd, geïmplementeerd en opgevolgd?	
Is er een effectieve afstemming met de Projectborging?	
Wordt het Leerpuntenlogboek geactualiseerd met eventuele nieuwe leerpunten?	
Wordt de Business Case regelmatig gecontroleerd op levensvatbaarheid?	
Worden de Hoofdpuntenrapportages opgesteld conform de overeengekomen frequentie en het overeengekomen formaat?	
Wordt tijdig en adequaat geëscaleerd naar de Stuurgroep als de toleranties dreigen te worden overschreden?	
Zijn er Afwijkingsrapporten voor alle aangemelde Afwijkingen aan de Stuurgroep?	

■ D.6 MANAGEN PRODUCTOPLEVERING

Vraag	Ja/Nee
Bevatten de Werkpakketten en Productbeschrijvingen voldoende informatie, inclusief kruisverwijzingen, zodat de Teammanager de producten adequaat kan produceren?	
Is er een Teamplan gemaakt dat aantoont dat het Werkpakket uitgevoerd kan worden binnen de overeengekomen toleranties?	
Is het Teamplan geactualiseerd op basis van de actuele status en een aangepaste verwachting?	
Is de voortgang (actueel versus budget) gecontroleerd tegen de overeengekomen toleranties?	
Indien verwacht werd dat toleranties werden overschreden, is er geëscaleerd naar de Projectmanager?	
Zijn de Voortgangsrapportages opgeleverd conform de overeengekomen frequentie en het overeengekomen formaat?	
Heeft de Teammanager de Projectmanager op de hoogte gebracht van alle issues en risico's?	
Zijn er goedgekeurde bestanden van ieder opgeleverd product?	

Vraag	Ja/Nee
Heeft de Teammanager Projectsupport geïnformeerd over de noodzakelijke updates van de Configuratie-item-records en het Kwaliteitsregister?	
Heeft de Teammanager de Projectmanager geïnformeerd dat alle producten van het Werkpakket zijn opgeleverd?	

■ D.7 AD HOC STURING GEVEN

Vraag	Ja/Nee
Werkt de Stuurgroep in de praktijk naar behoren?	
Is er een afzonderlijke projectbeoordeling ingesteld, zowel van de zijde van de klant als van de zijde van de leverancier en werken deze naar behoren?	
Vindt er een goede afstemming plaats tussen de Seniorgebruiker en de verschillende gebruikers?	
Reageert de Stuurgroep adequaat op de verzoeken van de Projectmanager?	
Neemt de Stuurgroep tijdige en adequate beslissingen ten aanzien van issues?	
Informeert de Stuurgroep de Projectmanager tijdig over externe invloeden?	
Houdt de Stuurgroep focus op de zakelijke rechtvaardiging van het project?	
Geeft de Stuurgroep, indien nodig, richting en advies aan de Projectmanager indien nodig?	
Blijft de Stuurgroep geïnformeerd en betrokken bij het project?	
Reageert de Stuurgroep alert op dreigende overschrijdingen van toleranties?	
Informeert de Stuurgroep de belanghebbenden over de status en de voortgang van het project conform de opgestelde Communicatiestrategie?	

■ D.8 MANAGEN VAN EEN FASEOVERGANG

Vraag	Ja/Nee
Is er een Productstatusoverzicht gemaakt om de status te controleren van de op te leveren producten in de fase?	
Zijn alle geplande producten ook daadwerkelijk opgeleverd?	
Zijn de Productbeschrijvingen voor de te realiseren producten opgesteld?	
Is het Leerpuntenlogboek beoordeeld en geactualiseerd?	
Zijn het Issue- en Risicoregister beoordeeld en geactualiseerd?	
Is er een risicoanalyse gehouden en zijn risicomaatregelen overeengekomen?	
Zijn de strategieën beoordeeld en zo nodig geactualiseerd?	
Zijn de beheersinstrumenten beoordeeld en zo nodig geactualiseerd?	
Zijn toleranties voor de volgende fase geactualiseerd en overeengekomen?	
Is het Projectmanagementteam aangepast en zijn zo nodig nieuwe rolbeschrijvingen opgesteld en geaccepteerd?	
Is het Faseplan voor de volgende fase opgesteld?	
Is een Afwijkingsplan opgesteld op verzoek van de Stuurgroep?	
Zijn kwaliteitsbeoordelingen gepland en opgenomen in het Kwaliteitsregister?	

Vraag	Ja/Nee
Is het Projectplan beoordeeld en zo nodig aangepast?	
Is de Business Case beoordeeld en zo nodig aangepast?	
Is het Batenreviewplan beoordeeld en zo nodig aangepast?	
Is het Fase-eindrapport voor de afgelopen fase opgesteld?	
Wordt er een verantwoording gegeven over de afgelopen fase?	
Indien noodzakelijk, is er een Leerpuntenrapport opgesteld?	
Bij gefaseerde oplevering: zijn er aanbevelingen voor vervolgacties opgesteld?	

■ D.9 FASE- EN/OF AFWIJKINGSPLAN AUTORISEREN

Vraag	Ja/Nee
Wordt elke fase voorafgegaan door een formele 'go' van de Stuurgroep?	
Heeft de Stuurgroep de opgeleverde producten goedgekeurd?	
Heeft de Stuurgroep de algehele voortgang en levensvatbaarheid van het project beoordeeld en geaccordeerd op basis van het Fase-eindrapport?	
Is het Projectplan nog valide op basis van de overeengekomen projecttoleranties?	
Is de Business Case nog steeds gewenst, haalbaar en valide?	
Zijn de belangrijkste risico's nog acceptabel en zijn maatregelen gepland?	
Heeft de Stuurgroep de al gerealiseerde baten beoordeeld en bevestigd?	
Is een eventuele aanpassing van het Batenreviewplan beoordeeld en bevestigd?	
Heeft de Stuurgroep de Projectmanager over de afgesloten fasen decharge gegeven op basis van het Fase-eindrapport?	
Heeft de Stuurgroep een eventuele aanpassing van de PID goedgekeurd?	
Is bevestigd dat leerpunten uit voorgaande fase zijn verwerkt?	
Is de effectiviteit van de verschillende strategieën en beheersinstrumenten beoordeeld en goedgekeurd?	
Heeft de Stuurgroep het Fase- of Afwijkingsplan beoordeeld en goedgekeurd?	
Zijn de eventuele aanpassingen van de toleranties beoordeeld en bevestigd?	
Is een eventuele aanpassing in het Projectmanagementteam bevestigd?	
Is de benodigde inzet voor mensen en middelen vrijgegeven?	
Heeft de Stuurgroep het bedrijfs- en programmamanagement en andere belanghebbenden ingelicht dat het Fase- of Afwijkingsplan is geautoriseerd?	

■ D.10 AFSLUITEN VAN EEN PROJECT

Vraag	Ja/Nee
Zijn alle producten compleet en goedgekeurd?	
Is een Productstatusoverzicht gemaakt om de status te controleren?	
Is het Projectplan geactualiseerd?	

Vraag	Ja/Nee
Zijn alle openstaande issues en risico's vastgelegd in aanbevelingen voor vervolgacties en gereed ter goedkeuring aan de Stuurgroep?	
In geval van voortijdige afsluiting: zijn de benodigde middelen voor het herstellen of afronden van producten goedgekeurd door de Stuurgroep?	
Is zekergesteld dat beheer en onderhoud voor de op te leveren producten is ingericht?	
Zijn de op te leveren producten formeel geaccepteerd door de gebruikersorganisatie en door de beheerorganisatie?	
Heeft de overdracht van de op te leveren producten formeel plaatsgevonden?	
Is de Business Case geactualiseerd?	
Is het Batenreviewplan geactualiseerd?	
Zijn de kwaliteitsverwachtingen van de klant, die niet bij oplevering kunnen worden getoetst, opgenomen in het Batenreviewplan?	
Is er een eindevaluatie gehouden met alle relevante betrokken partijen?	
Is het Leerpuntenlogboek beoordeeld en is het Leerpuntenrapport opgesteld?	
Zijn de betreffende nacalculaties opgesteld en overgedragen?	
Is een Projecteindrapport opgesteld en aan de Stuurgroep aangeboden?	
Is in het Projecteindrapport duidelijk de actuele status versus de geplande voortgang beschreven?	
Is in het Projecteindrapport een goede verantwoording opgenomen over het verloop van het project?	
Zijn alle registers en logboeken afgesloten?	
Is de projectdocumentatie opgeschoond, afgesloten en overgedragen?	
Zijn de Configuratie-item-records geactualiseerd en overgedragen?	
Zijn alle specialistendocumenten geactualiseerd en overgedragen?	
Is er een concept-aankondiging projectafsluiting opgesteld?	
Zijn de in gebruik zijnde productiemiddelen en faciliteiten tijdig afgemeld?	
Is aangegeven tot wanneer er nog kosten op het project kunnen worden geboekt?	
Is een financiële afsluiting voor het project opgesteld en zijn alle projectverplichtingen afgesloten of overgedragen?	
Is de projectorganisatie ontbonden en heeft er een goede afsluiting van het project plaatsgevonden?	
Zijn alle projectmedewerkers weer goed opgenomen in de eigen organisatie of ingezet in een volgend project?	

■ D.11 PROJECTAFSLUITING AUTORISEREN

Vraag	Ja/Nee
Heeft de Stuurgroep de overdracht en acceptatie bevestigd?	
Heeft de Stuurgroep de aankondiging van afsluiting formeel uitgevaardigd?	
Is zekergesteld dat alle aanbevelingen voor vervolgacties correct zijn opgenomen en overgedragen?	

Vraag	Ja/Nee
Heeft de Stuurgroep het Leerpuntenrapport beoordeeld en vastgesteld wie deze moet ontvangen en implementeren?	
Heeft de Stuurgroep de geactualiseerde Business Case goedgekeurd en overgedragen aan het bedrijfs- en programmamanagement?	
Heeft de Stuurgroep de geactualiseerde Batenreviewplan goedgekeurd en overgedragen aan het bedrijfs- en programmamanagement?	
Heeft de Stuurgroep het Projecteindrapport goedgekeurd?	
Heeft de Stuurgroep de Projectmanager decharge verleend op basis van het Projecteindrapport?	
Is het Projecteindrapport verspreid aan alle betrokken belanghebbenden conform de Communicatiemanagementstrategie?	

Bijlage E Begrippenlijst

aanbeveling tot afsluiting	Een aanbeveling, voorbereid door de Projectmanager, aan de Stuurgroep, dat het project kan worden afgesloten en die kan dienen als aankondiging van de afsluiting als de Stuurgroep hiermee akkoord gaat.
aanbevelingen voor vervolgacties	Een lijst met aanbevolen acties ten aanzien van niet-afgeronde werkzaamheden, openstaande issues en risico's en andere acties die nodig zijn voor de gebruikersfase.
aankondiging projectautorisatie	Een bericht van de Stuurgroep aan de locatie waar het project uitgevoerd gaat worden en aan andere belanghebbenden, dat het project van start gaat met het verzoek om gedurende het project de benodigde ondersteunende diensten ter beschikking te stellen.
aankondiging projectinitiatie	Een advies van de Stuurgroep aan de locatie waar het project uitgevoerd gaat worden en aan andere belanghebbenden, dat de projectinitiatie start met het verzoek om gedurende de initiatie de benodigde ondersteunende diensten ter beschikking te stellen.
aankondiging van afsluiting	Een advies van de Stuurgroep aan alle belanghebbenden dat het project wordt afgesloten en dat de teamleden en ondersteunende faciliteiten zoals locatie, materieel en toegang vanaf een bepaalde datum niet langer nodig zijn. Hierin zou ook een einddatum moeten zijn opgenomen tot wanneer de kosten op het project doorbelast kunnen worden.
aanleiding (trigger)	Een gebeurtenis of beslissing die aanzet tot het starten met een PRINCE2-activiteit of -proces.
aanname	Een stelling die voor waar wordt aangenomen. Hierop worden planningen gebaseerd. Dit is noodzakelijk, omdat de specifieke gegevens op dat moment niet voorhanden zijn.
acceptatie	De formele bevestiging dat het project voldaan heeft aan de acceptatiecriteria en daarmee aan de eisen van de belanghebbenden.
acceptatiecriteria	Een lijst van meetbare criteria waaraan het eindproduct/de eindproducten moet(en) voldoen voordat de belanghebbende het eindproduct/de eindproducten accepteren.
acceptatie door beheer en onderhoud	Een expliciete bevestiging door degenen die de opgeleverde producten daadwerkelijk gaan beheren en onderhouden, dat de op te leveren producten voldoen aan de acceptatiecriteria.

accepteren (risicomaatregel)	Het nemen van een weloverwogen en bewuste beslissing om de bestaande dreiging van een risico te accepteren zoals die is, omdat dit economisch gunstiger is dan het nemen van risicomaatregelen. De dreiging moet wel continu in de gaten worden gehouden om te beoordelen dat deze acceptabel blijft.
activiteit	Een taak die gedurende een bepaalde tijd wordt uitgevoerd, gewoonlijk als onderdeel van een proces of plan.
afhankelijkheid	De relatie tussen producten en/of activiteiten.
afwijking	Een situatie waarin kan worden verwacht dat de overeengekomen toleranties van een plan zullen worden overschreden.
afwijking van de specificatie	Een product dat door het project is/wordt opgeleverd, maar (naar verwachting) niet voldoet aan de specificaties c.q. niet is/wordt opgeleverd. Een afwijking van de specificatie is een type issue.
Afwijkingsplan	Een plan dat wordt opgesteld naar aanleiding van een dreigende overschrijding van de toleranties als vervolg op een Afwijkingsrapport. Het Afwijkingsplan vervangt het plan waarbinnen de afwijking optreedt en beschrijft de periode vanaf de afwijking tot aan het einde van de planperiode van dat plan.
Afwijkingsrapport	Een rapport waarin een afwijking wordt beschreven. In een Afwijkingsrapport wordt de afwijking, de oorzaken van de afwijking, de mogelijke tegenmaatregelen, een analyse van de tegenmaatregelen en een advies welke tegenmaatregelen het meest in aanmerking komen omschreven.
afwijzen (risicomaatregel)	Het nemen van een weloverwogen en bewuste beslissing om de kans te accepteren zo die is, omdat dit economisch gunstiger is dan het nemen van risicomaatregelen. De kans moet wel continu in de gaten worden gehouden om te beoordelen of alsnog tussentijds maatregelen moeten worden genomen.
audit	Een beoordeling of een proces wordt uitgevoerd conform de afspraken.
balkenschema	Een planning, weergegeven in een diagram, waarbij de tijd op de horizontale as en de uit te voeren activiteiten op de verticale as worden uitgezet. In dit diagram is de tijdsduur van de verschillende activiteiten weergegeven door middel van een lijn (balk), die zich ten aanzien van de tijdschaal op de juiste plaats bevindt.
baseline	Een vastgelegde status van een product of situatie. Een baseline wordt bewaard gedurende de planperiode en gebruikt als referentie waartegen het product of situatie wordt beoordeeld en beheerst.
baselineproduct	Een managementproduct dat aspecten van het project beschrijft die alleen gewijzigd of aangepast kunnen worden via een formele wijzigingsprocedure.
bate	De meetbare verandering die als positief wordt ervaren door één of meerdere belanghebbenden.
Batenreviewplan	Een plan dat aangeeft hoe, wanneer en door wie de te realiseren baten zullen worden gemeten.
bedrijfs- of programmastandaard	Een overkoepelende standaard vanuit de bedrijfs- of programmaorganisatie waaraan het project moet voldoen.

Bijlage E Begrippenlijst

beheersinstrument	Een geheel van activiteiten, processen en procedures om een onderscheidend aspect te beheersen.
belanghebbende	Een individu, groep of organisatie die belang heeft, of meent te hebben, bij een initiatief (bijvoorbeeld programma, project, activiteit of risico).
benutten (risicomaatregel)	Het zodanig aanpassen van de omstandigheden, dat een kans die zich voordoet, wordt geëffectueerd.
beoordelaar	Een onafhankelijk persoon of onafhankelijke groep die producten beoordeeld op basis van de opgestelde criteria in de Productbeschrijving.
beoordeling Afwijkingsplan	De beoordeling door de Stuurgroep van het Afwijkingsplan om de uitvoering van het Afwijkingsplan goed te keuren.
beperking	Een grens of limiet, waaraan het project moet voldoen.
bestanden	Dynamische managementproducten die informatie bevatten met betrekking tot de voortgang van het project.
besturing	De functies (met bijbehorende taken, verantwoordelijkheden en bevoegdheden), processen en procedures die definiëren hoe een organisatie moet worden opgezet en gemanaged.
bevoegdheid	Het recht van het toewijzen van middelen en het nemen van beslissingen.
borging	Het aspect van onafhankelijk management gericht op het geven van vertrouwen, dat aan de eisen wordt voldaan en dat de doelen worden gerealiseerd.
Business Case	De informatie die de rechtvaardiging voor het opzetten en uitvoeren van een project weergeeft.
Communicatiemanagementstrategie	Een beschrijving van alle interne en externe communicatie van en naar de belanghebbenden.
concessie	De beslissing dat een afwijking van de specificatie door de Stuurgroep zonder corrigerende maatregelen is geaccepteerd.
configuratie	Het geheel van producten waarvan de realisatie en/of het beheer moet worden beheerst. In de context van een project is de configuratie van het projectresultaat het totaal van alle op te leveren producten.
configuratiebaseline	Een vastgestelde status van een product op basis waarvan een product wordt gerealiseerd.
configuratie-item (CI)	Een product, component van een product of set van deelproducten die onderworpen is aan configuratiemanagement.
Configuratie-item-record	Een bestand waarin alle relevante informatie van een configuratie-item wordt beschreven, inclusief de relaties die dat configuratie-item heeft met andere configuratie-items.
configuratiemanagement	Het management van de Configuratie-items (CI's), omvattende de planning, identificatie, beheer, statusverantwoording en verificatie van de CI's.
Configuratiemanagementstrategie	Een beschrijving van hoe en door wie de producten in het project eenduidig en gestructureerd worden beheerd.
configuratiemanagementsysteem	Een combinatie van processen en ondersteuningssoftware die gebruikt wordt om de Configuratie-item-records te beheren. Doorgaans worden de al bestaande systemen van ofwel de klant-, ofwel de leveranciersorganisatie gebruikt.

corrigerende maatregel	Een actie of combinatie van acties die ervoor zorgt dat de dreiging van het overschrijden van toleranties of een fout in een product wordt weggenomen.
Dagelijks Logboek	Een dagboek waarin onder meer problemen en punten van zorg kunnen worden genoteerd, die de betrokkene informeel kan afhandelen. Projectmanagers en Teammanagers kunnen ieder voor zich een eigen Dagelijks Logboek bijhouden.
delen (risicomaatregel)	Een overeenstemming tussen twee partijen om via een bonus-malussysteem zowel de positieve als negatieve effecten van risico's te delen.
eindresultaat	Het resultaat van de verandering, welke normaliter wordt beschreven in termen van het effect van de verandering op het uiteindelijke gedrag van mensen en op de omstandigheden.
fase	Zie managementfase en technische fase
fase-eindbeoordeling	De beoordeling door de Stuurgroep met de Projectmanager van het project tijdens een managementfaseovergang.
Fase-eindrapport	Een rapport dat de Projectmanager aan het einde van elke tussenliggende managementfase aan de Stuurgroep verstrekt met de projectstatus aan het einde van die fase, een verantwoording over de afgelopen fase en een doorkijk naar de rest van het project (update Projectplan, risico's en Business Case). Voor de laatste fase wordt geen afzonderlijk Fase-eindrapport opgesteld.
Faseplan	Een gedetailleerd plan voor de Projectmanager voor de beheersing van een managementfase binnen het project. Het Faseplan is tevens voor de Stuurgroep de basis voor de autorisatie van de start van de betreffende fase en het ter beschikking stellen van de benodigde capaciteit.
gantt chart	Een balkenschema. Zie balkenschema.
gebeurtenisgedreven beheersinstrument	Een beheersinstrument dat wordt getriggerd door een gebeurtenis, bijvoorbeeld een faseovergang of een gebeurtenis vanuit de organisatie, zoals een jaarafsluiting.
gebruiker	Iedereen die met het projectresultaat te maken krijgt.
gebruikersacceptatie	Een expliciete bevestiging door degene die de opgeleverde producten daadwerkelijk gaan gebruiken, dat de op te leveren producten voldoen aan de acceptatiecriteria.
geplande afsluiting	De activiteiten om een project gepland af te sluiten.
goedkeurder	Een persoon of groep (bijvoorbeeld de Stuurgroep) die gekwalificeerd en geautoriseerd is om de op te leveren producten goed te keuren.
goedkeuring	Formele bevestiging dat het product compleet is en voldoet aan de opgesteld criteria in de Productbeschrijving.
haalbaarheidsstudie	Een studie om een optimale oplossing te ontwikkelen voor een probleem of kans. In de studie worden alternatieve oplossingen voor het probleem of de kans ontwikkeld, de levensvatbaarheid van deze verschillende oplossingen onderzocht en een advies opgesteld. Een haalbaarheidsstudie levert een Business Case op hoofdlijnen op voor de verschillende oplossingen.

Hoofdpuntenrapport	Een tijdgedreven rapport over de voortgang van de fase op hoofdpunten, dat de Projectmanager aan de Stuurgroep verstrekt.
impact (van risico's)	Het effect van een dreiging of kans indien deze optreedt.
inherent risico	De grootte van een risico, voordat er risicomaatregelen genomen zijn.
initiatiefase	De eerste fase van het project, na goedkeuring van het Projectvoorstel, waarin het Projectplan wordt opgesteld en de managementinfrastructuur van het project wordt ontworpen, voordat met de uitvoering van het project kan worden begonnen.
inspectie	Een systematische beoordeling van een product door één of meer specialisten om vast te stellen of het voldoet aan de specificaties.
issue	Een relevante gebeurtenis die heeft plaatsgevonden en die niet was gepland en die managementaandacht vereist om opgelost of afgehandeld te worden.
Issuerapport	Een vastlegging van de beschrijving, de impact en de beslissingen aangaande issues die formeel moeten worden afgehandeld.
Issueregister	Een register voor het vastleggen van alle issues die formeel moeten worden afgehandeld.
kans (risico's)	Een onzeker feit of onzekere omstandigheid die, als deze zich voordoet, positieve gevolgen heeft voor het realiseren van de projectdoelstellingen.
kans (waarschijnlijkheid)	De mogelijkheid dat een risico optreedt.
klant	De persoon of groep die opdracht heeft gegeven tot de uitvoering van het project en van de eindresultaten van het project zal profiteren.
kritieke pad	De serie van opvolgende activiteiten vanaf start tot oplevering van het project die kritisch zijn voor het realiseren van de vroegst mogelijke oplevering. De activiteiten op dit pad hebben geen speling, dat wil zeggen iedere vertraging in de uitvoering van deze activiteiten resulteert in een vertraging in de oplevering van het project.
kwaliteit	Het geheel van intrinsieke en toegedichte kenmerken en eigenschappen van een product, persoon, proces, dienst en/of systeem dat bijdraagt aan het vermogen om aan bepaalde verwachtingen te voldoen die kenbaar gemaakt, vanzelfsprekend of dwingend voorgeschreven zijn.
kwaliteitsbeheersing	Het proces van beoordeling van de projectresultaten zodanig dat zij voldoen aan relevante standaarden en dat manieren benoemt om oorzaken van het niet voldoen aan de verwachting te voorkomen.
kwaliteitsbestanden	Bestanden waarmee aangetoond wordt dat de vereiste kwaliteitsborging en kwaliteitsbeheersing zijn uitgevoerd.
kwaliteitsborging	Een onafhankelijke controle opdat de producten voldoen aan de eisen en 'fit-for-purpose' zijn.
kwaliteitscriteria	Een beschrijving van de kwaliteitsspecificaties waaraan een product moet voldoen, inclusief de wijze van meten door degenen die de kwaliteitsbeoordelingen uitvoeren.

kwaliteitsmanagement	De set van gecoördineerde activiteiten voor de sturing en de beheersing van de kwaliteit.
Kwaliteitsmanagementstrategie	Een beschrijving van hoe de technieken en standaarden ten aanzien van kwaliteit geborgd worden, inclusief de verschillende verantwoordelijkheden om de gewenste kwaliteit te realiseren.
kwaliteitsmanagementsysteem (QMS)	Het geheel van processen, procedures en verantwoordelijkheden die op een locatie of binnen een organisatie het realiseren van de gewenste kwaliteit van de op te leveren producten moet borgen.
Kwaliteitsregister	Een overzicht van de geplande en gerealiseerde kwaliteitsactiviteiten inclusief de producten die worden beoordeeld, de typen beoordelingen, wie deze beoordelingen uitvoert en de resultaten van die beoordelingen.
kwaliteitsreview	Een beoordeling door een daarvoor uitgenodigd team van betrokkenen, om de conformiteit van een product ten opzichte van een set kwaliteitscriteria vast te stellen. De te beoordelen producten zijn meestal tussenproducten zoals documenten, tekeningen en 'story boards'.
kwaliteitsverwachting van de klant	Een uitspraak van de klant over zijn verwachting ten aanzien van de kwaliteit van het projectresultaat, zoals vastgelegd in de Projectproductbeschrijving.
Leerpuntenlogboek	Een informeel logboek waarin de relevante leerpunten zijn vastgelegd voor het huidige project en toekomstige projecten.
Leerpuntenrapport	Een rapport voor het bedrijfs- of programmamanagement waarin de interessante leerpunten voor andere projecten zijn vastgelegd.
leverancier	Een persoon of groep die verantwoordelijk is voor de levering van de specialistenproducten.
logboek	Informele vastlegging van gegevens, die qua indeling en presentatie geen goedkeuring nodig heeft van het bovenliggende management. PRINCE2 kent het Dagelijkse Logboek en het Leerpuntenlogboek.
managementfase	Een opdeling van het project in tijd met vooraf gedefinieerde activiteiten en op te leveren producten die wordt gemanaged door de Projectmanager in opdracht van de Stuurgroep.
managementproduct	Een product dat nodig is om het project te managen en de kwaliteit te bepalen en te waarborgen. PRINCE2 kent drie typen: baselineproducten, bestanden en rapporten.
mijlpaal	Een significante gebeurtenis in een plan. (Bijvoorbeeld het opleveren van specifieke Werkpakketten en het einde van een technische of managementfase.)
nabijheid (risico's)	De tijdsperiode waarin het risico kan optreden. De grootte van de kans en impact van het risico kan variëren in de tijd.
netwerkplanning	Een activiteitenstroomschema met daarin aangegeven de tijdsduren en tijdsafhankelijkheden tussen de activiteitenmet vroegste en laatste start- en einddata per activiteit.
noodvoorziening treffen (risicomaatregel)	Een risicomaatregel voor een bedreiging die zal worden uitgevoerd in geval het risico optreedt en waarmee de negatieve gevolgen van het risico worden gereduceerd.

opdrachtgever	Degene die ervoor eindverantwoordelijk is dat de projectdoelstellingen en de beoogde baten van het project worden gerealiseerd.
op maat maken	Het toesnijden van de PRINCE2-methode in een gegeven project in relatie tot de relevante project- en omgevingsfactoren.
opstarten	De activiteiten van de Opdrachtgever en Projectmanager om de initiële Business Case, het Projectvoorstel en het Initiatiefaseplan op te stellen.
op te leveren product	Zie: output
output	Een product dat wordt opgeleverd aan de klant. Het kan hierbij zowel om een product als een dienst gaan. Managementproducten zijn geen output van het project.
overdracht	Het overdragen van het eigenaarschap van de op te leveren producten aan de gebruiker(s).
overdragen (risicomaatregel)	Het overdragen van de negatieve (financiële) impact van een risico aan een andere partij.
Plan (Project-, Fase- of Teamplan)	Een (gedetailleerd) voorstel om een resultaat of doel te realiseren met een toedeling wie wat, waar, wanneer en op welke wijze uitvoert.
planningshorizon	De tijdsperiode waarvoor een accurate en betrouwbare planning kan worden opgesteld.
portfolio	Het geheel van programma's en zelfstandige projecten in een organisatie.
post onvoorzien	Een budgetpost voor werkzaamheden die in rede niet voorzien kunnen worden, maar die wel binnen de scope van het project vallen.
prestatiedoelstelling	Een specifieke doelstelling van een plan ten aanzien van tijd, kosten, kwaliteit, scope, baten en risico's.
PRINCE2	Een methode die een aantal aspecten van projectmanagement ondersteunt. Het acroniem staat voor PRojects IN Controlled Environments.
PRINCE2-principes	De verplichte richtlijnen voor goed projectmanagement die de basis vormen voor een project dat volgens de PRINCE2-methode wordt gemanaged.
PRINCE2-project	Een project waarbij de PRINCE2-principes worden toegepast.
PRINCE2-thema	Een aspect van projectmanagement dat verplicht en continu, in combinatie met de PRINCE2-processen, toegepast moet worden.
probleem/punt van zorg	Type issue, niet zijnde een wijzigingsverzoek of een afwijking van de specificatie, die managementaandacht vereist om opgelost of afgehandeld te worden.
procedure	Een reeks instructies die op volgorde moeten worden uitgevoerd. Binnen PRINCE2 een serie van instructies voor een specifiek aspect van projectmanagement (bijvoorbeeld risicomanagement).
proces	Het geheel van samenhangende activiteiten dat nodig is om een bepaalde doelstelling te realiseren.
producent	De persoon die verantwoordelijk is voor het realiseren van een product.

product	Een input of output van een proces of project. Dat kan zowel tastbaar als niet tastbaar zijn. PRINCE2 onderscheidt specialisten- en managementproducten.
Productbeschrijving	Een beschrijving van een product. Een Productbeschrijving omvat onder meer het doel, de samenstelling, de herkomst en de kwaliteitseisen van een product.
productcontrolelijst	Een lijst met de belangrijkste producten van een plan, plus de start-, test- en opleverdata.
Productdecompositiestructuur	Een hiërarchisch overzicht van alle benodigde en de te realiseren producten in een plan.
productgerichte planning	Een techniek die een inhoudelijk en samenhangend overzicht levert van alle benodigde en te realiseren producten in een plan, omvattende het opstellen van de Projectproductbeschrijving, de productdecompositiestructuur, de Productbeschrijvingen en het productstroomschema.
productlevenscyclus	De totale tijdspanne van een product vanaf het oorspronkelijke idee om het product te maken tot en met de vervanging of sloop van het product. Tijdens de productlevenscyclus kunnen meerdere projecten worden uitgevoerd, zoals een haalbaarheidsstudie, de realisatie, een upgrade of renovatie en de uiteindelijke vervanging of sloop.
Productstatusoverzicht	Een rapportage van de status van alle producten. Het bevat onder meer informatie over de huidige status, de vorige status en de doorgevoerde en geplande wijzigingen.
productstroomschema	Een schema met de productievolgorde en de volgtijdelijke afhankelijkheden van de producten die in een productdecompositiestructuur zijn opgenomen.
programma	Een tijdelijke organisatie, ingericht om een geheel van projecten en activiteiten te coördineren, aan te sturen en te bewaken om uitkomsten en baten te realiseren die een bijdrage leveren aan één of meer strategische doelen van een organisatie.
project	Een tijdelijke organisatie die is opgezet met het doel één of meerdere bedrijfsproducten op te leveren volgens een overeengekomen Business Case.
projectaanpak	De manier waarop het projectresultaat zal worden gerealiseerd, bijvoorbeeld wordt het werk uitbesteed of wordt het werk in eigen beheer uitgevoerd.
Projectborging	De verantwoordelijkheid van de Stuurgroep om zeker te stellen dat het project op correcte wijze wordt uitgevoerd en dat de projectdoelstellingen worden gerealiseerd.
projectbureau	Een entiteit die is ingericht om bepaalde administratieve diensten te verrichten voor één of meerdere projecten.
Projecteindrapport	Een rapport van de Projectmanager dat aan de Stuurgroep wordt verstrekt aan het einde van het project. Het rapport beschrijft de status van het project bij de afsluiting ervan, het projectverloop en de evaluatie van de resultaten van het project afgezet tegen het oorspronkelijke plan.
Projectinitiatiedocumentatie (PID)	Het geheel van documenten dat de belangrijkste informatie over het project bevat op basis waarvan besloten kan worden de uitvoering van het project te autoriseren.

projectlevenscyclus	De totale tijdspanne van een project vanaf de initiatie tot en met het einde van het project.
projectlocatie	De plaats of plaatsen waar de werkzaamheden voor het project worden uitgevoerd.
projectmanagement	Alle leidinggevende taken die nodig zijn om het resultaat van het project te realiseren. Het projectmanagement omvat het plannen, organiseren, controleren en besturen van alle aspecten van het project en het motiveren van alle bij het project betrokken personen.
projectmanagementteam	Het totaal van alle personen die een managementrol vervullen in een project. Het Projectmanagementteam omvat de rollen van de Stuurgroep, Projectmanager, Teammanager, plus de ondersteunende en borgende rollen zoals Projectsupport, de Wijzigingsautoriteit en de Projectborging.
projectmanagementteamstructuur	Het organogram met daarin alle projectmanagementteamrollen die gebruikt gaan worden, de personen die daaraan zijn toegewezen en de delegatie en rapportagelijnen.
Projectmanager	De persoon die verantwoordelijk is voor de dagelijkse leiding van het project om de benodigde producten volgens de afspraken met de Stuurgroep op te leveren.
projectmandaat	Een volmacht van een veranwoordelijke instantie om een project op te starten en dat de trigger vormt voor het proces Opstarten van een Project.
Projectplan	Een plan op hoofdlijnen dat de belangrijkste producten van het project, de tijdsplanning en de kosten weergeeft.
projectproduct	Wat het project moet opleveren om geaccepteerd te worden. Het projectproduct bevat het geheel van de op te leveren producten.
Projectproductbeschrijving	Een Productbeschrijving van het projectproduct. Het wordt gebruikt om overeenstemming te bereiken over de scope, de kwaliteitsverwachting en de acceptatiecriteria van de klant.
projectresultaat	Het geheel van de op te leveren producten, ofwel een synoniem voor projectproduct.
Projectsupport	Een administratieve rol binnen het projectmanagementteam, die de Projectmanager en de Teammanagers ondersteunt op het gebied van planning, archivering en administratie.
Projectvoorstel	Een beschrijving van de projectopdracht. Het Projectvoorstel moet worden goedgekeurd door de Stuurgroep. Het Projectvoorstel is gebaseerd op het Projectmandaat. Het voorstel dient als input voor het proces Initiëren van een Project.
randvoorwaarde	Een fundamenteel aspect dat aanwezig of gereed moet zijn voordat kan worden gestart of voordat de werkzaamheden kunnen worden vervolgd.
rapport(age)	Een managementproduct waarmee de status van bepaalde aspecten van het project worden vastgelegd.
reduceren (risicomaatregel)	Het nemen van proactieve maatregelen om de kans op en/of impact van een dreiging te verminderen.
register	Formele gegevensverzameling, die qua indeling en presentatie goedkeuring nodig heeft van het bovenliggende management. PRINCE2 kent het Issueregister, het Risicoregister en het Kwaliteitsregister.

release	De verzameling van producten bij een gefaseerde overdracht, die als een eenheid wordt gemanaged, getest en geimplementeerd.
restrisico	Het overgebleven risico nadat een risicomaatregel is uitgevoerd.
reviewer	Een persoon of groep onafhankelijk van de producent die onderzoekt of een product voldoet aan de acceptatiecriteria.
risico	Een onzeker feit of onzekere omstandigheid die, als deze zich voordoet, gevolgen heeft voor het realiseren van de projectdoelstellingen.
risico-actiehouder	Een persoon verantwoordelijk voor het uitvoeren van een risicomaatregel als deze maatregel niet kan worden uitgevoerd onder de verantwoordelijkheid van de risico-eigenaar.
risicobereidheid	De houding van de organisatie ten opzichte van het nemen van risico's. De risicobereidheid bepaalt de mate waarin risico's worden geaccepteerd.
risicobeoordeling	De inschatting van de mogelijke kans en impact van de individuele risico's en van het geaggregeerde risiconiveau.
risico-eigenaar	Een persoon verantwoordelijk voor het managen van een individueel toegewezen risico.
risico-evaluatie	De beoordeling van de netto impact van het totaal van geïdentificeerde kansen en bedreigingen.
risico-identificatie	Het identificeren van de context van het project en daarvan afgeleid de individuele risico's die kunnen optreden.
risicomaatregel	Een actie om de blootstelling aan risico's tot een acceptabel niveau te brengen voor de organisatie.
risicomaatregelcategorie	Een categorie van risicomaatregelen waarin risicomaatregelen kunnen worden geclassificeerd.
risicomanagement	De systematische toepassing van principes, processen en procedures voor het identificeren en beoordelen van risico's en het plannen en implementeren van risicomaatregelen.
Risicomanagementstrategie	Een beschrijving van de toe te passen specifieke risicomanagementtechnieken en -standaarden en de verantwoordelijkheden voor effectief risicomanagement.
risicoprofiel	Een grafische weergave van de kans en de impact van de risico's waar een organisatie aan wordt blootgesteld.
Risicoregister	Een register van de geïdentificeerde risico's, inclusief de bijbehorende status, geschiedenis en risicomaatregelen.
risicoschatting	De inschatting van de mogelijke kans en impact van een individueel risico.
risicotolerantielijn	De lijn in het risicoprofiel die aangeeft welke combinatie van kans en impact wel en welke combinaties niet binnen de risicotolerantie vallen.
rolbeschrijving	Een beschrijving van de taken, bevoegdheden en verantwoordelijkheden voor een specifieke rol.
scope	Het totaal van de op te leveren producten en de daaraan gestelde eisen. De scope wordt beschreven door de productdecompositiestructuur en de bijbehorende Productbeschrijvingen.

Seniorgebruiker	De rol die de gebruikers vertegenwoordigt in de Stuurgroep. De Seniorgebruiker moet opkomen voor de belangen van de gebruikers in de Stuurgroep en moet zorgdragen dat de taken en verantwoordelijkheden van de gebruikers in het project adequaat worden ingevuld.
Seniorleverancier	De rol die de leveranciers vertegenwoordigt in de Stuurgroep. De Seniorleverancier moet opkomen voor de belangen van de leveranciers in de Stuurgroep en moet zorgdragen dat de taken en verantwoordelijkheden van de leveranciers in het project adequaat worden ingevuld.
specialistenproduct	Een product dat tijdens het project moet worden gerealiseerd als onderdeel van de specificaties. Dat kan onderdeel zijn van het uiteindelijke projectresultaat of een tussenproduct waarvan één of meerdere erop volgende producten afhankelijk zijn.
sponsor	Is geen PRINCE2-term, maar wordt in organisaties veel gebruikt om de drijvende kracht achter een project aan te geven. De sponsor kan de Opdrachtgever zijn of een vertegenwoordiger uit het bedrijfs- of programmamanagement die belang heeft bij het projectresultaat.
strategie	Een aanpak op hoofdlijnen om langetermijndoelen te realiseren.
Stuurgroep	Het hoogste beslisorgaan binnen het project. De Stuurgroep omvat de rollen Opdrachtgever, Seniorgebruiker en Seniorleverancier.
Teammanager	De persoon die verantwoordelijk is voor het realiseren van de specialistenproducten, in overeenstemming met het overeengekomen Werkpakket.
Teamplan	Een (optioneel) plan dat wordt gebruikt als basis voor het opleveren van een Werkpakket.
test	Het beoordelen of een product voldoet door het product onder (verschillende) omstandigheden te gebruiken.
thema	Een aspect van projectmanagement dat voortdurend aandacht behoeft, en dat een specifieke behandeling vereist om de PRINCE2-processen effectief te laten zijn.
technische fase	Een periode die wordt gekenmerkt door de toepassing van een specifieke set van methoden, technieken of omstandigheden om de op te leveren producten te realiseren.
tijdgedreven beheersinstrument	Een beheersinstrument dat wordt getriggerd door een moment in de tijd, zoals een Hoofdpunten- en een Voortgangsrapport.
tolerantie	De toegestane afwijking van een in een plan gemaakte schatting waarbinnen niet naar het bovenliggende managementniveau hoeft te worden geëscaleerd. Toleranties moeten worden afgesproken over tijd, geld, scope, baten, risico's en kwaliteit. Toleranties kunnen zowel positieve als negatieve waarden omvatten.
uitkomst	Zie Eindresultaat.
variant	Variatie van een baselineproduct, bijvoorbeeld een verschillende taal of type.
verankeren van PRINCE2	Het geheel wat gedaan en georganiseerd moet worden om PRINCE2 als projectmanagementmethode voor de gehele organisatie te laten functioneren.

verantwoordelijke instantie	De persoon of groep die geautoriseerd is om een project te initiëren en het budget ter beschikking te stellen. Deze persoon of groep maakt meestal deel uit van het bedrijfs- of programmamanagement.
vergroten (risicomaatregel)	Het nemen van proactieve maatregelen om de waarschijnlijkheid en/of het voordeel van een kans te vergroten.
vermijden (risicomaatregel)	Het nemen van een zodanige maatregel, dat dreiging niet meer kan optreden, ofwel de kans op en/of de negatieve impact van een gebeurtenis komt te vervallen.
versie	Een specifiek baseline van een product. Een product kent vaak verschillende opeenvolgende versies.
voortgang	De mate van realisatie van de doelstellingen van een plan.
voortijdige afsluiting	Het eerder dan gepland afsluiten van het project, terwijl nog niet alle op te leveren producten zijn gerealiseerd.
voortgangsbeoordeling	Een beoordeling van de voortgang van het project op teamniveau, op vooraf vastgestelde tijdstippen of intervallen.
Voortgangsrapport	Een rapport over de voortgang van een Werkpakket dat de Teammanager op vooraf vastgestelde tijden of intervallen aan de Projectmanager verstrekt.
Werkpakket	Het totaal van de werkafspraken die nodig zijn voor het realiseren, goedkeuren en opleveren van een of meerdere producten, als het totaal van werkzaamheden en op te leveren producten zoals die zijn vastgelegd in de werkafspraken.
wijziging	Binnen het kader van configuratiemanagement een verandering van een configuratiebaseline.
Wijzigingsautoriteit	Een persoon of groep aan wie de Stuurgroep de verantwoordelijkheid van de beoordeling van een wijzigingsverzoek of afwijking van een specificatie heeft gedelegeerd.
wijzigingsbeheer	De procedure die zekerstelt dat alle wijzigingen die effect kunnen hebben op het projectproduct worden geïdentificeerd en beoordeeld en worden goedgekeurd, afgekeurd of aangehouden.
wijzigingsbudget	Het budget dat is toegewezen aan de Wijzigingsautoriteit, bedoeld voor goedgekeurde Wijzigingsverzoeken.
wijzigingsverzoek	Een verzoek om een configuratiebaseline te wijzigen. Een Wijzigingsverzoek is een type issue.

Bijlage F Vertaallijst

■ F.1   PRINCE2-MANAGEMENTPRODUCTEN

Nederlands-Engels

Nederlands	Engels
Afwijkingsrapport	Exception Report
Batenreviewplan	Benefits Review Plan
Business Case	Business Case
Communicatiemanagementstrategie	Communication Management Strategy
Configuratie-item-record	Configuration Item Record
Configuratiemanagementstrategie	Configuration Management Strategy
Dagelijks Logboek	Daily Log
Fase-eindrapport	End Stage Report
Hoofdpuntenrapport	Highlight Report
Issuerapport	Issue Report
Issueregister	Issue Log
Kwaliteitsmanagementstrategie	Quality Management Strategy
Kwaliteitsregister	Quality Register
Leerpuntenlogboek	Lessons Log
Leerpuntenrapport	Lessons Report
Plan (Project-, Fase-, Team-, Afwijkings-)	Plan (Project, Stage, Team, Exception)
Productbeschrijving	Product Description
Productstatusoverzicht	Product Status Account
Projecteindrapport	End Project Report
Projectinitiatiedocumentatie (PID)	Project Initiation Documentation (PID)
Projectproductbeschrijving	Project Product Description
Projectvoorstel	Project Brief
Risicomanagementstrategie	Risk Management Strategy
Risicoregister	Risk Register
Voortgangsrapport	Checkpoint Report
Werkpakket	Work Package

Engels-Nederlands

Engels	Nederlands
Benefits Review Plan	Batenreviewplan
Business Case	Business Case
Checkpoint Report	Voortgangsrapport
Communication Management Strategy	Communicatiemanagementstrategie

Engels	Nederlands
Configuration Item Record	Configuratie-item-record
Configuration Management Strategy	Configuratiemanagementstrategie
Daily Log	Dagelijks Logboek
End Project Report	Projecteindrapport
End Stage Report	Fase-eindrapport
Exception Report	Afwijkingsrapport
Highlight Report	Hoofdpuntenrapport
Issue Register	Issueregister
Issue Report	Issuerapport
Lessons Log	Leerpuntenlogboek
Lessons Report	Leerpuntenrapport
Plan (Project, Stage, Team, Exception)	Plan (Project-, Fase-, Team-, Afwijkings-)
Product Description	Productbeschrijving
Product Status Accounting	Productstatusoverzicht
Project Brief	Projectvoorstel
Project Initiation Documentation (PID)	Projectinitiatiedocumentatie (PID)
Project Product Description	Projectproductbeschrijving
Quality Management Strategy	Kwaliteitsmanagementstrategie
Quality Register	Kwaliteitsregister
Risk Management Strategy	Risicomanagementstrategie
Risk Register	Risicoregister
Work Package	Werkpakket

F.2 PRINCE2-ROLLEN PROJECTMANAGEMENTTEAM

Nederlands-Engels

Nederlands	Engels
Opdrachtgever	Executive
Projectborging	Project Assurance
Projectmanager	Project Manager
Projectsupport	Project Support
Seniorgebruiker	Senior User
Seniorleverancier	Senior Supplier
Stuurgroep	Project Board
Teammanager	Team Manager
Wijzigingsautoriteit	Change Authority

Engels-Nederlands

Engels	Nederlands
Change Authority	Wijzigingsautoriteit
Executive	Opdrachtgever
Project Assurance	Projectborging
Project Board	Stuurgroep
Project Manager	Projectmanager
Project Support	Projectsupport
Senior Supplier	Seniorleverancier
Senior User	Seniorgebruiker
Team Manager	Teammanager

■ F.3 OVERIGE PROJECTMANAGEMENTBEGRIPPEN

Nederlands-Engels

Nederlands	Engels
A	
Aanbeveling tot afsluiting	Closure recommendation
Aanbevelingen voor vervolgacties	Follow-on action recommendations
Aandachtspunt	Issue
Aankondiging projectautorisatie	Project authorization notification
Aankondiging projectinitiatie	Project initiation notification
Aankondiging projectstart	Project start up notification
Aankondiging projectafsluiting	Project closure notification
Aankondiging van afsluiting	Closure notification
Aanleiding	Trigger
Aanname	Assumption
Acceptatiebestand	Acceptance record
Acceptatie	Acceptance
Acceptatiecriteria	Acceptance criteria
Acceptatie door beheer en onderhoud	Operational and maintenance acceptance
Accepteren (risicomaatregel)	Accept (risk response)
Activiteit	Activity
Afbakening	Exclusion
Afgerond	Completed
Afhankelijkheid (plan)	Dependency (plan)
Afwijking	Exception
Afwijking van de specificatie	Off-specification
Afwijzen (risicomaatregel)	Reject (risk response)
Autorisatie	Authorization
B	
Balkenschema	Bar chart
Bestand	Record
Baseline	Baseline
Baselineproduct	Baseline product
Bate	Benefit
Bedrijfs-of programmastandaard	Corporate or programme standard
Beheersinstrumenten	Controls
Belanghebbende	Stakeholder
Benutten (risicomaatregel)	Exploit (risk response)
Beoordeling	Assessment
Beoordeling Afwijkingsplan	Exception assessment
Beperking	Constraint
Bereik	Scope
Besturing	Governance
Bevestiging	Confirmation
Bevoegde instantie	Responsible authority
Bevoegdheid	Authority
Bewaken	Monitor
Borging	Assurance
C	
Capaciteit (van mensen en middelen)	Resource
Categorie van risicomaatregelen	Risk response category
Concessie	Concession
Configuratiebeheer(sing)	Configuration control

Nederlands	Engels
Configuratie-item	Configuration item
Configuratiemanagement	Configuration Management
Configuratiemanagementsysteem	Configuration Management System
Corrigerende maatregel	Corrective action
D	
Delegeren	Delegate
Draagvlak	Commitment
Dreiging	Threat
E	
Eindresultaat	Outcome
Eis	Requirement
Eindverantwoordelijk	Accountable
Escalatie	Escalation
F	
Fase	Stage
Fase-eindbeoordeling	End stage assessment
G	
Gantt Chart	Gantt Chart
Geaggregeerd risico	Aggregated risk
Gebeurtenisgedreven beheersinstrument	Event-driven control
Gebruiker	User
Gebruikersacceptatie	User acceptance
Geplande afsluiting	Planned Closure
Goedkeurder	Approver
Goedkeuring	Appoval
Goedkeuringsbestand	Approval record
H	
Haalbaarheidsstudie	Feasibility study
Huidige	Current
I, J	
Impact (van risico)	Impact (of risk)
Initiatiefase	Initiation stage
Interface	Interface
Inherent risico	Inherent risk
Investeringsanalyse	Investment appraisal
Issue	Issue
K	
Kans (risico)	Opportunity
Kans (waarschijnlijkheid)	Probability
Klant	Customer
Kritieke pad	Critical path
Kwaliteit	Quality
Kwaliteitsbeheersing	Quality control
Kwaliteitsbeleid	Quality policy
Kwaliteitsborging	Quality assurance
Kwaliteitscriteria	Quality criteria
Kwaliteitsbestand	Quality record
Kwaliteitsinspectie	Quality inspection
Kwaliteitsmanagement	Quality management
Kwaliteits(management)systeem	Quality management system
Kwaliteitsplanning	Quality planning
Kwaliteitsreview, kwaliteitsbeoordeling	Quality review
Kwaliteitsverwachtingen van de klant	Custumor quality expectations

Nederlands	Engels
L	
Levensvatbaar	Viable
Leverancier	Supplier
Logboek	Log
M	
Management 'by exception'	Management by exception
Managementfase	Management stage
Managementproduct	Management product
Mijlpaal	Milestone
N	
Nabijheid (van risico)	Proximity (of risk)
Negatieve bate	Dis-benefit
Netwerkplanning	Activity network
Noodplan	Fallback plan
Noodvoorziening treffen (risicomaatregel)	Fallback (risk response)
O	
Onvoorzien	Contingency
Op maat maken	Tailoring
Opstarten	Start up
Op te leveren product	Deliverable
Output	Output
Overdracht	Handover
Overdragen (risicomaatregel)	Transfer (risk respons)
P	
Planningshorizon	Planning horizon
Portfolio	Portfolio
Post-projectbatenreview	Post project benefits review
Prestatiedoelstelling	Performance target
Procedure	Procedure
Proces	Process
Producent	Producer
Product	Product
Productcontrolelijst	Product checklist
Productdecompositiestructuur	Product breakdown structure
Productgerichte planning	Product based planning
Productlevenscyclus	Product lifecycle
Productstroomschema	Product flow diagram
Prognose	Forecast
Programma	Programme
Project	Project
Projectaanpak	Project approach
Projectbeheersing	Project controls
Projectborging vanuit bedrijfsperspectief	Business assurance
Projectborging vanuit gebruikersperspectief	User assurance
Projectborging vanuit leveranciersperspectief	Supplier assurance
Projectbureau	Project office
Projectdossier	Project file
Projectissue	Project issue
Projectlevenscyclus	Project lifecycle
Projectlocatie	Project location
Projectmanagement	Project management
Projectmanagementteam	Project management team
Projectmanagementteamstructuur	Project management team structure
Projectmandaat	Project mandate

Nederlands	Engels
Projectproduct, projectresultaat	Project product
Projectteam	Project team
Punt van zorg	Concern
R	
Randvoorwaarde	Prerequisite
Rapport (soms rapportage)	Report
Reduceren (risicomaatregel)	Reduce (risk response)
Register	Register
Release	Release
Restrisico	Residual risk
Review	Review
Reviewer	Reviewer
Risico	Risk
Risico-actiehouder	Risk-actionee
Risicobereidheid	Risk appetite
Risicobeoordeling	Risk assessment
Risico-eigenaar	Risk owner
Risico-evaluatie	Risk evaluation
Risicogebeurtenis	Risk event
Risico-identificatie	Risk identification
Risicomaatregel	Risk response
Risicomanagement	Risk management
Risico-oorzaak	Risk cause
Risicoprofiel	Risk profile
Risicoschatting	Risk estimation
Risicotolerantielijn	Risk tolerance line
Rolbeschrijving	Role description
S	
Scope	Scope
Secretaris	Administrator
Specialistenproduct	Specialist product
Sponsor	Sponsor
Strategie	Strategy
Sturen	Direct
T	
Taakomschrijving	Terms of reference
Technische fase	Technical stage
Thema	Thema
Tijdgedreven beheersinstrument	Time-driven control
Tijdschema	Schedule
Tolerantie	Tolerance
U	
Uitkomst	Outcome
V	
Variant	Variant
Verankeren van PRINCE2	Embedding PRINCE2
Verantwoordelijke instantie	Responsible authority
Vergroten (risicomaatregel)	Enhance (risk response)
Vermijden (risicomaatregel)	Avoid (risk response)
Verminderen van een risico	Mitigate of a risk
Versie	Version
Verslag	Report
Vertegenwoordiger	Presentor
Verwijzing	Cross reference
Voortijdige afsluiting	Premature closure

Nederlands	Engels
Voortgangsbeoordeling	Checkpoint
W	
Wijziging	Change
Wijzigingsbeheer	Change control
Wijzigingsbudget	Change budget
Wijzigingsverzoek	Request for change

Engels-Nederlands

Engels	Nederlands
A	
Accept (risk response)	Accepteren (risicomaatregel)
Acceptance	Acceptatie
Acceptance criteria	Acceptatiecriteria
Acceptance record	Acceptatiebestand
Accountable	Eindverantwoordelijk
Activity	Activiteit
Activity network	Netwerkplanning
Administrator	Secretaris
Aggregated risk	Geaggregeerd risico
Approval record	Goedkeuringsbestand
Approval	Goedkeuring
Approver	Goedkeurder
Assessment	Beoordeling
Assumption	Aanname
Assurance	Borging
Authority	Bevoegdheid (als kenmerk rol), instantie (als orgaan)
Authorization	Autorisatie, machtiging
Avoid (risk response)	Vermijden (risicomaatregel)
B	
Bar chart	Balkenschema
Baseline	Baseline
Baseline product	Baselineproduct
Benefit	Bate (in de APMG glossary: Benefit)
Business assurance	Projectborging vanuit bedrijfsperspectief
C	
Change	Wijziging
Change budget	Wijzigingsbudget
Change control	Wijzigingsbeheer
Checkpoint	Voortgangsbeoordeling
Closure notification	Aankondiging van afsluiting
Closure recommendation	Aanbeveling tot afsluiting
Commitment	Draagvlak, aangegane verplichting
Completed	Afgerond
Concern	Punt van zorg
Concession	Concessie
Configuration control	Configuratiebeheer(sing)
Configuration item	Configuratie-item
Configuration management	Configuratiemanagement
Configuration management system	Configuratiemanagementsysteem
Confirmation	Bevestiging
Constraint	Beperking
Contingency	Onvoorzien

Engels	Nederlands
Control	Beheersinstrument
Corporate or programme standards	Bedrijfs-of programmastandaarden
Corrective action	Corrigerende maatregel
Critical path	Kritieke pad
Cross preferente	Verwijzing
Current	Huidige
Customer	Klant
Customer's quality expectations	Kwaliteitsverwachtingen van de klant
D	
Delegate	Delegeren
Deliverable	Op te leveren product
Dependency (plan)	Afhankelijkheid (plan)
Direct	Sturen
Dis-benefit	Negatieve bate
E	
Embedding PRINCE2	Verankeren van PRINCE2
End stage assessment	Fase-eindbeoordeling
Enhance (risk response)	Vergroten (risicomaatregel)
Escalation	Escalatie
Event-driven control	Gebeurtenisgedreven beheersinstrument
Exception	Afwijking
Exception assessment	Beoordeling Afwijkingsplan
Exclusion	Afbakening
Exploit (risk response)	Benutten (risicomaatregel)
F	
Fallback (risk response)	Noodvoorziening treffen (risicomaatregel)
Fallback plan	Noodplan
Feasibility study	Haalbaarheidsstudie
Follow-on action recommendations	Aanbevelingen voor vervolgacties
Forecast	Prognose
G	
Gantt Chart	Gantt Chart
Governance	Besturing
H	
Handover	Overdracht
I, J, K	
Impact (of risk)	Impact (van risico)
Inherent risk	Inherent risico
Initiation stage	Initiatiefase
Interface	Interface
Investment appraisal	Investeringsanalyse
Issue	Issue, aandachtspunt
L	
Log	Logboek
M, N	
Management by exception	Management 'by exception'
Management product	Managementproduct
Management stage	Managementfase
Milestone	Mijlpaal
Mitigate of a risk	Verminderen van een risico
Monitor	Bewaken
O	
Off-specification	Afwijking van de specificatie
Operational and maintenance acceptance	Acceptatie door beheer en onderhoud

Engels	Nederlands
Opportunity	Kans (risico)
Outcome	Eindresultaat, uitkomst
Output	Output
P	
Performance target	Prestatiedoelstelling
Planned closure	Geplande afsluiting
Planning horizon	Planningshorizon
Portfolio	Portfolio
Post project benefits review	Post-projectbatenreview
Premature closure	Voortijdige afsluiting
Prerequisite	Randvoorwaarde
Presentor	Vertegenwoordiger
Probability	Kans (waarschijnlijkheid)
Procedure	Procedure
Process	Proces
Producer	Producent
Product	Product
Product based planning	Productgerichte planning
Product breakdown structure	Productdecompositiestructuur
Product checklist	Productcontrolelijst
Product flow diagram	Productstroomschema
Product lifecycle	Productlevenscyclus
Programme	Programma
Project	Project
Project approach	Projectaanpak
Project authorization notification	Aankondiging projectautorisatie
Project closure notification	Aankondiging projectafsluiting
Project controls	Projectbeheersing
Project file	Projectdossier
Project initiation notification	Aankondiging projectinitiatie
Project issue	Projectissue
Project lifecycle	Projectlevenscyclus
Project location	Projectlocatie
Project management	Projectmanagement
Project management team	Projectmanagementteam
Project management team structure	Projectmanagementteamstructuur
Project mandate	Projectmandaat
Project office	Projectbureau
Project product	Projectproduct, projectresultaat
Project start up notification	Aankondiging projectstart
Project team	Projectteam
Proximity (of risk)	Nabijheid (van risico)
Q	
Quality	Kwaliteit
Quality assurance	Kwaliteitsborging
Quality control	Kwaliteitsbeheersing
Quality criteria	Kwaliteitscriteria
Quality inspection	Kwaliteitsinspectie
Quality management	Kwaliteitsmanagement
Quality (management) system	Kwaliteits(management)system
Quality planning	Kwaliteitsplanning
Quality policy	Kwaliteitsbeleid
Quality record	Kwaliteitsbestand
Quality review	Kwaliteitsreview, kwaliteitsbeoordeling

Engels	Nederlands
R	
Record	Bestand
Reduce (risk response)	Reduceren (risicomaatregel)
Register	Register
Reject (risk response)	Afwijzen (risicomaatregel)
Release	Release
Report	Rapport / verslag (soms rapportage)
Request for change	Wijzigingsverzoek
Requirement	Eis
Residual risk	Restrisico
Responsible authority	Verantwoordelijke instantie
Resource	Capaciteit (van mensen en middelen)
Review	Review
Reviewer	Reviewer
Risk	Risico
Risk actionee	Risico-actiehouder
Risk appetite	Risicobereidheid
Risk assessment	Risicobeoordeling
Risk cause	Risico-oorzaak
Risk estimation	Risicoschatting
Risk evaluation	Risico-evaluatie
Risk event	Risicogebeurtenis
Risk identification	Risico-identificatie
Risk management	Risicomanagement
Risk owner	Risico-eigenaar
Risk profile	Risicoprofiel
Risk response	Risicomaatregel
Risk response category	Categorie van risicomaatregelen
Risk tolerance line	Risicotolerantielijn
Role description	Rolbeschrijving
S	
Schedule	Tijdschema
Scope	Scope, bereik
Share (risk response)	Delen (risicomaatregel)
Specialist product	Specialistenproduct
Sponsor	Sponsor
Stage	Fase
Stakeholder	Belanghebbende
Start up	Opstarten
Strategy	Strategie
Supplier	Leverancier
Supplier assurance	Projectborging vanuit leveranciersoptiek
T	
Tailoring	Op maat maken
Technical stage	Technische fase
Term of reference	Taakomschrijving
Thema	Thema
Threat	Dreiging (risico)
Time-driven control	Tijdgedreven beheersinstrument
Tolerance	Tolerantie
Tranche	Cluster
Transfer (risk response)	Overdragen (risicomaatregel)
Trigger	Aanleiding
U	

Engels	Nederlands
User acceptance	Gebruikersacceptatie
User assurance	Projectborging vanuit gebruikersperspectief
User(s)	Gebruiker(s)
V	
Variant	Variant
Version	Versie
Viable	Levensvatbaar

■ F.4   DE PRINCE2-PROCESSEN EN -ACTIVITEITEN

OP	Opstarten van een Project	SU	Starting Up a Project
	benoemen van de Opdrachtgever en de Projectmanager		appoint the Executive and the Project Manager
	eerdere leerpunten verzamelen		capture previous lessons
	projectmanagementteam samenstellen en benoemen		design and appointing the project management team
	Business Case op hoofdlijnen opstellen		prepare the outline Business Case
	projectaanpak kiezen en Projectvoorstel samenstellen		select the project approach and assembling the Project Brief
	initiatiefase plannen		plan the initiation stage
IP	Initiëren van een Project	IP	Initiating a Project
	Risicomanagementstrategie opstellen		prepare the Risk Management Strategy
	Configuratiemanagementstrategie opstellen		prepare the Configuration Management Strategy
	Kwaliteitsmanagementstrategie opstellen		prepare the Quality Management Strategy
	Communicatiemanagementstrategie opstellen		prepare the Communication Management Strategy
	projectbeheersing opzetten		set up the project controls
	Projectplan maken		create the Project Plan
	Business Case aanscherpen		refine the Business Case
	Projectinitiatiedocumentatie samenstellen		assemble the Project Initiation Documentation
SP	Sturen van een Project	DP	Directing a Project
	projectinitiatie autoriseren		authorize initiation
	project autoriseren		authorize the Project
	Fase-of Afwijkingsplan autoriseren		authorize a Stage or Exception Plan
	ad hoc sturing geven		give ad hoc direction
	projectafsluiting autoriseren		authorize project closure
BF	Beheersen van een Fase	CS	Controlling a Stage
	Werkpakket autoriseren		authorize a Work Package
	status Werkpakket beoordelen		review the Work Package status
	afgeronde Werkpakketten ontvangen		receive completed Work Packages
	status fase beoordelen		review the stage status
	hoofdpunten rapporteren		report highlights
	issues en risico's verzamelen en beoordelen		capture and examining issues and risks
	issues en risico's escaleren		escalate issues and risks
	corrigerende maatregelen nemen		take corrective action
MP	Managen Productoplevering	MP	Managing Product Delivery
	Werkpakket aannemen		accept a Work Package
	Werkpakket uitvoeren		execute a Work Package
	Werkpakket opleveren		deliver a Work Package
MF	Managen Faseovergangen	SB	Managing a Stage Boundary
	volgende fase plannen		plan the next stage
	Projectplan actualiseren		update the Project Plan
	Business Case actualiseren		update the Business Case
	faseafsluiting rapporteren		report stage end
	Afwijkingsplan opstellen		produce an Exception Plan

AP	Afsluiten van een Project	CP	Closing a Project
	geplande afsluiting voorbereiden		prepare planned closure
	voortijdige afsluiting voorbereiden		prepare premature closure
	producten overdragen		hand over products
	project evalueren		evaluate the project
	projectafsluiting aanbevelen		recommend project closure
	De PRINCE2-aanpak voor plannen		**The PRINCE2 approach to plans**
	Plan ontwerpen		design the Plan
	producten definiëren en analyseren		define and analyse the products
	activiteiten en afhankelijkheden identificeren		identify activities and dependencies
	schattingen maken		prepare estimates
	tijdschema maken		prepare the schedule
	risico's analyseren		analyse the risks
	Plan documenteren		document the Plan

■ F.5   PRINCE2-PRINCIPES

Nederlands	Engels
Voortdurende zakelijke rechtvaardiging	Continued business justification
Leren van ervaring	Learn from experience
Gedefinieerde rollen en verantwoordelijkheden	Defined roles and responsibilities
Managen per fase	Manage by stages
Managen 'by exception'	Manage by exception
Productgerichte aanpak	Focus on products
Op maat maken voor de projectomgeving	Tailor to suit the project environment

■ F.6   PRINCE2-THEMA'S

Nederlands	Engels
Business Case	Business Case
Organisatie	Organization
Kwaliteit	Quality
Plannen	Plans
Risico	Risk
Wijziging	Change
Voortgang	Progress

Bijlage G Literatuur

Aken, T. van (2009). *De weg naar projectsucces, 4de druk.* Van Haren Publishing
Groote, G. e.a. (2008). *Projecten leiden.* Het Spectrum
Hedeman B., R. Seegers (2009). *PRINCE2 - Pocket Guide.* Van Haren Publishing
Hedeman B., G. Vis van Heemst (2012). *Programmamanagement op basis van MSP, MSP 2011 Edition.* Van Haren Publishing
Hedeman B., G. Vis van Heemst, R. Riepma (2011). *Projectmanagement op basis van NCB versie 3 - 2de geheel herziene druk.* Van Haren Publishing
IPMA (2007). *NCB versie 3 - Nederlandse Competence Baseline.* Van Haren Publishing
OGC (2009). *Managing Successful PRojects with PRINCE2™*, 2009 Edition. TSO
PMI (2013). *A Guide to the Project Management Body of Knowledge* - Fifth Edition, PMI

Index

A

Aanbeveling
- voor vervolgacties 121, 151, 158
- tot afsluiting 160

aankondiging
- projectautorisatie 120
- projectinitiatie 120
- van afsluiting 123

acceptatiecriteria 6, 43, 114
acceptatiedocumenten 47
acceptatie projectresultaat 155
activiteit 108
Afsluiten van een Project (AP) 155
afwijking 94
- escaleren 101
- van de specificatie 84, 89, 122

Afwijkingsplan 58, 99, 147
- beoordeling 122
- opstellen 151

Afwijkingsrapport 122, 133, 138, 151, 186
audit 160

B

balkenschema 67
baseline 83
baselineproducten 185
bate 24
Batenreviewplan 24, 188
bedrijfs- of programmamanagement 33, 96
beheer en onderhoud 5, 32
beheersaspecten 17

Beheersen van een Fase (BF) 133
beheersing voortgang 95
beheersinstrumenten 94
- projectmanager 97
- Stuurgroep 97

belanghebbenden 39, 112
beoordelaar 115
bestanden 40, 186
break-even point 29
Business Case 2, 6, 21, 23, 109, 125, 147, 188
- aanscherpen 130
- actualiseren 150
- beoordelen 27
- hoofdlijnen van 112
- onderhouden 27
- ontwikkelen 27
- rollen en verantwoordelijkheden 30

C

commerciële klant-leveranciers-
    projecten 180
Communicatiemanagementstrategie
    40, 125, 128, 160, 189
concessie 90, 157
configuratie 84
configuratiebaseline 84
Configuratie-item-record 85, 190
configuratie-items 84
configuratiemanagement 22, 84
configuratiemanagementdatabase
    (CMDB) 85

configuratiemanagementprocedures 87
Configuratiemanagementstrategie 85, 125, 128, 191
corrigerende maatregelen nemen 138

D

Dagelijks Logboek 86, 100, 111, 137, 192
decharge 144, 160

E

eindgebruikers 5
eindresultaat 24

F

faseafsluiting rapporteren 151
fasedossier 50
Fase-eindrapport 100, 147, 151, 193
fasen 16
Fase- of Afwijkingsplan autoriseren 121
Faseplan 56, 99, 125, 147, 149
faseren 16
filantropisch project 25

G

gebruikers 5, 32
geplande afsluiting 157
goedkeurder 115
goedkeuring 47
goedkeuringsdocumenten 47
go/no go-beslissing 27

H

haalbaarheidsprojecten 182
haalbaarheidsstudie 27, 182
Hoofdpuntenrapport 100, 133, 138, 194
hoofdpunten rapporteren 138

I

impact 75
inherent risico 78
initiatiefase 119
Initiatiefaseplan 110, 114
initiatiefase plannen 114
Initiëren van een Project (IP) 125

interne rentabiliteit 29
investeringsanalyse 29
investeringsproject 25
issue 71, 84, 137, 158
issue- en wijzigingsbeheer 84
issue- en wijzigingsbeheerprocedures 88
Issuerapport 87, 100, 137, 194
Issueregister 86, 100, 137, 195
issues en risico's escaleren 138

K

kans 77
klant 31
klant-leverancierrelatie 31
kwaliteit 11, 21, 41
kwaliteitsbeheersing 42, 46
kwaliteitsborging 42
kwaliteitscriteria 42, 43
kwaliteitsdocumenten 47
kwaliteitsdossier 50
kwaliteitsmanagement 42
Kwaliteitsmanagementstrategie 42, 45, 125, 128, 196
kwaliteitsmanagementsysteem 42
kwaliteitsmethoden 46
kwaliteitsplanning 42, 43
Kwaliteitsregister 46, 100, 197
kwaliteitsreview 47, 160
kwaliteitsverwachtingen 6, 43, 114, 128

L

Leerpuntenlogboek 100, 112, 160, 198
Leerpuntenrapport 100, 112, 159, 198
levenscyclusmodellen 180
leverancier 5, 31, 32

M

Management by Objectives (MBO) 95
managementfasen 98
managementproducten 185
managen 'by exception' 94, 118
Managen Productoplevering (MP) 141
Managen van een Faseovergang (MF) 147
MoSCoW-methode 44

multi-organisatieproject 25, 181
multi-projectmanagement 168

N
negatieve bate 24
Netto Contante Waarde (NCW) 29
nulmeting 28

O
ontwikkelende projecten 182
Opdrachtgever 5, 35, 111, 212
oplevering van het Werkpakket 139
op maat maken 18, 171
Opstarten van een Project (OP) 109
op te leveren producten 41
organisatie 31
output 25, 108

P
plan 22, 53, 199
planaanpak 55
Plannen - rollen en verantwoordelijkheden 69
planningshorizon 57
planniveau 55
portfolio 169
portfoliomanagement 169
PRINCE2 9
- project 9, 15, 172
- thema's 21
- vier managementniveaus van 105
private projecten 182
probleem 84
producent 191
Productbeschrijving 46, 200
- opstellen 63
productdecompositie 61
producten overdragen 158
productgerichte planning 59
Productstatusoverzicht 86, 100, 157, 201
productstroomschema 61
- opstellen 64
programma 167, 174

programmamanagement 174
project 2
- binnen programma's 174
- evalueren 159
- karakteristieken 2
- grote projecten 179
- kleine projecten 177
projectaanpak 113
projectafsluiting aanbevelen 160
projectafsluiting autoriseren 123
project autoriseren 120
projectbeheersing, opzetten van 130
projectbelangen 32
Projectborging 36, 42, 216
- kerncompetenties 217
Projectbureau 38
projectdossier 50
Projecteindrapport 100, 155, 159, 202
projectinitiatie autoriseren 119
Projectinitiatiedocumentatie 125, 131, 159, 203
projectlocatie 157
projectmanagement 3
- beheercyclus 3
projectmanagementstructuur 33
- managementniveaus bij 95
projectmanagementteam 33, 109, 112
- samenstellen 112
Projectmanagementteamstructuur 34
Projectmanager 3, 33, 96, 214
- kerncompetenties 215
- rolbeschrijving 111
projectmandaat 27
projectorganisatie 21, 31
Projectplan 56, 99, 129, 149
- actualiseren 149
Projectproductbeschrijving 45, 113, 204
- opstellen 60
projectresultaat 5, 45, 155
projectsucces 5
Projectsupport 38, 137, 218
Projectvoorstel 109, 113, 205
publieke projecten 182

R

randvoorwaarden 109
rapportages, gebeurtenisgedreven 99
rapporten 186
restrisico 79
Return on Investment (ROI) 29
risico 22, 71
- rollen en verantwoordelijkheden 81
- schatten 76
risico-actiehouder 80
risicobereidheid 73
risicobudget 80
risico-eigenaar 75, 80
risicomaatregel 75, 76, 100
risicomaatregelcategorieën 77
risicomanagement 72
risicomanagementprocedure 74
Risicomanagementstrategie 73, 125, 127, 206
risiconabijheid 75
risicoprofiel 76
Risicoregister 74, 100, 137, 138, 207
risicotolerantielijn 76
rollen 32
Rollen en verantwoordelijkheden 210

S

scope 41
Seniorgebruiker 35, 212
Seniorleverancier 36, 213
specialistenproducten 24, 63, 84
status fase beoordelen 137
Sturen van een Project (SP) 117
Stuurgroep 33, 34, 38, 96, 210
- kerncompetenties 211

T

Teammanager 33, 96, 215
- kerncompetenties 216

Teamplan 57, 143
technische fasen 98
terugverdienperiode 29
test 35
testen 46
tijdgedreven rapportages 99
tolerantie 93, 138, 151
tolerantiegebieden 96

V

verankeren van PRINCE2 172
verklaring van acceptatie 158
verplicht project 25
volgende fase plannen 149
voortgang 22, 93
- beheersen 95
- rollen en verantwoordelijkheden 102
Voortgangsrapport 100, 133, 136, 138, 141, 208
voortijdige afsluiting 157

W

werkdecompositiestructuur 65
Werkpakket 38, 99, 133, 139, 141, 208
- aannemen 143
- autoriseren 135
- beoordelen 136
- opleveren 144
- uitvoeren 143
wijziging 22, 84
- rollen en verantwoordelijkheden 91
Wijzigingsautoriteit 37, 90, 217
wijzigingsbudget 37, 90
wijzigingsverzoek 37, 84, 158
Work Breakdown Structure (WBS) 65

Z

zakelijke rechtvaardiging 15
zorg 84